STEFAN KELLER
Schabowskis Zettel

BERLIN, NOVEMBER 1989 Seit den offenkundigen Wahlfälschungen bei den Kommunalwahlen im Mai dauern die Proteste an, gleichzeitig fliehen DDR-Bürger zu Tausenden über Ungarn und Prag in den Westen. Der junge Volkspolizist Juri Hoffmann hingegen glaubt noch fest an die DDR. Nadja Worzin wollte eigentlich studieren. Weil sie sich jedoch in Bürgerbewegungen engagiert, bleibt ihr dies verwehrt. Mittlerweile schreibt sie für eine Zeitung der Opposition. Ohne Furcht recherchiert sie die finsteren Geschäfte einiger Funktionäre und bringt sich damit in Lebensgefahr. Eines Nachts trifft Juri auf die verängstigte und blutende Nadja. Sie erzählt ihm, wie sie ein Lagerhaus mit Wertsachen gefunden hat, in dem Volkseigentum lagert, das Stasi-Kader an den Westen verscherbeln wollen. Nadja wurde entdeckt und entkam mit knapper Not. Juri zweifelt am Wahrheitsgehalt dieser Geschichte. Doch bei einer Sitzung des Politbüros fallen ihm teure Westanzüge und guter Wein auf. Woher stammt das Geld dafür? Und wie kann er Nadja helfen?

Stefan Keller lebt und arbeitet als Schriftsteller, Dozent und Dramaturg in Düsseldorf. Nach seiner Tätigkeit als Wirtschaftsjournalist und Theaterdramaturg schrieb er unter anderem Hörspiele, Fernsehshows, Drehbücher und Bühnenstücke. Zudem lektorierte er für Filmproduktionen und Fernsehsender. Seit mehreren Jahren unterrichtet er Schreiben an den Universitäten in Köln und Düsseldorf. »Schabowskis Zettel« ist sein siebter Kriminalroman im Gmeiner-Verlag.

Bisherige Veröffentlichungen im Gmeiner-Verlag:
Stirb, Romeo! (2016)
Düsseldorf - Porträt einer Stadt (2017)
Kölner Wahn (2015)
Kölner Grätsche (2014)
Kölner Luden (2013)
Kölner Persönlichkeiten (2012)
Kölner Totenkarneval (2011)
Kölner Kreuzigung (2010)

STEFAN KELLER

Schabowskis Zettel

Roman

SPANNUNG

GMEINER

Immer informiert

Spannung pur – mit unserem Newsletter informieren wir Sie
regelmäßig über Wissenswertes aus unserer Bücherwelt.

Gefällt mir!

Facebook: @Gmeiner.Verlag
Instagram: @gmeinerverlag
Twitter: @GmeinerVerlag

Besuchen Sie uns im Internet:
www.gmeiner-verlag.de

© 2019 – Gmeiner-Verlag GmbH
Im Ehnried 5, 88605 Meßkirch
Telefon 07575 / 2095-0
info@gmeiner-verlag.de
Alle Rechte vorbehalten
2. Auflage 2019

Lektorat: Sven Lang
Herstellung: Mirjam Hecht
Umschlaggestaltung: U.O.R.G. Lutz Eberle, Stuttgart
unter Verwendung eines Fotos von: © ullstein bild – Röhrbein
Druck: CPI books GmbH, Leck
Printed in Germany
ISBN 978-3-8392-2395-6

Dieses Buch ist kein historisches Werk, sondern ein Roman, in dem Fakten und Fiktion eine Einheit eingehen. So tragen zwar manche der handelnden Personen ihre historisch richtigen Namen, aber die individuelle Figurenzeichnung und sämtliche Dialoge sind erfunden …

… vermutlich.

Was in jedem Fall wahr ist: Liebe versetzt nicht nur Berge, sondern bringt auch Mauern zu Fall.

DONNERSTAG, 9. NOVEMBER 1989

1

*Internationales Pressezentrum der DDR, Mohrenstraße,
Berlin (Hauptstadt der DDR)*

Juri Hoffmann wippte unruhig mit dem Fuß. Nachdem er
Günter Schabowski in den Pressesaal gefolgt war, hatte er
sich auf der rechten Seite des Raumes hinter den Kameras
der Fernsehanstalten positioniert. Hier, im Gedränge vor
der holzvertäfelten Wand, würde er niemandem auffallen, so hoffte er. An den Objektiven vorbei sah er auf die
Journalisten in den rot gepolsterten Stühlen und auf das
Podest mit den eingebauten Lautsprechern, hinter dem
fünf Sessel bereitstanden. Von nun an lag ihr Schicksal
in der Hand des Parteisekretärs, der neben dem Podium
stand und diskutierte.

Freundlich lächelnd machte Juri einer jungen Kamera-
assistentin Platz, die verzweifelt versuchte, dem Kabel-
wust in ihren Händen Herr zu werden. »Mein erster Tag«,
flüsterte sie entschuldigend, als sie ihm auf den wippenden
Fuß trat. Er nickte, wollte etwas sagen, brachte aber kein
Wort heraus. Stattdessen beobachtete er das Podium, auf
dem sich nichts tat. Anders im Saal: Hier wurde gemur-
melt und aufgebaut, leise zwischen den Stuhlreihen debattiert. Manche Journalisten studierten Unterlagen, die auf
ihrem Schoß lagen. Wenn das Mädchen Glück hatte und
sein Plan aufging, würde ihr erster Tag gleich ein historischer Tag werden. Wenn nicht ...

Er wollte gar nicht daran denken.

Juri überblickte zwischen den schwarzen Kameras hindurch die voll besetzten Reihen. Noch nie hatte er so viele Menschen aus dem Westen auf einmal gesehen. Sicher kannte er Westdeutsche und hatte als Volkspolizist mit einigen gesprochen, Besucher vor allem, die sich verlaufen hatten und glaubten, die Berliner Polizei sei eine Auskunftci. Doch so zahlreich wie im Pressezentrum waren sie ihm noch nie begegnet. Dutzende Vertreter westdeutscher Medien füllten den Raum. Sogar die Logos britischer, italienischer und amerikanischer Fernsehsender, Radiostationen und Zeitungen konnte er auf den Kameras und Mikrofonen erkennen.

Die Assistentin vor ihm hatte ihre Kabel inzwischen zusammengerollt und hielt sie in der Hand, ihr Blick war konzentriert auf die Kamera vor ihr gerichtet. Günter Schabowski, der nun das Podium betrat, beachtete sie gar nicht. Auch die anderen Journalisten, Briten, Franzosen, Amerikaner, schauten kaum auf, nur langsam kehrte Ruhe im Saal ein.

Der Sekretär für Informationswesen nahm in der Mitte der Bühne Platz, legte Tasche und Zettel vor sich auf die Ablage und richtete ein Mikrofon. Er sah müde aus, fand Juri. Eben war ihm das gar nicht aufgefallen. Vielleicht betonte der blassgrüne Vorhang hinter ihm das Fahle in Schabowskis Gesicht.

Pünktlich um 18 Uhr begann der Sekretär seine Pressekonferenz. Mit klopfendem Herzen hörte Juri seinen Ausführungen zu, wartete auf die alles entscheidende Mitteilung. Auf der anderen Seite des Raumes sah er den italienischen Journalisten, der ihn vor einigen Tagen vor dem ZK-Gebäude angesprochen hatte. Er wirkte gelangweilt, hielt die Arme verschränkt vor dem Körper, den Kopf leicht gesenkt, als würde er dösen. Juri betrachtete dessen Kollegen auf den Sitzen. Kaum jemand schien dem, was Schabowski zu sagen hatte, größere Bedeutung beizumessen.

Tatsächlich verlor der Sekretär kein Wort über das neue Reisegesetz. Juri hatte gedacht, dass er diese Neuigkeit als Erstes bringen würde. Immerhin war sie deutlich spektakulärer als die Themen, über die der frühere Journalist stattdessen redete. Weitschweifig referierte er zu Fragen der Parteireform und der wirtschaftlichen und gesellschaftlichen Lage in der DDR. Die Zeit schritt voran, Juris Fuß wippte immer schneller. Mittlerweile war es zehn vor sieben, er wusste, dass Schabowski seine Pressekonferenz pünktlich beenden würde. Hatte er alles bemerkt, seinen Plan durchschaut und gar nicht mehr die Absicht, sich zur Reiseregelung zu äußern?

*

Günter Schabowski setzte sich auf den mittleren Platz des Podiums und sortierte die Unterlagen für die anstehende Pressekonferenz. Kurz runzelte er die Stirn, als er den Beschluss las, den der junge Volkspolizist ihm soeben in die Hand gedrückt hatte. Er wusste, dass der Zettel von Krenz kam, ihm klangen noch die Ohren wegen des Sturms der Kritik, den die Veröffentlichung des ersten Entwurfes für ein neues Reisegesetz ausgelöst hatte, dennoch las er ihn jetzt staunend:

»Zur Veränderung der Situation der ständigen Ausreise von DDR-Bürgern nach der BRD über die CSSR wird festgelegt:

Die Verordnung vom 30. November 1988 über Reisen von Bürgern der DDR in das Ausland (GBl. I Nr. 25 S. 271) findet bis zur Inkraftsetzung des neuen Reisegesetzes keine Anwendung mehr.

Ab sofort treten folgende zeitweilige Übergangsregelungen für Reisen und ständige Ausreisen aus der DDR in das Ausland in Kraft:

a) Privatreisen nach dem Ausland können ohne Vorliegen von Voraussetzungen (Reiseanlässe und Verwandtschaftsverhältnisse) beantragt werden. Die Genehmigungen werden kurzfristig erteilt. Versagungsgründe werden nur in besonderen Ausnahmefällen angewandt.

b) Die zuständigen Abteilungen Pass- und Meldewesen der VPKÄ in der DDR sind angewiesen, Visa zur ständigen Ausreise unverzüglich zu erteilen, ohne dass dafür noch geltende Voraussetzungen für eine ständige Ausreise vorliegen müssen. Die Antragstellung auf ständige Ausreise ist wie bisher auch bei den Abteilungen Innere Angelegenheiten möglich.

c) Ständige Ausreisen können über alle Grenzübergangsstellen der DDR zur BRD bzw. zu Berlin (West) erfolgen.

d) Damit entfällt die vorübergehend ermöglichte Erteilung von entsprechenden Genehmigungen in Auslandsvertretungen der DDR bzw. die ständige Ausreise mit dem Personalausweis der DDR über Drittstaaten.

Schabowski schüttelte unmerklich den Kopf. Er wusste, dass eine neue Reiseregelung im Politbüro diskutiert worden war und dass der Ministerrat darüber entscheiden sollte. Aber wann diese Entscheidung nun getroffen worden war, erschloss sich ihm nicht, schon gar nicht, ab wann sie gelten sollte. Wo war der übliche Sperrvermerk? Er blätterte in den Papieren. Darin fand sich nichts. Nachdenklich notierte er sich in großen Buchstaben »ZEIT« auf einen Zettel. Noch einmal betrachtete er das Dokument. Es war zweifelsohne echt. Für die Richtigkeit bürgte das Sekretariat des Ministerrates mit einer Unterschrift.

Er musste darüber nachdenken, wie er diese Nachricht verkünden konnte. Das würde am besten gelingen, wenn er ausführlich von etwas anderem redete. Am liebsten würde er sie übergehen. Sie erschien ihm reichlich übereilt und zusammengestümpert. Aber einen Beschluss zu verschweigen, der ihm eigens für diese Pressekonferenz übergeben worden war, verstieß gegen alle Gepflogenheiten.

»Wir müssen anfangen«, zischte jemand neben ihm. Schabowski nickte und packte den Beschluss des Ministerrates mit seinem Zettel ganz nach unten.

*

Juri hielt es nicht länger auf seinem Platz hinter den Kameras. Schabowskis Pressekonferenz neigte sich dem Ende zu und der Sekretär für Informationswesen schwieg weiter eisern über die neue Reiseregelung. Als hätte er alle seine Themen abgehakt, begann Schabowski nun sogar, Fragen der Journalisten zu beantworten, immer noch ein unerhörter Vorgang in einer offiziellen Pressekonferenz der SED. Als Schabowski dies bei seinem ersten Auftritt vor den Journalisten eingeführt hatte, war die Verblüffung groß gewesen. Für Juri bedeutete sein Schweigen, dass der Sekretär nicht die Absicht hatte, über die neue Regelung zu sprechen. Lautlos ging er nach hinten, hörte die sonore Stimme, die weiter nicht sagte, was er hören wollte. Er verließ den Saal, aber nur, um ihn auf der anderen Seite wieder zu betreten. Der italienische Journalist saß direkt vor dem Podium. Es sah aus, als habe er die Augen halb geschlossen.

Juri beugte sich zu ihm hinunter. Kaum jemand beachtete ihn, die Journalisten stellten ihre Fragen, Schabowski antwortete weitschweifig. Der Journalist brauchte einen Augenblick, ehe er ihn erkannte. »Wir haben gesprochen«, flüsterte er, »vor dem ZK-Haus. Sie waren der diensthabende Polizist, oder?«

»Ja, schön, dass Sie sich an mich erinnern. Sie sollten Schabowski nach der Reisefreiheit fragen. Es gibt Neuigkeiten.«

Der Italiener zog zweifelnd die Augenbrauen zusammen. »Reisefreiheit?« Er schnaubte, als habe Juri etwas Unerhörtes gesagt. Dem fiel jetzt auch der Name des Journalisten ein: Riccardo Ehrman. Er hatte sich über diesen für einen Italiener untypischen Familiennamen gewundert. Riccardo hatte ihm erklärt, dass seine Eltern jüdische Polen aus Lemberg waren. Ihre Hochzeitsreise hatte sie nach Florenz geführt und sie waren dort geblieben. Ein Detail, das Juri sich gemerkt hatte: Polen, die ihre Hochzeitsreise in Florenz verbrachten. Vielleicht würde das bald auch für Bürger der DDR Normalität sein. Zumindest wenn der Italiener Juris Aufforderung folgte. Der aber blieb zögerlich.

»Es gibt eine neue Regelung für Ausreisen aus der DDR. Frag Schabowski!«

Um sie herum breitete sich Unruhe aus. Ihr Gespräch störte die anderen Journalisten.

»Woher weißt du davon?«, zweifelte der Journalist weiterhin.

Konnte er nicht einfach Schabowski fragen? Juris Zeit lief ab. Nur noch wenige Minuten, dann würde Schabowski das Podium verlassen. Außerdem wusste Juri nicht so recht, was er auf die Frage erwidern sollte. Der Journalist würde ihm kaum glauben, dass er den Beschluss direkt von Krenz in die Hand gedrückt bekommen hatte, damit er, Juri Hoffmann, ein einfacher Volkspolizist, Schabowski den Zettel übergab. Seine kleine Veränderung oder besser Auslassung würde er ihm noch viel weniger glauben. Am Ende des Saales entdeckte er ein bekanntes Gesicht, das er in den letzten Tagen öfters im Zentralkomitee gesehen hatte: Günter Pötschke, Chef der DDR-Nachrichtenagentur ADN und Mitglied im Zentralkomitee. War es riskant, ihn als Quelle anzugeben? Ohne weiter nachzudenken, nannte Juri ihn. Besser nicht zu lange über die möglichen Konsequenzen grübeln. Wenn alles schiefging, hatte er ohnehin Probleme genug. Riccardo schien der Name Pötschke zu genügen, denn er hob die Hand. Schabowski nickte ihm auffordernd zu. Juri zog sich rasch zurück.

»Ich heiße Riccardo Ehrman, ich vertrete die italienische Nachrichtenagentur ANSA. Herr Schabowski, Sie haben von Fehlern gesprochen. Glauben Sie nicht, dass es war eine große Fehler, diese Reisegesetzentwurf, das Sie haben vorgestellt vor wenigen Tagen?«

Am liebsten hätte Juri ihn geschüttelt. Noch sieben Minuten blieben, um sein Ziel zu erreichen, und Ehrman stellte seine Frage derart umständlich und ging mit keinem Wort auf Juris Informationen ein. Doch anstatt zu antworten, kramte Schabowski den Ministerbeschluss hervor und las daraus vor. Juri erkannte die Stelle sofort. Sein Herz machte einen Sprung.

»Privatreisen nach dem Ausland können *ohne Vorlie-gen von Voraussetzungen* (Reiseanlässe und Verwandt-schaftsverhältnisse) beantragt werden. Die Genehmi-gungen werden kurzfristig erteilt. Die zuständigen Abteilungen Pass- und Meldewesen der Volkspolizei-kreisämter in der DDR sind angewiesen, Visa zur stän-digen Ausreise unverzüglich zu erteilen, ohne dass dafür noch geltende Voraussetzungen für eine ständige Aus-reise vorliegen müssen. Ständige Ausreisen können über alle Berliner Grenzübergangsstellen der DDR zur BRD beziehungsweise zu West-Berlin erfolgen.«

»Wann tritt das in Kraft?«, fragte der Italiener gleich-zeitig mit einem westdeutschen Journalisten, der vor ihnen saß.

»Ab sofort?«, rief ein anderer Pressevertreter in den Raum. Juri spürte die Aufregung, die plötzlich herrschte.

Irritiert blickte Schabowski auf den Zettel vor ihm. Er zögerte, stammelte. Offenkundig hatten die beiden Journalisten ihn auf dem falschen Fuß erwischt. »Also Genossen, mir ist das mitgeteilt worden, dass eine solche Mitteilung heute schon …«, er setzte sich die Brille auf die Nase, um wieder zu lesen, »… verbreitet worden ist. Sie müssten die … Die müsste eigentlich in Ihrem Besitz sein. Das tritt nach meiner Kenntnis… ist das sofort… unverzüglich.«

Juri fielen tausend Steine vom Herzen. Ohne weiter zu warten, eilte er aus dem Saal. Jetzt musste er Nadja aus der Datsche holen, bevor es zu spät war. Hinter sich hörte er noch aufgeregtes Gemurmel, dann verließ er das Pressezentrum.

Unter den Säulen des klassizistischen Vordachs wandte er sich in Richtung Spittelmarkt. Über den menschen-

leeren Hausvogteiplatz, für dessen farbige Kunststein-
platten er keinen Blick hatte, lief er weiter in die Niederwallstraße, vorbei an dem alten Krankenhaus der Grauen
Schwestern. Für einen Moment zweifelte Juri an dem,
was er gerade erlebt hatte. Hatte er Schabowskis Worte
nur geträumt? Berlin, das in den letzten Wochen manchmal eine andere Stadt geworden zu sein schien, frei, voller Hoffnung für die einen, voller Bedrohungen für die
anderen, wirkte heute Abend unverändert wie lange nicht
mehr. Die enge Straße mit den grauen Fassaden und Bau-
lücken war menschenleer. Niemand außer ihm war auf
der Straße unterwegs. Der heimelige Geruch von Braun-
kohlebriketts verhieß Wärme hinter den Fenstern und
Fassaden, wohin sich die Menschen an diesem trüben
Novemberabend zurückgezogen hatten. Aber was hatte
er erwartet? Menschenmassen, die zur Mauer strömten?
Die Nachricht von der Grenzöffnung würde sich erst
nach 19 Uhr verbreiten, die »Aktuelle Kamera« frühestens ab halb acht darüber berichten. Dennoch, irgendwie
hatte Juri geglaubt, dass sich augenblicklich Tausende
aufmachen würden, um zu sehen, wie die Mauer geöffnet wurde. Aber die Niederwallstraße lag friedlich da.
Auch der Spittelmarkt wirkte verlassen. Nicht einmal
die Schaufenster des Exquisit-Ladens lockten viele Menschen an. Dabei war das Wetter im Verlauf des Tages ein
wenig freundlicher geworden. Zeitweise hatte sogar die
Sonne geschienen, doch jetzt leuchteten in den Fenstern
der Wohnungen des Spittelecks die Lichter hinter den
Betonbalustraden der Balkone. Alles schien unverändert.
Nur Juri nicht.

Niemand hätte bei seiner Geburt gedacht, dass ausgerechnet er eines Tages die Berliner Mauer öffnen würde,

in deren unmittelbarer Nachbarschaft er aufgewachsen war und bis heute lebte. Bis vor wenigen Tagen hätte er selbst das ebenfalls für unmöglich gehalten. Seine Eltern waren Arbeiter und Parteimitglieder, der Vater bis zu seinem Tod Schichtführer bei den Volkseigenen Betrieben Kabelwerk Oberspree in Oberschöneweide, die Mutter bis zu ihrer krankheitsbedingten Pensionierung Näherin in einem Bekleidungskombinat unweit ihrer Wohnung. Juri hätte eine Ausbildung im Kabelwerk beginnen können, aber schon als kleiner Junge stand sein Berufswunsch fest: Er wollte Volkspolizist werden. Im Kindergarten hatten sie immer ein Lied gesungen:

> »*Ich hab mich verlaufen, die Stadt ist so groß,*
> *Die Mutti wird warten, wie find ich sie bloß?*
> *Der Volkspolizist, der es gut mit uns meint,*
> *Der bringt mich nach Hause, er ist unser Freund!*«

Er hatte nicht eher Ruhe gegeben, bis sein Vater mit ihm ins Haus des Kindes am Strausberger Platz gegangen und die Schallplatte für ihn gekauft hatte. Monatelang lief sie rauf und runter, immer bis zur letzten Zeile, die der kleine Juri voller Inbrunst mitschmetterte:

> »*Und wenn ich mal groß bin, damit ihr es wisst,*
> *Dann werde ich auch so ein Volkspolizist.*«

Dank seines Großvaters, eines Generalobersts der Nationalen Volksarmee hätte ihm eine wesentlich leichtere Karriere bei der NVA offengestanden, aber der heranwachsende Juri Hoffmann sah seine Aufgabe im sozialistischen Staat weiterhin bei der Polizei und so ließ seine Familie ihn gewähren. In seinem Diensteid schwor er »die sozialistische Staats-, Gesellschafts- und Rechtsordnung zu schützen«. Heute hatte er seinen Eid gebrochen und die sozialistische Staats-, Gesellschafts- und Rechtsordnung in ihren Grundfesten erschüttert, vielleicht sogar endgültig zu Fall gebracht. Auch wenn seine Umgebung davon in diesem Augenblick nichts erahnen ließ.

Als er die Treppen der U-Bahn-Station hinunterlief, fragte er sich, wann alles begonnen hatte. Wann waren ihm Zweifel gekommen? War es in Leipzig gewesen? An jenem regnerischen Oktoberabend, als er mit Hunderten anderer aus der ganzen Republik abkommandierter Volkspolizisten bei einer Demonstration der Opposition für Ordnung sorgen sollte? Ihnen war erklärt worden, bei den Demonstranten handele es sich um »gewissenlose Elemente« und »Rowdys«. Ihr Kommandeur hatte zuvor eine kurze, lautstarke Ansprache gehalten. »Wir sind bereit und willens, das von uns mit unserer Hände Arbeit Geschaffene wirksam zu schützen, um diese konterrevolutionären Aktionen endgültig und wirksam zu unterbinden«, hatte er erklärt und einen Satz nachgeschoben, der Juri damals schaudern ließ: »Wenn es sein muss, mit der Waffe in der Hand.« Nie zuvor hatte er als Volkspolizist von der Waffe Gebrauch machen müssen.

So standen sie an diesem 2. Oktober behelmt und bewaffnet vor der Thomaskirche in Leipzig, als sich ihnen der Demonstrationszug näherte. Hunde bellten an knappen Leinen. Aus den Augenwinkeln sah Juri Wasserwerfer aus den Nebenstraßen kommen. »Wir sind das Volk«, skandierten die Demonstranten. Manche riefen auch: »Wir bleiben hier!« Was ihn als Erstes erschreckte, war die schiere Zahl der Demonstranten. Es mussten Tausende sein, und keiner von ihnen sah aus, wie sich Juri einen Rowdy oder ein gewissenloses Element vorgestellt hatte. Ihnen gegenüber standen ganz normale Menschen, DDR-Bürger wie sie auch. Unter den Polizisten spürte Juri dennoch – oder vielleicht umso mehr – die Angst wachsen. Wie sollte man dieser Menge Herr werden? Wie sollte man den Auftrag, diese Demonstration aufzulösen, erfüllen, ohne dass Menschen starben?

Er wusste nicht mehr, wann die Krawalle losgegangen waren, geschweige denn wer daran die Schuld trug. Irgendwann hörte er das Zischen der Wasserwerfer, sah Demonstranten, die von deren Fontänen zu Boden geworfen wurden, sah behelmte Kameraden, die auf die Fallenden zurannten, den Knüppel in der Hand, und losprügelten. Als Antwort flogen Steine auf die Polizisten, die notdürftig versuchten, sich hinter ihren Schilden zu verstecken.

Auch Juri verbarg sich hinter seinem Schild, rannte mit einer Gruppe Kameraden orientierungslos durch die fremde Stadt, in der Hoffnung, weder Steine werfenden Demonstranten noch einem Vorgesetzten in die Arme zu laufen. Nach einiger Zeit sammelten sie sich im Schatten einer alten Kirche. Vor ihnen tobte weiter die Straßenschlacht. Seine Aufmerksamkeit galt jedoch einer jungen Frau, die zwischen den Demonstranten stand und zu ihnen herüberblickte. An ihre linke Hand klammerte sich ein Kind, kaum vier Jahre alt, hielt die freie Hand vor sein Gesicht und weinte. Juri meinte, sein Schreien in dem Tumult hören zu können. Das waren die gewissenlosen Elemente, von denen ihr Kommandeur gesprochen hatte? Eine Mutter mit ihrem vierjährigen Sohn? Juri wollte dem Chaos Einhalt gebieten, aber natürlich brachte er kein Wort heraus. Es hätte ja auch nichts genützt. Er sah noch, wie die Frau das Kind auf den Arm nahm, sah, wie es sein Köpfchen an ihre Schulter presste. Dann drehte sich die Frau um und verschwand in der Menge. Juri musste sein eigenes Gesicht bedecken, um nicht von den Schwaden des Tränengases erwischt zu werden, das in die Menge geschossen worden war. Mit ein paar Kameraden drängte er sich an die Mauer der Kirche, bemüht, nicht in die Auseinandersetzung hineingezogen zu werden. Andere Polizisten und Demonstranten rannten an ihnen vorbei. Dumpf dröhnten die Schläge zu ihm herüber, greller und durchdringender hörte er die Schreie der Getroffenen.

Eine Woche später stand Juri wieder in Leipzig, wieder behelmt und den Schlagstock an der Seite. Unter den jungen Polizisten hatten Gerüchte die Runde gemacht, dass es dieses Mal ernst werden würde, richtig ernst. Als ob die Ausschreitungen vom 2. Oktober nicht ernst genug gewesen waren. In den Leipziger Krankenhäusern sei angeblich medizinisches Personal für die Nacht zwangsverpflichtet, sogar Blutkonserven seien bereitgestellt worden. Mehrere Stunden rang Juri mit sich, um eine Lösung zu finden, wie er diese Nacht überstehen sollte, ohne auf seine Mitbürger einprügeln zu müssen. Im Lkw, der ihn nach Leipzig brachte, im Lager, wo sie auf ihren Einsatz warteten, und selbst noch auf der Straße, als die Parolen der Opposition wie ein fernes Grollen auf sie zurollten, dachte er darüber nach, sprach kein Wort mit den Kameraden, die allerdings ähnlich schweigsam waren wie er. Er würde nicht schlagen, hatte er irgendwann für sich beschlossen. Ohne eine Idee, wie er das bewerkstelligen wollte, stieg er vom Lkw.

Doch er musste sich darüber keine Gedanken machen. Zu viele Menschen demonstrierten an diesem Montagabend in Leipzig. 70.000, hatte er später gehört. Viel zu viele, um sie mit dem Knüppel auseinanderzutreiben. Viel zu viele, um sie aufzuhalten.

Als er nach Berlin zurückkehrte, wusste er, dass Veränderungen unausweichlich waren. Er wusste, dass sie auch ihn treffen würden. Gerade ihn. Den Volkspolizisten. Er hatte Angst davor. Deswegen hatte die Veränderung vielleicht erst später begonnen. Vor nicht einmal einer Woche. Als Nadja auftauchte. Nadja, derentwegen er den Staat, in dem er groß geworden war, an den er geglaubt und dem er einen Eid geschworen hatte, gerade zu Fall gebracht hatte. Nadja, die in Lebensgefahr schwebte.

FREITAG, 3. NOVEMBER 1989

2

Christinenstraße, Berlin, sechs Tage zuvor ...

Nadja Worzyn fluchte, als sie von der Fehrbelliner Straße
in die Christinenstraße einbog. Der Koffer mit ihren
Büchern und Platten wog schwer. Irgendwann hatte sie
es aufgegeben, ihn zu tragen, stattdessen zerrte sie ihn wie
ein störrisches Kind hinter sich her. Ein übergewichtiges,
störrisches Kind! Rene Bintrup ging vor ihr, die unvermeidliche Kamera um die Schulter gehängt, in beiden
Händen zwei Tüten, eine mit ihrem Hausrat, die andere
mit ihren Klamotten. Ein Jutebeutel hing über der anderen Schulter. Er begutachtete neugierig die alten, düsteren Fassaden rechts und links der abschüssigen Straße,
erzählte etwas über Jugendstil und Gründerzeit, was sie
nicht verstand, weil er nach vorne sprach. Außerdem war
Nadja mehr damit beschäftigt, den schweren Koffer fest-
zuhalten, damit er nicht die Straße herunterpolterte und
seinen Inhalt, von dem nicht weniges ihr eine Menge
Ärger einbringen konnte, auf dem Kopfsteinpflaster verteilte. Die Schwerkraft überzeugte schließlich selbst das
störrischste Kind.

Rene drehte sich zu ihr um, ergriff mit einer Hand den
Koffer und half ihr, ihn zu halten. Die Tüte, es war die,
in der sie heute Morgen ihre Klamotten gestopft hatte,
baumelte lose am Handgelenk. Vor dem dritten Haus auf
der rechten Seite blieb sie stehen.

»Hier ist es?«, fragte er.

Nadja nickte. Vorgestern Abend hatte sie die Wohnung im Dachgeschoss entdeckt, dunkle Fenster ohne Vorhänge, kein Licht. Auf dem obersten Klingelschild am Eingang stand kein Name. Sie war ins Haus gegangen und das alte hölzerne Treppenhaus hinaufgestiegen, dessen Stufen unter ihren Schritten knarzten und die so ausgetreten waren, dass sie einmal fast ausgerutscht wäre. Oben hatte sie an der Tür gelauscht, geklingelt, geklopft. Niemand hatte ihr geöffnet. Sie hatte durch das Schlüsselloch geschaut und nichts gesehen, nicht einmal Gerümpel. Die Wohnung stand wie so viele in den Innenstadtvierteln Berlins leer. Offiziell galt sie vermutlich als unbewohnbar, aber Wohnraum war knapp, und Nadja, allein lebend, von Abitur und Studium ausgeschlossen, stattdessen unfreiwillig Arbeiterin in einer chemischen Fabrik, befand sich auf der Warteliste des Amtes für Wohnungswesen gewiss nicht an vorderster Stelle. Ganz im Gegenteil: Ihre Chancen auf eine legale Wohnung in Berlin standen gleich null. Was ihr blieb, war nur diese illegale Besetzung, schwarzwohnen. Streng genommen beging sie damit eine Straftat. Aber gegen »streng genommen« hatte sie schon immer rebelliert.

Gemeinsam mit Rene schleppte sie den Koffer in das Dachgeschoss des alten und maroden Gebäudes. Über die Mittagszeit war alles ruhig. Nur im dritten Stock hörte sie ein Husten hinter dem dünnen hölzernen Türblatt einer Wohnung. Ansonsten herrschte Stille im Haus, überhörte man die gurrende Taube hinter dem alten Fenster in den Hinterhof, in dessen verblichenem Holzrahmen eines der vier Fenstergläser fehlte. Nadja mochte Tauben.

Sie stellten den Koffer auf dem obersten Treppenabsatz ab und die beiden Plastiktüten vorsichtig daneben. Die Kamera baumelte vor Renes Bauch. Er grinste sie noch einmal an, legte ihr die Hand auf den Arm. Sie trat einen Schritt nach vorne, drückte den Türknauf, obwohl sie wusste, dass sich die Tür so einfach nicht öffnen ließ, allein, um die Hand loszuwerden, doch Rene ließ sie dort. Nadja dachte an seine Frau Gerda und den kleinen Leo, die in einer Wohnung auf der nahen Schönhauser Allee auf ihren Mann und Vater warteten, und streifte die Hand langsam ab.

»Du musst mehr Kraft einsetzen«, erklärte Rene, ihre Geste unkommentiert lassend, und deutete auf die Tür.

»Einfach gesagt!«

»Versuch's!«

Sie stellte sich vor die Tür, lehnte sich mit der Schulter dagegen, schob dann den Oberkörper ein Stück weit zurück und warf sich gegen das Holz.

Die Tür rappelte leicht, als wollte sie ihr freundlich zu verstehen geben, dass sie ihren Versuch durchaus wahrgenommen hatte.

Sie versuchte es erneut, diesmal mit mehr Schwung.

Die Tür rappelte ein wenig lauter, hielt weiter stand.

Auch Nadjas dritter Versuch scheiterte.

Die Tür blieb verschlossen. Nur ihre Schulter schmerzte.

Sie sah Rene an. Sie hasste es, von Männern abhängig zu sein. Noch mehr hasste sie es, von Rene abhängig zu sein, bei dem sie in den letzten drei Wochen Unterschlupf gefunden hatte. Eine Situation, die für alle Beteiligten – außer vielleicht für Leo, der mindestens ebenso sehr in sie verliebt war wie sein Vater – unerträglich geworden war. Nicht zuletzt deswegen war sie an den letzten Abenden regelmäßig durch die Straßen gewandert, um eine leer stehende Wohnung zu finden. Natürlich wollte sie unbedingt in der Nähe bleiben, im Prenzlauer Berg, wo Künstler, Literaten, Oppositionelle lebten und wirkten, wo sie sich das erste Mal in ihrem Leben willkommen und angenommen gefühlt hatte.

»Ich fürchte, du musst mir helfen.«

Rene trat einen Schritt nach vorn, schlug mit der flachen Hand einmal fest gegen die Tür oberhalb des Schlosses. Mit einem lauten Krachen flog sie auf, als wollte sie ihren Protest gegen Renes Aggression ins Treppenhaus hinausschreien. Der Fotograf nahm davon unbeeindruckt den Koffer, grinste zufrieden und trug ihn hinein. »Turner«, erklärte er betont gelassen. »Da steckt mehr Kraft drin, als man denkt.«

»Du hast geturnt?«

»Turbine Potsdam, am Reck«, erwiderte er von drinnen. Sie nahm die beiden Tüten vom Boden, lauschte noch einmal das Treppenhaus hinunter, ob irgendwer außer der Taube von dem Lärm der auffliegenden Tür aufgeschreckt worden war, und folgte Rene in ihr neues Heim.

»Beneidenswert! Ich bin über das Reck kaum rübergekommen.«

»Ich war froh, als ich aufhören konnte«, sagte er nur. Es war klar, dass er das Thema nicht weiter vertiefen wollte.

Als Erstes drückte sie den Lichtschalter neben der Tür. Manchmal hatte man ja ein wenig Glück. Sie juchzte bester Stimmung, als eine Glühbirne flackernd ansprang und die einzige Kammer erhellte.

Rene schüttelte grinsend den Kopf. »Nicht zu fassen, du hast Strom!«

Sie schauten sich um. Vergilbte, von Rahmen verschwundener Bilder verfärbte Tapeten mit einem kaum mehr zu erkennenden Blumenmuster, fleckige Streifen roter Rosen, durch grüne Banderolen voneinander getrennt, ein an manchen Stellen offen einzusehendes Ziegeldach, zwei kleine Fenstergauben zur Straße hin. Immerhin schienen die Fenster dicht zu sein.

Sie stellte die Tüten ab, ließ den Raum auf sich wirken. Wer hatte hier zuletzt gelebt? Vor ihrem inneren Auge sah Nadja eine alte Frau in dieser Kammer sitzen, eine Frau, die vielleicht Jahrzehnte hier gewohnt hatte, zuletzt allein, die vielleicht auch hier gestorben war. Sie sah Beamte des Amtes für Wohnungswesen, die etwas verlegen in dem niedrigen Zimmer standen, sich umsahen und entschieden, dass hier niemand mehr leben konnte, ehe sie die Tür von außen zuzogen.

»Du hast Glück«, sagte Rene und zog sich eine Fluse aus dem dichten roten Vollbart, die er mit einer lässigen Bewegung wegschnippte.

Nadja sah, wie sie in dem Licht der Glühbirne tanzte und langsam zu Boden sank.

»Möbliert.« Er deutete auf den kleinen Tisch an der einen Wand und das Bett auf der anderen Seite. Sogar eine Matratze fand sich noch darin. Weder das eine noch das andere hatte sie am Vorabend durch das Schlüsselloch erkennen können. Sie hatte wirklich Glück. Rene setzte sich demonstrativ darauf, wippte, der Lattenrost unter der Matratze quietschte. »Und bequem! Probier's aus!« Er rückte ein Stück zur Seite und klopfte mit der Hand auf den Platz neben sich.

Nadja bückte sich nach den Tüten und zog zwei Vorhänge heraus. »Ich kümmere mich mal lieber um die

Wohnlichkeit«, antwortete sie und lief zu den Gauben, um den Stoff zu befestigen.

Rene erhob sich und kramte in seinem Jutebeutel. Nach einigem Suchen zog er ein Türschloss hervor und hielt es hoch. »Das müsste passen.« Er holte noch einen Schraubenzieher aus dem Beutel, legte die Kamera beiseite und ging zur Wohnungstür. Binnen fünf Minuten hatte Nadja ihr eigenes Türschloss. Rene drückte ihr den Schlüssel in die Hand.

Gemeinsam gingen sie hinaus. Nadja schloss die Tür und schloss sie zur Probe gleich wieder auf. Alles funktionierte tadellos. Zufrieden steckte sie den Schlüssel in die Tasche ihrer Jeans. Dann zog sie ein Klingelschild hervor und befestigte es über der alten, runden Klingel neben der Tür.

»Worzyn«, las Rene, »jetzt ist es deine Wohnung. Vergiss aber nicht, die Miete zu bezahlen.«

Sie vermied es, mit den Augen zu rollen. Nadja wusste selbst, dass sie die Miete für die Wohnung einfach überweisen musste – zumindest einen Betrag, den sie für angemessen und realistisch hielt –, um sie irgendwann legalisieren zu können.

»Noch nicht ganz«, antwortete sie stattdessen.

Gemeinsam gingen sie die Treppe hinunter. Rene trug nur noch seine Kamera und den Jutebeutel. Am Hauseingang brachte Nadja ein weiteres Namensschild an. Niemand lief auf der Straße an ihnen vorbei, der misstrauisch werden könnte. Und selbst wenn: Vermutlich sahen sie aus wie ein junges Paar, das seine erste gemeinsame Wohnung bezog.

»Du weißt, was du als Nächstes zu tun hast?«, fragte Rene, während Nadja das Schild prüfend musterte.

Sie seufzte. »Natürlich. Als Erstes besuche ich heute Abend den Hausbuchverwalter und lasse mich ins Hausbuch eintragen.«

»Der wird aber feststellen, dass du keine Zuweisung für die Wohnung hast.«

»Aber natürlich habe ich eine Zuweisung!«, spielte Nadja ihre einstudierte Rolle. Sie hatten das in den letzten Tagen regelrecht geprobt. »Die liegt nur gerade zu Hause bei meinen Eltern.«

»Hoffen wir, dass er dir glaubt.«

»Wenn nicht, gehe ich morgen zur Polizei und lass mich ummelden.«

»Geh spät, dann haben die VoPos keine Lust mehr auf solche Sachen und stempeln schneller.«

»Ich weiß.« Oft behandelte Rene sie wie ein Kind. Bei Gerda verhielt er sich nicht anders. Das machte es nicht besser. Auch wenn er es nicht böse meinte. Wie er vielleicht auch seine Schwärmerei für sie nicht böse meinte, es irgendwie schaffte zu ignorieren, dass er Frau und Kind hatte, und sich vielleicht in der Sicherheit wiegte, dass Nadja seinem Werben nie nachgeben würde.

»Dann geh ich jetzt mal«, sagte er. »Doch zuvor …« Er nahm den Beutel von der Schulter, wandte sich ab und kramte darin. Nach kurzem Suchen zog er etwas hervor, drehte sich wieder zu ihr und hielt einen kleinen Topf in der Hand, den er ihr reichte. »Aus der Gärtnerei«, sagte er. Nadja nahm die Pflanze mit den hängenden Blättern und den winzigen roten Blüten entgegen, die in ihrem Topf dem Wind trotzte, der kalt die Christinenstraße hinunterwehte. »Herzlichen Glückwunsch zur neuen Wohnung, Schwarzwohnerin«, sagte Rene, grinste und umarmte sie. Sie ließ ihn gewähren, machte sich erst von ihm los, als ihr seine Umarmung zu lang wurde.

»Denk daran, dass du spätestens in zwei Wochen zum Wohnungsamt musst«, schärfte ihr Rene zum Abschied ein. Sie nickte bloß, drehte sich um und lief die Treppe hinauf in ihr neues Heim. Die Pflanze wackelte mit den Blütenköpfchen, als tadelte sie Rene für seine letzten mahnenden Worte. Woher sollte er wissen, dass Nadja in zwei Wochen keine Chance mehr haben würde, beim Amt für Wohnungswesen vorstellig zu werden?

Den Nachmittag über verbrachte sie damit, ihre Sachen auszupacken und sich einzurichten. Zunächst probierte sie, ob das Wasser in der Wohnung noch lief. Fast hätte sie erneut laut aufgejauchzt, als sich eine braune Brühe aus dem einzigen Hahn ergoss, die nach einiger Zeit erst gelb und dann klar wurde. Anschließend wischte sie den staubigen alten Holzboden mit einem Tuch, bezog das Bett, sortierte ihre Klamotten in Stapeln darunter. Dann klappte sie den Koffer auf, stellte ihre Schallplatten vorsichtig an die Wand. Auch wenn sie keinen Plattenspieler besaß, mit dem sie die Scheiben hören konnte, hatte sie sie nicht bei Rene lassen wollen. Genauso wenig wie ihre Bücher, die ihr noch heiliger waren und die sie in Ermangelung eines Regales in zwei weiteren Stapeln neben dem Bett aufbaute. Zuletzt stellte sie Renes Pflanze auf das Fensterbrett der linken Gaube. So sahen die Fenster zur Straße hin bewohnter aus und niemand anderes würde auf die Idee kommen, diese, nun ihre Wohnung zu besetzen.

Gegen vier Uhr nachmittags wurde es bereits so dunkel, dass sie eine Kerze anzünden musste. Sie trug den kleinen Tisch in die Mitte des Raumes, um dort an ihrem Artikel schreiben zu können, den sie heute Abend auf der Redaktionssitzung vorstellen wollte. Es ging um einen 20-Jäh-rigen, der im Februar an der Mauer erschossen worden war. Ihrer Meinung nach war in der Öffentlichkeit viel zu wenig über diese Schicksale bekannt. Seit Monaten schon trug sie sich mit dem Gedanken darüber zu schrei-ben, hatte aber lange zu viel Respekt vor den drohenden Konsequenzen gehabt. Zu lange vielleicht.

Bei Rene hatte sie für solche Arbeiten Gerdas Schreib-maschine benutzen dürfen, nun musste sie wieder mit der Hand vorschreiben und den Beitrag später in der Redak-tion abtippen. Sie sah ihre Unterlagen und Gesprächs-notizen durch. Dann schlug sie eine neue Seite in ihrem Notizbuch auf und strich sie glatt. Als sie das nächste Mal hochschaute, war es halb sieben. Erschrocken sprang sie auf, packte das Notizbuch, warf sich ihre Jacke über und rannte zur Tür hinaus. Die anderen warteten wahr-scheinlich schon auf sie.

Sie flog die Stufen hinunter, es brauchte ein paar Trep-penabsätze, ehe sie die schweren Schritte wahrnahm, die sich von unten näherten. Neugierig schaute sie über das Geländer hinab und erschrak. Die Hand eines Volkspoli-zisten lag auf dem Geläuf, der Arm mit der grünen Uni-form deutlich zu sehen. Er war auf dem Weg nach oben. Hatte sie jemand verpfiffen?

Instinktiv drehte sie sich um und wollte wieder nach oben gehen, um sich irgendwo zu verstecken. Dann ent-schied sie sich anders. Sie hob den Kopf, straffte die Schul-tern und lief weiter die Treppe hinunter. Sollte ihr der Volkspolizist erst einmal nachweisen, dass sie etwas Ver-botenes getan hatte.

*

Juri Hoffmann stieg die dunkle Treppe hinauf. Durch das Fenster zum Hof zog der Geruch von Holz- und Kohleöfen durch das Haus. Die Stufen quietschten unter seinen Schritten. Er lief vorbei an dem Kinderwagen, den die Brinkhofs aus dem ersten Stock vor ihrer Wohnungstür parkten. Von oben hörte er eilige Schritte. Als er um den Treppenabsatz herumbog, stieß er fast mit einer jungen Frau zusammen, die er noch nie gesehen hatte. Ein Notizbuch fiel zu Boden, Papiere folgten, wehten die Stufen hinunter, verfingen sich in den Stäben des Geländers, torkelten zurück und landeten auf dem Boden. Manche kamen erst auf dem Treppenabsatz unter ihnen zur Ruhe. Das Mädchen sah ihn erschrocken an. Dann reckte sie ihr Kinn trotzig nach oben. Juri kannte den Typ. In den letzten Monaten hatte er sich rasend schnell vermehrt. Aber er wusste auch, dass hinter dem trotzig hochgereckten Kinn Unsicherheit versteckt werden sollte. Gegenüber einem Volkspolizisten zeigte man die heute nur nicht mehr. Sie hatten jetzt also eine Oppositionelle im Haus. Na, besten Dank! Als ob im Kiez in den letzten Jahren nicht schon genug los gewesen wäre.

»Entschuldigung«, rief sie, lief an ihm vorbei und sammelte hastig die Papiere ein, stopfte sie ohne Rücksicht in das Notizbuch zurück, sodass einige Seiten einrissen.

Juri eilte drei Stufen zu ihr hinunter und ging neben ihr in die Hocke. »Lassen Sie mich Ihnen helfen. Es war doch meine Schuld.« Am besten half Freundlichkeit gegen Trotz. Und helfen musste man doch … Er streckte ihr die Hand entgegen. »Juri.«

»Nadja«, zischte sie so leise, dass Juri sie kaum verstand. Sie drängte sich zwischen ihn und die noch nicht eingesammelten Zettel, dass er kaum nach einem greifen konnte. Vielleicht half Freundlichkeit in diesem Fall doch nicht. Er hob eines der Papiere auf. Sie riss es ihm fast aus der Hand und stopfte es zu den anderen in das ohnehin schon zerfetzte Büchlein. »Sie müssen sich keine Mühe machen. Ich komme schon zurecht.« Beinahe schlug sie ihm die Hand weg, als er sich nach einem anderen Blatt bücken wollte.

Verärgert erhob er sich. »Na, wenn Sie nicht wollen«, murrte er.

Sie hatte jetzt alles beisammen und hielt das Notizbuch wie einen Schutzschild vor der Brust. »Wohnen Sie hier?«, fragte sie ihn.

»Im dritten Stock«, antwortete er. »Und Sie?« Sie strich sich nervös eine dunkelblonde Strähne aus dem eigentlich sehr hübschen Gesicht.

»Ich bin neu hier.« Sie lächelte verkniffen und zwängte sich an ihm vorbei. »Ich muss los, meine … Freunde warten«, sagte sie, winkte ihm kurz und nachlässig zum Abschied zu, ehe sie die Treppe hinunterlief. Juri beugte sich über das Treppengeländer, um ihr nachzusehen. Er war immer noch verärgert. Mit der würde er noch Ärger kriegen, dachte er, als er sich umwandte und die Treppe weiter hochstieg.

Das Schloss klemmte. Er musste den Schlüssel mit Kraft gegen den Widerstand drehen. Irgendwann würde der Schlüssel brechen, dann müssten er und seine Mutter sich einen teilen. Indem er sich leicht mit der Schulter gegen die Tür lehnte, schob er sie auf. Das alte Glas im Holz darüber klirrte, als er sie wieder schloss. Holz kratzte über Holz auf dem Fußboden. Im Wohnzimmer hörte er seine Mutter husten, ein Husten, der überhaupt kein Ende zu nehmen schien. Er überlegte, ob er schlimmer geworden war. Seit Jahren kämpfte sie damit, war von Arzt zu Poliklinik zu Experten gelaufen, aber niemand hatte ihr helfen können. Irgendwann kam Kurzatmigkeit dazu und spätestens seitdem versuchte Juri seiner Mutter das Leben leichter zu machen, wo er nur konnte. Er hängte seine Uniformjacke über einen Bügel an der Garderobe im Flur und zog die Schuhe aus, die er unter die Garderobe stellte. Als er das Wohnzimmer betrat, wurde der feuchte Geruch der Wohnung von Bratenduft überlagert, der aus der Küche hinter dem Wohnzimmer kam. Seine Mutter saß im Sessel, die Arme auf den hölzernen Lehnen, das Sofabett auf der anderen Seite des kleinen Couchtisches war nicht gemacht. Wahrscheinlich hatte sie geschlafen, ohne das Sofa aufzuklappen. An der Seite lugte der grün-braun gestreifte Bezug des Sofas hervor.

»Ich hab dir etwas zu essen gemacht, Junge«, begrüßte sie ihn. Es klang wie eine Entschuldigung, und das war es auch.

»Du weißt doch, dass du Ruhe brauchst, Mutter. Ich hätte das selber machen können«, sagte Juri und drückte ihr einen Kuss auf die Stirn.

»Und du brauchst etwas zu essen.« Sie nahm die Füße vom Hocker und erhob sich. »Ich mache dir einen Teller fertig.«

Sanft drückte Juri seine Mutter zurück in den Sessel. »Ich mach das.«

Sie antwortete mit einem Hustenanfall.

Als er die Küche betrat, löste er den Krawattenknoten. Die Krawatte hängte er vorsichtig über den Türknauf. Dann stellte er sich an den Herd der kleinen weißen Küchenzeile und hob den Deckel vom Topf. Er merkte, dass er Hunger hatte.

34

»Jetzt hast du Wochenende«, rief sie vom Sessel aus.

»Leider nicht, wir sind für morgen abkommandiert worden«, rief er aus der Küche hinaus.

»Wieso das?« Seine Mutter klang enttäuscht. Sie liebte die gemeinsamen Samstage mit ihm, auch wenn sie fast nie mehr machten, als ein Spiel zu spielen und etwas Musik zu hören, oder vielleicht einen kurzen Spaziergang unternahmen, wenn das Wetter und die Gesundheit seiner Mutter es zuließen.

»Es gibt wieder eine Demonstration. Wir sollen das Gebäude des Zentralkomitees schützen.«

Er stand jetzt in der Tür. Seine Mutter sah ihn besorgt an. Er hatte mit ihr nie über seine Erlebnisse in Leipzig gesprochen, schließlich wollte er sie nicht unnötig aufregen. Aber natürlich gingen ihm die Bilder aus Sachsen wieder durch den Kopf, seitdem er heute Mittag den Einsatzbefehl für den morgigen Tag bekommen hatte. Die Wasserwerfer, die Schlagstöcke, die auf die wehrlosen Menschen niedersausten, die Steine, die ihnen entgegenflogen, die junge Frau mit dem Kind … Was würde ihnen morgen drohen?

»Das gefällt mir nicht«, sagte seine Mutter, ließ aber offen, was genau sie damit meinte, die Demonstration oder seine Abwesenheit am Samstag. »Iss etwas«, wechselte sie das Thema. Sie stand auf und kam zu ihm herüber in die Küche, wo sie sich an ihrem Esstisch niederließ, der der Küchenzeile gegenüber an der Wand stand. Nachdenklich strich sie die rot-weiß karierte Tischdecke glatt.

»Das sieht hervorragend aus«, rief er, in der Hoffnung, sie auf andere Gedanken bringen zu können. Sie oder vielleicht auch sich selbst. Im zweiten Topf schwammen winzige Kartoffeln in einer inzwischen trübe gewordenen Brühe.

»Es sieht furchtbar aus. Aber es schmeckt!«

»Hast du etwas gegessen?«

»Ein paar Kartoffeln.«

»Kein Fleisch?«

»Junge, du weißt doch, dass ich das Fleisch nicht vertrage.«

Juri nahm sich einen Teller aus dem Küchenschrank über dem Ofen und legte das Stück Fleisch darauf. »Willst du wirklich keine Scheibe?«

»Nein, lass!«

Er nahm die Kartoffeln vom Herd, legte sie auf den Teller und goss die Brühe aus dem Fleischtopf darüber. Dann setzte er sich zu seiner Mutter und blickte durch das Küchenfenster in das Treppenhaus auf der anderen Seite des Hofes. Eine kleine Topfpflanze stand dort im Fenster. Sie sah vertrocknet aus. Er überlegte, ob er hinübergehen und sie gießen sollte. Oder sollte er jemandem aus dem Nachbarhaus Bescheid geben? Seine Mutter plagte ein weiterer Hustenanfall. Bereits vor sechs Monaten hatte Juri einen Antrag auf eine bessere Wohnung in einer Plattenbausiedlung in Marzahn gestellt. Den Versuch, vielleicht sogar eine eigene Wohnung für sich zu beantragen, hatte er erst gar nicht gewagt. Nicht nur, weil er seine Mutter mit ihrem Husten nicht allein lassen wollte. Es wäre aussichtslos gewesen. Er war alleinstehend, ohne Familie, konnte eine Wohnung in Berlin vorweisen. Danach war er noch zweimal bei der Wohnungsverwaltung vorstellig geworden, das zweite Mal sogar in Uniform. Aber die zuständige Sachbearbeiterin, eine bebrillte Brünette etwa Mitte 30, hatte ihn vertröstet.

Er hatte auf den Gesundheitszustand seiner Mutter hingewiesen, sogar ein Schreiben vom Arzt vorgelegt, der die Vorrangigkeit ihres Anliegens unterstrich. Ohne Erfolg. Stattdessen hatte die Brünette ihn über ihre Brillengläser angeschaut. »Auch wenn Sie hier in Uniform erscheinen, haben wir keine Wohnung für Sie frei, Genosse.«

Er hatte sich ertappt gefühlt und war mit roten Wangen aus dem Zimmer gestürmt. Früher hätte er mit der Uniform vielleicht tatsächlich eine Vorzugsbehandlung erhalten, aber die Zeiten hatten sich geändert. Eigentlich war das ja auch richtig so, aber dass er mit seiner kranken Mutter in einer feuchten Wohnung leben musste, empörte Juri dennoch.

Seine Mutter beruhigte sich wieder. »Ich habe eben im Treppenhaus unsere neue Nachbarin getroffen«, erzählte er so beiläufig, wie es ging. »Hast du sie schon kennengelernt?«

3

Zionskirche, Berlin

Gut fünf Minuten lief Nadja von ihrer neuen Wohnung bis zum Gemeindehaus der Zionskirche. Der fast 70 Meter hohe Kirchturm aus grau verfärbten Ziegeln ragte direkt vor ihr auf. Anders als viele andere Straßenzüge der Hauptstadt war die Gegend um die Kirche voller Leben. Zahlreiche Unterstützer liefen in Richtung Kirche oder zum Gemeindehaus. Vereinzelt beobachteten Männer, allein oder in kleinen Gruppen, die Passanten, Mitarbeiter der Staatssicherheit, die sich kaum Mühe gaben, ihre Anwesenheit zu verschleiern. Es ging ihnen längst nicht mehr darum, Informationen zu sammeln, herauszufinden, wer sich in der Opposition engagierte. Dafür waren sie mittlerweile zu viele geworden, die sich bei den Mahnwachen oder in den Oppositionsgruppen trafen. Nicht einmal die Stasi konnte sie alle überwachen. Sie wollten nur noch abschrecken. So langsam müsste ihnen auffallen, dass ihnen das nicht mehr gelang, dachte Nadja. Tag für Tag engagierten sich mehr Menschen für Reformen. Sie selbst beachtete die Männer von der Staatssicherheit schon lange nicht mehr. Im Sommer, kurz nachdem die Chinesen die Studenten auf dem Platz des Himmlischen Friedens mit Panzern überrollt hatten, hatte sie noch gefürchtet, dass so etwas auch in Berlin geschehen würde.

Bevor sie den erhöhten Platz mit der Kirche erreichte, bog sie ab. Das Gemeindehaus war in einem alten Gebäude in der Griebenowstraße untergebracht. In den Kellern befand sich die einzige freie Druckerei der DDR, die Umwelt-Bibliothek. Zahlreiche Gruppen der Opposition nutzten sie, um ihre Flugblätter oder Zeitschriften zu drucken.

In einem Nebenraum versammelte sich ihre kleine Redaktion um einen alten Tapeziertisch, der in der Mitte stand. Vor den weißen, grob verputzten Wänden standen einfache Holzregale, in denen sich Bücher, Zeitschriften und Kartons mit Flugblättern stapelten. Im Grunde war das hier eher ein Lager-, als ein Besprechungsraum, aber es bot ihnen alles, was sie brauchten. An der Wand neben der Luke zur Straße hin, durch die bei Tage etwas Licht drang, hatte jemand ein Transparent aufgehängt. »Gegen Geist und Praxis der Abgrenzung«, las Nadja. Neben dem Schriftzug prangte ein Friedenssymbol. Das Transparent stammte von Andreas, ihrem Chefredakteur. Nadja erschien der Text immer etwas zu verkopft. Andreas eben. Der Gründer der Zeitung »Die Brücke«, an deren dritter Ausgabe sie alle fieberhaft arbeiteten, lehnte am Tisch und debattierte mit Rene. Irgendwer hatte die Stühle aus dem Raum geholt. Wahrscheinlich wurden sie anderweitig dringender gebraucht. Der Fotograf, der ihr beim Umzug geholfen hatte, lächelte ihr zu und winkte, als sie den Raum betrat. Heiko und Renes Frau Gerda saßen in einer Ecke auf dem Boden. Zwischen ihnen lagen Papiere, die sie sorgfältig studierten. Gerda deutete mit einem Stift auf eine Zeichnung. Neben ihnen hatte ein weiterer Mann Platz genommen, den Nadja nicht kannte. Er war etwa in ihrem Alter, trug die langen Haare zu einem Zopf zusammengebunden, schaute ebenfalls auf die Zettel, wirkte jedoch, als wüsste er nicht so recht, was er dazu sagen sollte. Das eine Bein hatte er angewinkelt, seine Jeans offenbarte ein kleines Loch unterhalb des Knies. Nadja ging zu ihm hinüber und reichte ihm die Hand. »Hallo, ich bin Nadja. Du bist neu bei uns?«

Er schaute zu ihr hoch und erhob sich. Zu ihrer Überraschung war er ein gutes Stück kleiner als sie. »Jochen«, stellte er sich vor, zeigte ein freundliches Lächeln. »Ja, das bin ich. Andreas hat mich eingeladen. Ich bin sein Vetter. Bist du schon lange dabei?«

»Seit zwei Monaten erst, vorher war ich in verschiedenen anderen Gruppen aktiv. Aber ich wollte schreiben. So bin ich hier gelandet.«

»Hast du schon eine Wohnung?«

Er lachte und schüttelte den Kopf. Sie mochte sein Lachen. »Nein, ich wohne bei Freunden.«

»Nadja ist unsere Starjournalistin«, rief Rene hinüber. »Niemand recherchiert hartnäckiger! Kaum zu glauben, dass die Stasi sie noch nicht abgeworben hat.« Er zwinkerte Nadja zu, der es die Sprache verschlagen hatte.

»Das war nicht besonders witzig«, wies Jochen Rene zurecht.

Der hob nur eine Augenbraue. »Ach ja?«

»Ja. Man beschuldigt niemanden ungerechtfertigt, ein Spitzel zu sein. Nicht einmal zum Spaß.« Er wandte sich an Nadja. »Auch wenn ich dir selbstverständlich all meine Geheimnisse verraten würde.«

»Das würdest du in der Tat«, erwiderte sie so knapp wie selbstbewusst.

Er lächelte, es wirkte verunsichert.

Andreas ging zu Jochen hinüber und legte ihm den Arm um die Schulter. »Mein Vetter Jochen ist neu bei uns. Er kommt aus Dresden, hat da in der Kirche mitgearbeitet.«

»Aus Dresden?«, fragte Rene. Er kam herüber zu ihnen, reichte Jochen die Hand. »Seit wann bist du hier?«

»Seit Anfang des Monats erst«, erklärte Jochen und schüttelte Renes Hand. »Frisch zugezogen.« Er lächelte. Nadja bemerkte, dass an seinem linken Schneidezahn eine große Ecke abgebrochen war.

»Was ist mit deinem Zahn passiert?«, fragte sie neugierig.

Jochen wurde ein wenig rot. »Du hast es gesehen?«

Wie könnte ich das nicht sehen?, dachte Nadja. Aber Rene antwortete schneller. »Nadja sieht alles«, lobte er. Er hielt Jochens Hand weiter fest.

Die Röte breitete sich aus. »Das war am Dresdener Bahnhof.«

»Bei der Erstürmung?« Anfang Oktober war es rund um den Dresdener Hauptbahnhof zu Ausschreitungen gekommen. Die DDR-Führung hatte die Züge, die die Flüchtlinge aus der Prager Botschaft der DDR in den Westen bringen sollten, unbedingt über Dresden lenken müssen. Als sich das herumsprach, versuchten Tausende das Bahnhofsgebäude zu stürmen. Es war das erste Mal, dass Heiko etwas sagte.

»Ein Volkspolizist hat mir seinen Knüppel direkt ins Gesicht geschlagen.«

Nadja fühlte Empörung in sich aufsteigen. Empörung und Angst. Vielleicht nahm sie die Stasimänner vor der Kirche zu sehr auf die leichte Schulter? Wer wusste, was alles passieren konnte.

»Sollen wir nicht mal anfangen?«, mischte sich Gerda ein. »Ich will den Kleinen nicht so lange bei seiner Oma lassen.«

Alle gruppierten sich um den Tapeziertisch. Rene drängte sich zwischen sie und Gerda. Nadja rückte ein Stück beiseite, nahm damit Andreas den Platz weg.

»Was haben wir?«, fragte der zur Eröffnung, ein lieb gewordenes Ritual, mit der er jedes ihrer Treffen begann.

»Vielleicht kann dein Cousin ein bisschen mehr über sich erzählen?«, schlug Rene vor und sah Jochen an, der sich ihnen gegenüber aufgestellt hatte.

»Ich bin nicht so der große Redner, schon gar nicht, wenn es um mich geht«, gestand der, die Hände in den Hosentaschen vergraben wie ein Siebtklässler. Nadja begann ihn zu mögen, vielleicht weil Rene ihn so offenkundig nicht leiden konnte.

Die nächsten zwei Stunden debattierten sie Beiträge, Fotos und Nadja stellte ihren Artikel für das nächste Heft noch einmal vor. Andreas äußerte Skepsis. »Vielleicht gehen wir damit einen Schritt zu weit?«

»Nein!«, entgegnete Nadja. Sie würde sich ihre Arbeit nicht kaputt machen lassen. »Das denke ich nicht. Das Thema ist aktuell und muss angesprochen werden.«

»Stimmen wir doch ab«, schlug Jochen vor.

Da sich alle auf Nadjas Seite schlugen, gab Andreas klein bei. In der Nacht um zwei würde ihre dritte Ausgabe in Druck gehen.

»Was steht als Nächstes an?«, fragte Jochen, der sich gut in die Gruppe einfügte.

»Ich denke, wir sind morgen alle bei der ›Demonstration für unsere verfassungsmäßigen Rechte‹. Treffpunkt ist das ADN-Gebäude. Um zehn Uhr geht's los. Es könnten sich noch Leute für den Ordnungsdienst melden.«

»Ich würde gerne ein paar Stimmen sammeln«, schlug Nadja vor, »mit Leuten reden, hören, warum sie dabei sind.«

»Wir wissen doch alle, warum wir demonstrieren«, wandte Jochen ein.

»Trotzdem interessiert es mich, vielleicht finden wir ein paar neue Gedanken.«

»Ich könnte Fotos machen«, ergänzte Rene.

»Gute Idee, vielleicht machen wir daraus eine spezielle Aktion.«

»Gesichter des Widerstands«, fiel Jochen ein.

»Das gefällt mir«, unterstützte ihn Andreas.

Gerda schwieg und schaute grimmig. Vermutlich war sie wenig begeistert, dass ihr Mann den Samstag mit Nadja auf der Demo verbringen würde. Nadja teilte diesen Mangel an Begeisterung, sah aber ein, dass Renes Idee gut war.

*

Christinenstraße, Berlin

In der Wohnung im dritten Stock brannte noch Licht. Auf dem Rückweg vom Gemeindehaus hatte Nadja mit Andreas an der Mahnwache vor der Gethsemanekirche vorbeigeschaut. Dann hatte sie sich entschlossen, nach Hause zu gehen. Sie wollte sich Gedanken über ihre Arbeit morgen machen, ein paar Notizen, was sie die Leute fragen wollte. Zuvor könnte sie noch schnell beim Hausbuchinhaber schellen. Vielleicht trug er sie auch ohne Zuweisung in das Buch ein, das wäre der erste wichtige Schritt, um ihre Wohnung legalisieren zu lassen. Um diese Zeit hatte er bestimmt keine Lust auf langwierige Diskussionen.

Sie schellte also an der Tür im dritten Stock, an der »Hoffmann« geschrieben stand. Das Klingelschild war sauber getippt, nicht schnell mit Kugelschreiber auf einen Fetzen Papier geschrieben wie ihres. Von innen hörte sie Musik. Sie beugte sich leicht nach vorn. Das Lied kam ihr bekannt vor. Sie kam allerdings nicht darauf, was es war. Dann hörte sie Schritte, die Tür ging auf und der Volkspolizist, der ihr am Nachmittag auf der Treppe entgegengekommen war, blickte sie vorwurfsvoll an. Mist!

Sie versuchte es mit einem Lächeln. Er erwiderte es nicht. Ohne seine Uniform wirkte er deutlich jünger, die kleine Nase unter den schmalen blauen Augen und den strohblonden Haaren gab ihm etwas Kindliches. Noch grün hinter den Ohren, aber schon Hausbuchbeauftragter. Das konnte was werden!

»Guten Abend. Ich hoffe, ich störe nicht …« Sie hielt inne. Jetzt erkannte sie das Lied. »Ist das Françoise Hardy?«, fragte sie verblüfft.

Der Volkspolizist nickte zwar, ging aber sonst nicht weiter darauf ein. »Es ist spät«, sagte er stattdessen.

»Ich liebe französische Chansons«, versuchte sie einen erneuten Anlauf, um das Eis zwischen ihnen zu brechen.

»Ja«, sagte er bloß.

Sie gab es auf. Vielleicht war jemand anders in dieser Wohnung der Musikliebhaber. »Man hat mir gesagt, Sie führen das Hausbuch?«

Nun kam so etwas wie Leben in den Polizisten. Ihr fiel auch wieder sein Name ein: Juri. Er drehte sich um, ging zu einer kleinen Kommode, die in dem länglichen Flur unter einem Spiegel stand, und zog die obere Schublade auf. Ihr entnahm er ein in einen Lederumschlag gefasstes Buch und kam zurück zur Tür. Dort schlug er es zielsicher auf der richtigen Seite auf, strich die Seite glatt und nahm einen Stift aus einer Halterung im Ledereinband. Der Einband musste einiges gekostet haben, dachte Nadja. Da ging jemand sehr sorgsam mit den Dingen um, die ihm anvertraut worden waren. Zu sorgsam vielleicht.

»Willst du die Dame nicht hereinbitten, Junge?«, rief jemand, den Nadja nicht sehen konnte. Der Frage folgte ein Husten. Nadja steckte den Kopf ein Stück weiter in den Raum, sagte: »Hallo, guten Abend!«

»Wir sind hier gleich fertig«, sagte Juri in die Wohnung hinein. Wenigstens schien er es eilig zu haben. Er war einen Schritt zurückgetreten, als Nadja sich vorgebeugt hatte. »Dann bräuchte ich Ihre Zuweisung«, sagte er.

Dies war der kritische Moment. Sie zögerte.

»Sie haben doch eine?«, fragte er, jetzt misstrauisch werdend. Dumm war er nicht, der Polizist.

»Ja, natürlich habe ich eine Zuweisung«, antwortete sie, versuchte eine leichte Verwunderung über seine Frage in die Stimme zu legen, fand aber selbst, dass sie eine Spur zu empört klang.

»Darf ich sie dann sehen?«

»Ich habe sie nicht mit«, gestand sie kleinlaut.

»Was heißt das: Sie haben sie nicht mit? Weswegen sind Sie denn dann hier?«

Er wirkte ratlos und verwirrt. Typisch VoPo. Wenn etwas nicht nach den Regeln lief, wurden sie unsicher.

»Meine Zuweisung liegt bei meinen Eltern in Espenhain. Ich fürchte, ich habe sie in der Aufregung vergessen. Aber morgen trete ich eine neue Stelle an. Deswegen musste ich nach Berlin. Die Zuweisung kann ich erst in zwei Wochen abholen. Ich hatte solche Angst, dass die Wohnung sonst weg wäre, und ich warte doch schon so lange …«, ratterte sie herunter. »Außerdem hat man mir eingeschärft, mich umgehend beim Hausbuchverwalter zu melden, und ich will doch alles richtig machen …«

»Schon gut!« Er klang genervt. »Aber ohne Zuweisung kann ich Sie nicht eintragen.« Er dachte einen Augenblick nach. »Um welche Wohnung handelt es sich denn?«

»Ganz oben unterm Dach.«

»Ist die nicht gesperrt?«

Mist! »Nein!« Immerhin klang ihre Empörung jetzt angemessen, wie sie fand. »Das ist meine Wohnung! Die wurde mir zugewiesen. Ich kann es Ihnen zeigen.«

»In zwei Wochen …«

»Ja … vielleicht auch früher …«

»Kommen Sie dann wieder.« Er schloss die Tür vor ihrer Nase. Nadja hob schon die Hand, um wütend dagegenzuschlagen, besann sich aber eines Besseren. Françoise Hardy drang dumpf auf den Flur. Nadja hörte, wie die Schublade der Kommode geöffnet und wieder zugeschoben wurde. Dann verschwanden die Schritte aus dem Flur.

Immer noch wütend lief sie die Treppe hinauf. Also Plan B. Gleich am Montag würde sie zur Meldestelle gehen. Vielleicht richtete sie sogar einen Gruß von Juri Hoffmann aus der Christinenstraße aus, dachte sie grimmig. In jedem Fall würde sie behaupten, dieser eingebildete VoPo hätte sie schon ins Hausbuch eingetragen. Das würde schon niemand in Zweifel ziehen, exakt wie dieser Hoffmann war. Hoffte sie.

46

SAMSTAG, 4. NOVEMBER 1989

4

Alexanderplatz, Berlin

Heinz Weber stand auf dem Alexanderplatz vor einem Lkw, den die Kulissenbauer der Volksbühne notdürftig zu einem Podest für die Redner umgebaut hatten. Der Bühnenbildner ließ den Blick schweifen, sah die Weltuhr, die Weite des Platzes, den Fernsehturm. Was er nicht sah, waren Menschen. Wenige Passanten eilten an diesem frühen Samstagmorgen über den Platz. Nur um die Weltzeituhr herum standen einige Männer. Bundjacke, Jeans und Herrenhandtasche, registrierte Weber. Staatssicherheit.

Für heute hatten sie, die Theater- und Kulturschaffenden, eine Demonstration angemeldet. Das erste Mal in der Geschichte der DDR, dass Bürger so etwas getan hatten. Jetzt sah er den leeren Platz und fragte sich, ob überhaupt jemand kommen würde. Was, wenn sich am Mittag ein paar Dutzend Menschen vor der Bühne verlieren würden? Hoffentlich blamieren wir uns nicht, dachte er.

Er sah hinüber zu den Männern von der Stasi. Auf dem Weg hierher hatte ihn einer angesprochen. »Heute keine Demo«, hatte er gesagt, »gehen Sie nach Hause.« Er hatte es besser gewusst. Hoffentlich ließ sich sonst niemand täuschen.

Eine weitere Sorge trieb einige von ihnen um: Zuletzt waren alle Demonstrationen im Land friedlich abgelaufen.

Würde das auch so sein, wenn sich nur wenige Protestler auf dem Alex versammelten? Oder würde die Staatsmacht die Gelegenheit nutzen und die kleine Opposition zusammenknüppeln?

Mit so viel Begeisterung hatten sie auf diesen Tag hingearbeitet. Vor gut vier Wochen hatte alles begonnen. Am 7. Oktober hatten sich Berliner Theaterleute in der Kantine der Volksbühne getroffen, um über die politische Situation zu beraten und zu überlegen, wie sie, die Künstler, sich mehr einbringen konnten. Zunächst hatten sie sich darauf geeinigt, eine Woche später ein weiteres Treffen abzuhalten. Gedanken zu einer großen Demonstration schwirrten bereits durch den Raum. Als sie sich dann am 15. Oktober im Deutschen Theater versammelten, war Weber das erste Mal beeindruckt. Er schätzte die Menge, die dort zusammensaß, auf sicher 800 Leute, nicht nur Theaterleute, auch bildende Künstler und Schriftsteller füllten die Reihen, Vertreter der unterschiedlichsten Künstlerverbände sowie der Opposition. Auch das Neue Forum war vertreten. Weber meinte sogar, einige Parteimitglieder zu erkennen.

»Hat denn schon mal jemand versucht, eine Demonstration anzumelden?«, fragte jemand. Es herrschte allgemeine Ratlosigkeit. Niemand wusste, wie und wo man in der DDR eine Demonstration überhaupt anmelden konnte. Aber es schien eine gute Idee zu sein, ein Versuch, um herauszufinden, wie ernst es der Staat mit seinem Bekenntnis zu Reformen und Offenheit meinte. Allerdings würde so eine Genehmigung sicherlich vier Wochen brauchen, wandte jemand ein. Dann würden sie eben ohne Genehmigung demonstrieren, hörte Weber aus einer anderen Ecke.

Trotzdem stiefelten sie am nächsten Tag ins Präsidium der Volkspolizei, wo man sie ebenfalls recht ratlos empfing. Weber begleitete den Regisseur Werner Speck zur Abteilung »Erlaubniswesen«, bis dahin hatte er nicht einmal gewusst, dass es so eine Abteilung bei der Volkspolizei gab, gemeinsam überreichten sie ihren Antrag.

Der Volkspolizist hinter dem Schreibtisch, vor dem Speck nun saß – Weber stand in Ermangelung eines weiteren Stuhles hinter ihm –, ließ sich viel Zeit, nachdem sie ihr Anliegen vorgetragen hatten. Gemächlich spannte er ein Blatt Papier in seine Schreibmaschine, rückte es zurecht, tippte ein paar Zeichen, musste dann feststellen, dass die Leute vor ihm immer noch nicht verschwunden waren. Er seufzte vernehmlich. Weber war sich nicht sicher, ob aus Ratlosigkeit oder Unwillen.

»Wer ist denn überhaupt der Veranstalter?«, fragte der Polizist mürrisch.

»Die Gewerkschaftsorganisation der Berliner Bühnen«, antworteten beide wie aus der Pistole geschossen. Sie hatten sich nicht umsonst gründlich auf diesen Termin vorbereitet.

»Und wogegen möchte die Gewerkschaftsorganisation, bitte schön, demonstrieren?«

»Wir demonstrieren für die Inhalte der Artikel 27 und 28 der Verfassung der DDR«, antwortete Holz bestimmt.

Der VoPo sah sie verwirrt an. »Sie wollen für die Verfassung der DDR demonstrieren?«, fragte er deutlich freundlicher.

»Nur für die Artikel 27 und 28«, korrigierte der Regisseur ihn, »in diesen Artikeln sind Meinungs- und Versammlungsfreiheit festgeschrieben.« Er unterließ es zu grinsen.

Der Volkspolizist tippte etwas. »Wann wollen Sie demonstrieren?«

»Am 4. November.«

Er sah über seine Schreibmaschine zu ihnen hinüber. »Das ist sehr kurzfristig.«

»Das wissen wir, aber so viele Anträge bearbeiten Sie ja nicht, oder?«

Der Polizist ignorierte die Spitze. Weber hätte Speck am liebsten warnend auf die Schulter geklopft, damit er solchen Unsinn ließ.

»Mit wie vielen Teilnehmern rechnen Sie denn?«

Speck sah kurz zu Weber. Mit wie vielen Teilnehmern rechneten sie? »So 30.000 vielleicht«, schlug Weber vor.

Der Volkspolizist tippte.

Jetzt kamen sie zu dem heikelsten Punkt. »Wir würden die Organisation und die Sicherung gerne selbst übernehmen.«

Der Polizist sah wieder hoch. »Ich weiß nicht, ob das möglich ist.«

Sie hatten das lange diskutiert, waren aber zu dem Ergebnis gekommen, dass es besser sei, wenn Staatssicherheit und Volkspolizei möglichst wenig in Erscheinung treten würden, möglichst weit weg von den Demonstranten blieben. Noch hatte jeder von ihnen die Berichte der Dresdener Kollegen in Erinnerung. Nicht wenige hatten miterlebt, wie die Volkspolizei dort Anfang Oktober eine Demonstration vor dem Bahnhof niedergeknüppelt hatte.

Drohte ihnen heute ein ähnliches Schicksal? Weber blickte noch einmal über den Platz, bevor er sich zum Treffpunkt vor dem Gebäude der Nachrichtenagentur ADN aufmachte. Er musste hoffen. 30.000 Demonstranten, dachte er noch einmal, als er den leeren Alexanderplatz überquerte, wären eine großartige Sache!

*

Haus am Werderschen Markt, Sitz des Zentralkomitees der SED, Berlin

Anders als in Leipzig, als sie auf Lastkraftwagen in die Innenstadt gekarrt wurden, saß Juri heute Morgen in einem vergleichsweise komfortablen Bus aus den VEB Barkas-Werken in Karl-Marx-Stadt. Sie fuhren von einer Kaserne am Blankenburger Pflasterweg in Pankow, wo sie sich alle um sechs Uhr in der Früh hatten einfinden müssen, in Richtung Mitte. Für ihn wäre es einfacher gewesen, von der Wohnung zum Einsatzort zu laufen. Dann hätte er nur eine halbe Stunde gebraucht.

Auf der anderen Seite war er sich nicht sicher, ob die zahlreichen Menschen, die auf dem Weg zur Demonstration der Berliner Theaterleute waren, ihn hätten passieren lassen in seiner Uniform, die er einmal so stolz getragen hatte. Nicht nur bei seiner neuen Nachbarin spürte er die ablehnenden Blicke der Menschen, auch auf der Straße begegnete er ihnen immer öfter. »Der Volkspolizist, der es gut mit uns meint, er zeigt uns den Weg, denn er ist unser Freund«, hieß es im Lied aus Kindertagen, eine Erinnerung aus lang vergangener Zeit. Heute sahen die Leute in ihm nicht selten nur noch den langen Arm der SED.

Hinter dem Glas der Wagenfenster, wenn er auf die Massen herabsehen konnte, die zum Treffpunkt der Demonstranten vor dem Gebäude der Nachrichtenagentur ADN liefen, fühlte er sich sicherer. Ihre Plakate hatten sie locker über die Schulter geworfen oder trugen sie zusammengerollt unter dem Arm, liefen in Gruppen oder allein zur Demonstration. Juri hatte noch nie so viele Menschen auf den Straßen Berlins gesehen. Als sei die ganze Stadt auf den Beinen. Was konnten sie gegen so viele ausrichten? Sollten sie überhaupt etwas ausrichten? Wäre es nicht klüger nachzugeben? Vielleicht führten die Demonstrationen ja zu einem besseren Sozialismus? Die Partei zeigte sich gesprächsbereit und willig, gemeinsam mit den Menschen an einer besseren Zukunft der DDR zu arbeiten. Manchmal bezweifelte er, ob den Menschen das genügte. Zu viele waren den glitzernden Versprechungen des Kapitalismus auf den Leim gegangen. Was war falsch gelaufen, dass heute jeder die BRD für den besseren Staat hielt? Juri konnte sich nicht vorstellen, dass das Leben drüben leichter war.

»Das müssen Hunderttausende sein«, hörte er die helle Stimme eines jüngeren Kameraden hinter sich. Er blickte sich um. Der Volkspolizist mochte kaum 20 sein, seine Uniform wirkte zu groß, als habe man ein Kind in die grüne Jacke gesteckt. Seine Augen sahen ängstlich auf die Massen. Er hielt sich an seinem Knüppel fest. Juri beschlich ein düsteres Gefühl. Schon in Leipzig hatten weniger Demonstranten genügt, Kameraden in Panik zu versetzen. Hoffentlich würde alles friedlich bleiben. Immerhin lautete ihr Befehl heute, sich im Hintergrund zu halten. Nur die Straßen in Richtung Mauer wurden sorgfältig bewacht. Hier sah Juri Einheiten der NVA ebenso wie Kameraden der Bereitschaftspolizei. Fürchtete man, dass die Menschen die Mauer stürmen wollten? Die Demonstranten hatten angegeben, selbst für Ordnung zu sorgen, und eigene Ordner beauftragt. Juri war sich nicht sicher, ob das gut gehen würde.

Sie hielten in der Kurstraße im Schatten der nüchternen Fassade des ZK-Gebäudes. Früher beherbergte der Bau die Reichsbank, jetzt gehörte er dem Volk. Als er 16 gewesen war, hatte ihn sein Großvater, der Generaloberst, einmal mit in das Gebäude genommen. Sogar den Sitzungssaal des Zentralkomitees hatte er ihm gezeigt. Juri hatte den Saal mit Ehrfurcht betreten. Immerhin tagten dort die wichtigsten Menschen der DDR. Der Raum wirkte angenehm nüchtern auf ihn. Die mit hellem Holz vertäfelten Wände und der dicke beigefarbene Teppichboden, der ihre Schritte dämpfte, gaben dem Raum eine angenehme Atmosphäre. In der Mitte stand ein großer Tisch aus dem gleichen Holz, in dem die Wände getäfelt waren, darum wie in Reih und Glied mit roten Polstern bezogene Stühle, auf die Juri sich nicht setzen durfte, wie sein Großvater ihm einschärfte. Aber er hatte es ohnehin nicht in Erwägung gezogen. Der Generaloberst rückte einen der Stühle, der ein wenig aus der Reihe tanzte, im Vorbeigehen zurecht. Zur Straße hin hielten helle Vorhänge direktes Tageslicht ab. Dass der Saal so schlicht und schnörkellos eingerichtet war, empfand Juri als angemessen für einen Raum, aus dem heraus die Geschicke des ersten sozialistischen Arbeiter- und Bauern-Staates auf deutschem Boden bestimmt wurden. Kein Prunk lenkte vom eigentlichen Zweck ab. Nein, hier herrschte die nüchterne Atmosphäre sachlicher Arbeit im Dienste der Arbeiterklasse.

Und heute galt es für Juri, dies alles zu beschützen. Oder zumindest unauffällig im Auge zu behalten. Er stieg aus dem Bus.

»Gehen Sie rüber zur Brücke und nehmen Sie da Position ein«, bellte ihn ein Kommandant an, der meinte, im Schatten des Zentralkomitees besonders schneidig auftreten zu müssen. »Zu dritt, das muss genügen. Halten Sie sich im Hintergrund. Am besten ist es, wenn Sie von drüben keiner sieht. Aber es darf niemand die Brücke überqueren!«

»Was ist, wenn die Demonstranten die Brücke stürmen?«, wagte der Junge aus dem Bus eine Frage zu stellen. Juri staunte. Früher hätte niemand gewagt, den Befehl eines Vorgesetzten mit einer Frage zu kontern. Auf der anderen Seite musste er zugeben, dass die Frage berechtigt war. Das schien der Kommandant ebenfalls zu bemerken, denn er lief leicht rot an und blickte hektisch hin und her. Schließlich zog er die Schirmmütze tiefer ins Gesicht. Vermutlich sollte das seine Autorität unterstreichen. Juri erwartete, dass er wieder losbellen würde, und zwar noch lauter als zuvor. Aber stattdessen antwortete er in erstaunlich freundlichem Ton. »Dann schicken Sie einen der Männer, um uns zu informieren. Sie erhalten dann weitere Befehle.«

Der Junge setzte zu einer weiteren Frage an, aber der Kommandant drehte sich bereits um und eilte in Richtung Gebäude davon.

Sie schauten sich kurz an. Juri zuckte mit den Achseln. »Gehen wir«, sagte er und lief los in Richtung Palast der Republik. Die beiden Jüngeren folgten ihm. Auf der anderen Seite des Spreekanals lag der Palast friedlich da. Graue Wolken spiegelten sich in der Fassade. Auf der Nordseite, das wusste Juri, spiegelte sich der alte Dom im Palast. Er mochte den Anblick. Das Alte spiegelte sich im Neuen und wurde ein Teil davon. Vielleicht war der Palast aber bald selbst Teil des Alten wie vor ihm das Schloss, das hier früher gestanden hatte, ein abweisender preußischer Protzbau. Sein Großvater hatte ihm von der Sprengung erzählt, die er als junger Mann miterlebt hatte. »Wie eine Befreiung«, hatte er berichtet.

An der Brücke spürte Juri, wie seine Uniform feucht wurde. Ein kalter Wind wehte ihm Regentropfen ins Gesicht. Nur langsam klarte der Himmel ein wenig auf.

»Schon gehört?«, zischte der junge Polizist neben ihm leise, während sie beide hinüber auf die andere Seite blickten.

»Was denn?« Juri schaute ihn an.

»Die Opposition will das ZK-Gebäude stürmen.«

»Wer sagt das?«

»Information von ganz oben. Was glaubst du, warum wir hier stehen?« Wie beiläufig legte er die Hand auf das Holster seiner Dienstwaffe. Juri sah den Schaft der Makarow-Pistole mit dem charakteristischen winzigen Bügel.

»Glaubst du wirklich, die würden uns dann zu dritt hierherbeordern? Das wäre ja fahrlässig«, warf der dritte Kollege ein, unter dessen Mütze vorwitzige Augen Juri anblitzten. »Oder?«

»Bestimmt«, bestätigte ihm Juri. Er konnte keine aufkommende Panik bei den beiden jungen Kameraden gebrauchen. »Und lass die Finger von der Waffe, die wirst du hier nicht brauchen«, ermahnte er den anderen.

Der blickte ihn zweifelnd an.

»Außerdem«, wandte jetzt der dritte ein, »die werden die Mauer stürmen. Das ZK interessiert die überhaupt nicht mehr.«

Diese Aussage beruhigte Juri kein bisschen. Die Mauer zu stürmen, war schlicht unvorstellbar. Das war Wahnsinn, NVA und Bereitschaftspolizei würden das mit dem Einsatz von Schusswaffen unterbinden, daran bestand für ihn kein Zweifel. Ein solcher Sturm würde unweigerlich in einem Blutbad enden.

Dumpf klangen die ersten Parolen zu ihnen herüber. Die Demonstranten mussten den Palast erreicht haben, waren von ihnen aus aber noch nicht zu sehen. Die Ersten eilten dem Demonstrationszug jedoch voraus. Sie beachteten die drei Volkspolizisten nicht, die am Rand der Brücke auf dem anderen Ufer des Kanals standen. Die Menge, die um die spiegelnde Fassade herumzog, wurde immer dichter. Vorneweg trugen einige ein Banner. Protestdemonstration, las Juri. Erste Plakate tauchten auf. »Wir lassen uns nicht ausKRENZen« stand da, »Freie Wahlen statt falscher Zahlen« auf einem anderen Plakat. Niemand machte Anstalten, die Brücke zu überqueren. Statt herüber in Richtung Werderscher Markt wandte sich die Spitze des Demonstrationszuges nach links in Richtung Rathaus und Alex. Dort sollte, so hatte Juri gehört, die große Abschlusskundgebung stattfinden. Vielleicht würde alles gut gehen. Er sah sich um. In den Fenstern des ZK-Gebäudes meinte er, schattenhaft Gestalten erkennen zu können. Tatsächlich: Die Mitglieder des Zentralkomitees beobachteten den Demonstrationszug, der kein Ende zu nehmen schien. Es mussten Hunderttausende auf der Straße sein. Wie fühlten sich die Mächtigen hinter den Fenstern jetzt wohl? Noch hatte es niemand gewagt, sich Juri und seinen Kameraden zu nähern.

Nur ein Mann, der ein Stück weit neben dem Demonstrationszug hergelaufen war, lief nun auf sie zu. Er winkte freundlich mit einem Notizbuch. »Riccardo Ehrman«, stellte er sich vor und streckte Juri, den er offenbar für den Kommandanten ihres kleinen Postens hielt, die Hand entgegen. »Ich bin Journalist aus Rom und arbeite für die italienische Nachrichtenagentur ANSA. Würden Sie mir ein paar Fragen beantworten?«

Juri wusste nicht recht, wie er mit dem Anliegen des Italieners umgehen sollte. Im Grunde hätte er ihn abweisen müssen. Er war in einem Einsatz und nicht befugt, mit ausländischen Journalisten zu reden. Aber galt das heute noch? Oder war es nicht vielleicht sogar erwünscht, dass sich Volkspolizisten offen gaben und auch mit Journalisten aus Italien sprachen? Er sah sich nach seinen Kameraden um, die stur geradeaus auf die Demonstranten blickten und so taten, als hätten sie Ehrman gar nicht wahrgenommen. Ein deutliches Signal, dass sie den Italiener als Juris Problem betrachteten. Der wechselte notgedrungen ein paar Worte mit dem Journalisten der ANSA, antwortete jedoch ausweichend und verwies, als Ehrman nicht lockerließ, auf seine Dienststelle. Der Journalist bohrte ein wenig nach. Als er sah, dass er nicht weiterkam, schloss er sich wieder dem Demonstrationszug an und suchte das Gespräch mit einem der Teilnehmer.

Vielleicht wäre es doch nicht verkehrt gewesen, mit dem Italiener zu reden. Jetzt würde er nur die Sichtweise der Demonstranten hören, nicht seine oder die seiner Kollegen. Juri ärgerte sich über sich selbst. Wäre es nicht auch wichtig, die Sichtweise eines Volkspolizisten in der gesellschaftlichen Diskussion zu hören?

Die Menge wuchs nun sekündlich. Immer mehr Menschen zogen um den Palast herum, ohne die drei einsamen Volkspolizisten auf der Brücke zu beachten. Scheinbar endlos zog die Demonstration an ihnen vorbei. Parolen wurden gerufen, manchmal sogar etwas gesungen, Dutzende Plakate in Richtung Volkskammer gereckt. Juri konnte nicht alles lesen. Auch wenn er die Gesichter der Demonstranten auf diese Entfernung nicht zu deuten vermochte, strahlten die Menschen alle etwas Ungewohntes aus, eine unerwartet heitere Stimmung. Eine fast schon euphorische Leichtigkeit. Nichts war mehr zu spüren von der Wut und der Gewalt, die er in Leipzig erlebt hatte, oder dem Hass, von dem die Kollegen aus Dresden erzählt hatten. Die Menschen liefen um den Palast herum, zu Tausenden und Abertausenden, sie kreisten ihn regelrecht ein, so kam es ihm vor, mit dem sicheren Gefühl, heute die Macht, die von ihm ausging, endgültig gebrochen zu haben. Zwischendurch herrschte immer wieder Stille, wenn die Parolen verstummten oder eine lautstarke Gruppe außer Hörweite lief. Dann erschienen ihm die Demonstranten plötzlich wie Besucher einer Beerdigung, so stumm liefen sie an ihnen vorbei. Allerdings wirkten sie nicht besonders traurig. Dennoch war dieser unendliche Demonstrationszug vielleicht wirklich eine Beerdigung. Die Beerdigung der Deutschen Demokratischen Republik. Ihn schauderte. Er wollte diesen Gedanken nicht denken.

Juri blickte hinter sich, dorthin, wo das ZK tagte. Die Französische Straße war leer, völlig verlassen, keine Menschenseele war auf ihrer Seite des Spreekanals zu sehen, keine Autos fuhren. Dennoch lag ein Geruch von verbranntem Schmieröl in der Luft, als hätte er sich in den Asphalt gefressen. Durch einen schmalen Spalt in der Bebauung sah Juri hinüber zum Gebäude des Zentralkomitees, erblickte die schattenhaften Gestalten hinter den Vorhängen in den oberen Stockwerken. In manchen Fenstern hatten die Funktionäre inzwischen die Vorhänge zur

Seite geschoben, ausnahmslos in graue Anzüge gehüllt standen sie da, während unter ihnen der bunte Zug der Demonstranten vorbeimarschierte.

Er blickte wieder hinüber zum anderen Ufer. Hunderttausende waren auf den Beinen, noch immer war kein Ende abzusehen. »Freiheit, Gleichheit, Ehrlichkeit«, skandierten ein paar von ihnen. Ihre Stimmen hallten wie aus weiter Entfernung hinüber zu den drei Polizisten, als kämen sie aus einem anderen Land.

Aus dem Augenwinkel meinte Juri eine Bewegung auf dem Dach des Palasts wahrzunehmen. Er schaute hoch, entdeckte aber nichts, nur die glatte weiße Kante des obersten Stockwerks.

Oder doch? War da nicht kurz ein schwarzer Schatten zu sehen gewesen? »Haben wir ein Fernglas?«, fragte er die beiden anderen Volkspolizisten.

Der Jüngere wandte sich augenblicklich um. »Ich hole eins«, rief er und rannte hinüber in Richtung Kurstraße. Es sah aus, als könnte er nicht schnell genug von hier wegkommen. Jetzt waren sie nur noch zu zweit.

Die Hand an der Schirmmütze, blickte Juri erneut hoch zum Dach des Palastes. Er kniff die Augen ein bisschen zusammen. Dann sah er sie. Kleine Rundungen wie schwarze untergehende Sonnen oberhalb der Balustrade des Flachdachs, tief geduckt, schlanke, ebenfalls schwarze Striche, die sich über die Kante des Daches neigten und auf die Demonstranten gerichtet waren. Helme und Gewehre. NVA, vermutete er. Jetzt meinte auch er hinter den Fensterscheiben des Palastes schemenhafte Konturen zu erkennen. Ihm kam es vor, als sei der Palast der Republik vollgestopft mit Soldaten. Was wurde hier gespielt?

Aus der Menge der Demonstranten lösten sich einzelne Männer und liefen in Richtung Brücke. Der junge Volkspolizist neben Juri legte die Hand auf die Makarow und löste den Verschluss des Holsters. Beruhigend legte ihm Juri die Hand auf den Arm. »Nicht«, sagte er.

Der Junge gehorchte und schloss das Holster wieder. »Was sollen wir jetzt tun?«, fragte er. Seine Stimme zitterte.

Juri blickte hinüber zu der kleinen Gruppe, die sich auf der anderen Seite der Brücke aufgebaut hatte. Sie winkten höhnisch zu ihnen hinüber. »Reisefreiheit auch am Spreekanal«, schrien sie zu ihnen hinüber, drehten sich um, in der Hoffnung, dass sich andere Demonstranten ihnen anschlossen. Ein paar lösten sich aus dem Demonstrationszug, aber es wirkte eher wie Neugierde als eine mögliche Attacke. Wo waren eigentlich die angekündigten Ordner der Organisatoren?

»Jetzt überrennen sie uns«, hörte Juri neben sich.

Er schüttelte den Kopf, sah, wie sich einer der drei verstohlen zum Dach des Palastes umschaute, dann den anderen Demonstranten winkte. Er bückte sich und nahm etwas vom Boden auf. Juri erkannte einen Stein in seiner Hand. »Wir ziehen uns zurück«, entschied er.

»Aber wir haben einen anderen Befehl!«, wandte der Junge ein, wirkte allerdings nicht sehr überzeugt dabei.

»Wir wollen ihnen keine Zielscheibe für Provokationen liefern«, erwiderte Juri. Wem auch immer, dachte Juri, als er sich umdrehte. Er glaubte nicht, dass die drei Demonstranten waren. Noch einmal blickte er hoch zum Dach der Volkskammer. Schwarze Schatten. Irgendetwas stimmte hier nicht. Wer auch immer die Männer auf die Brücke geschickt hatte, hatte ein Blutbad anrichten wollen. Juri sah sich noch einmal um. Die drei Demonstranten standen etwas ratlos am anderen Ende der Brücke und blickten ihnen nach. Oben auf dem Dach des Palastes waren die schwarzen Schatten der Gewehre verschwunden.

Die drei Volkspolizisten liefen die Französische Straße hinunter, ein paar Meter hinter der Brücke standen zwei Männer, rauchten und beobachteten sie. Juri musste nicht erst auf ihre Anzüge schauen, um zu erkennen, dass sie vom Werderschen Markt gekommen waren, um von hier aus, aus sicherer Entfernung, aber näher am Geschehen als im ZK-Gebäude, die Demonstration zu verfolgen, die immer noch in Juris Rücken am Palast vorbeizog. Juri rechnete mit einem Tadel und der Aufforderung, auf seinen Posten zurückzukehren.

»Beeindruckend, nicht wahr?«, fragte der Größere der beiden stattdessen. »So viele Leute dürfte die SED in diesen Tagen kaum auf die Straße kriegen.«

Juri wusste nicht recht, was er darauf sagen sollte. Insgeheim gab er dem Funktionär zwar recht, behielt das aber lieber für sich.

»Berger, Parteisekretär«, stellte sich der Mann vor und hielt ihm die Hand entgegen. Er verschwieg, wo er als Parteisekretär angesiedelt war. Juri fragte nicht nach. »Das haben Sie gut gelöst. Sie haben sich nicht provozieren lassen«, lobte der Sekretär ihn zu seiner Überraschung. »Wo sind Sie eingeteilt?«

Juri sagte es ihm.

»Kommen Sie morgen früh ins Gebäude des ZK. Ich glaube, dort können wir sie besser gebrauchen.«

»Meine Vorgesetzten …«, hob Juri an. Er wusste nicht so recht, was er von Bergers Anweisung halten sollte.

63

»Um die kümmere ich mich«, erwiderte der Parteisekretär knapp und trat die Zigarette auf der Straße aus.
»Gehen Sie zurück auf Ihren Posten, Genosse«, sagte er
zum Abschied.

Mit seinem Begleiter kehrte Juri zur Brücke zurück.
Die drei Provokateure hatten sich von der Brücke zurückgezogen, standen etwas ratlos am Rand der Demonstration, debattierten offenbar, ob sie sich wieder anschließen
sollten. Sie wirkten aufgebracht. Ein Ordner, unschwer
an seiner grüngelben Schärpe zu erkennen, auf der gut
lesbar »Keine Gewalt« geschrieben stand, sprach sie an,
daraufhin entfernten sie sich einige Schritte.

Kaum hatten sie ihren Posten an der Brücke wieder eingenommen, hörte Juri hektisches Atmen hinter sich. Der
junge Volkspolizist, den er nach einem Fernglas geschickt
hatte, gesellte sich wieder zu ihnen. »Carl Zeiss Jena«, las
Juri auf dem linken Okular, als er es vor die Augen führte,
»8x30« auf dem rechten, das klassische Dienstfernglas der
Volkspolizei. Juri suchte das Dach des Palastes mit dem
Fernglas ab, aber es war niemand mehr zu sehen. Die
NVA hatte das Dach geräumt, nicht jedoch die Positionen
hinter den Fenstern. Schemenhaft konnte Juri die Schatten der Soldaten und ihrer Waffen erkennen. Von unten
dürften sie nicht zu sehen sein, und Juri ging nicht davon
aus, dass die Bewaffneten durch die Scheiben des Palastes schießen würden, solange die Demonstration friedlich
verlief. Er hätte gerne ein paar Takte mit den drei Männern von der Brücke geredet, hätte gerne gewusst, wer
sie animiert und wer die Soldaten auf dem Dach positioniert hatte. Dieser jemand hatte sich ihn zur Zielscheibe
auserkoren, um einen Vorwand zu finden, die Demonstration gewaltsam aufzulösen. Eine Demonstration dieser

Größe. Das war Wahnsinn! Juri suchte wieder nach den drei Männern, fand sie aber nicht mehr, auch nicht, als er durch das Fernglas den Zug der Demonstranten verfolgte. Stattdessen erblickte er ein anderes, bekanntes Gesicht. Ein Gesicht, über das er sich eigentlich nicht wundern musste. War da mitten in der Menge nicht seine neue Nachbarin? Er erinnerte sich an ihre Aufregung, als sie seine Uniform gesehen hatte. An ihrer Seite lief ein junger Mann, der sich kurz aus dem Zug löste, eine Kamera hochnahm und einige Fotos von den Polizisten auf der anderen Seite schoss. Die neue Nachbarin blickte ebenfalls in ihre Richtung, beachtete die drei Polizisten aber nicht weiter. Sie war in das Gespräch mit einem älteren Mann vertieft, der neben ihr ging, und schrieb gelegentlich etwas in ihr Notizbuch. Juri erkannte es wieder.

Der Fotograf wandte sich wieder den Demonstranten zu. Juri sah durch das Fernglas, wie er auf einmal stehen blieb und jemanden vor sich beobachtete. Er folgte seinem Blick und erspähte die Gruppe der Provokateure, die sich an einer Ecke des Palastes aufgestellt hatten und sich gerade voneinander verabschiedeten. Juri schwenkte zurück, erkannte noch, wie der Fotograf einige Bilder knipste, Nadja etwas zurief und nach vorn eilte, bemüht, zwischen den Demonstranten zu laufen, um von den Männern nicht bemerkt zu werden. Ein schwieriges Unterfangen für einen Rotschopf, der die meisten um sich herum um einen Kopf überragte. Ihm schien das selbst aufzufallen, denn er duckte sich leicht. Juri fiel auf, wie einer der Provokateure die Demonstration verließ, die anderen beiden schlossen sich ihr wieder an.

*

Alexanderplatz, Berlin

Heinz Weber stand auf dem Lkw. Weil der Andrang auf
den Alexanderplatz schon am Morgen zu groß wurde,
hatten sie als Veranstalter beschlossen, mit den Reden
anderthalb Stunden früher zu beginnen. Der Alex platzte
förmlich aus allen Nähten. Wo er vor ein paar Stunden
noch auf einem leeren Platz gestanden hatte, überblickte
er nun ein Meer von Menschen. Nie im Leben hätte er
mit einer solchen Menge gerechnet. »Die Straße ist die
Tribüne des Volkes«, hatte die Schauspielerin Marion van
de Kamp zur Begrüßung gerufen. Heute jedoch schien
die Straße vor allem die Bühne des Volkes zu sein, auf
der es seinen Willen zur Veränderung zum Ausdruck
brachte. »Wir sind hier, weil wir Hoffnung haben«, hatte
es etwas später Marianne Birthler von der Initiative Frie-
den und Menschenrechte ausgedrückt. »Auf diesem Platz
ist hunderttausendfache Hoffnung versammelt.« Weber,
der es übernommen hatte, die Redner anzumoderieren,
stand neben Birthler und blickte über den Alex hinweg.
In der Tat: Das da unten mussten wirklich Hunderttausende sein. Erleichtert und voller Euphorie erinnerte er
sich an seine Sorge vom Morgen. Wie sehr Angst einen
täuschen konnte!

Neben Schauspielern und Oppositionellen sprachen
auch Vertreter des Staates. Ex-Spionagechef Wolf, um
dessen Auftritt es im Vorfeld Streit gegeben hatte, wurde
ebenso ausgebuht wie Berlins 1. Sekretär Schabowski.
Wolf hatte im Vorfeld versucht, die Stimmung für sich
einzunehmen, in dem er Kuchen verteilte. Kuchen! Weber
war immer noch fassungslos. Was glaubte der Mann?
Natürlich war es Wolf nicht gelungen, die Leute so bil-

lig auf seine Seite zu ziehen. Ein Stück Kuchen machte keine 40 Jahre Unrecht vergessen.

Auch Schabowski bekam sein Fett weg. Hunderttausend Pfiffe gegen einen Parteisekretär! Vor wenigen Wochen wäre das undenkbar gewesen. Weber kletterte vom Podium herunter, um die letzte Rednerin zu begrüßen. Eine junge Frau drängelte sich durch die Menge auf ihn zu. Sie trug ein zerfleddertes Notizbuch in der Hand und lächelte ihn an. Er lächelte zurück. Wie viele andere kam auch er heute aus dem Grinsen nicht mehr heraus. So gelöst, so heiter war die Stimmung. Leise wie eine Beerdigung manchmal, aber gelassen und erwartungsvoll. Hoffnung eben – und damit einhergehend, von Rede zu Rede größer werdend die Überzeugung, dass diese Hoffnung nicht trügerisch war. Wenn einem der Chefspion der DDR schon Kuchen anbot. Er schüttelte immer noch den Kopf.

»Nadja Worzyn«, stellte sich die junge Frau vor. »Ich schreibe für ›Die Brücke‹. Haben Sie Zeit, mir ein paar Fragen zu beantworten?«

»Eigentlich nicht«, antwortete Weber freundlich, aber wahrheitsgemäß und hielt Ausschau nach seiner nächsten Rednerin.

»Frau Spira steht da hinten.« Die Journalistin deutete mit dem Notizbuch auf eine kleine Gruppe vor dem Café Espresso hinter der Bühne. »Sie kommt bestimmt gleich. In zwei Minuten ist sie sicher bei Ihnen. Haben Sie mit einer so großen Demonstration gerechnet?«

Er versuchte, ihre Frage zu beantworten – selbstverständlich nicht –, hörte aber gleichzeitig der Rede des Pfarrers Konrad Elmer zu, der langsam zum Ende kam, dann fanden seine Augen ein Plakat, auf dem »Visafrei bis

Hawaii« stand, und schon nach wenigen Sekunden wusste er nicht mehr, was er der Journalistin geantwortet hatte.

»Und wie geht es jetzt weiter?«

»Nicht so wie bisher«, antwortete er spontan, dann ließ er die junge Frau stehen und lief hinüber zu Steffi Spira, um sie auf das Podium zu begleiten. »So wie es ist, bleibt es nicht«, begann Spira wenige Augenblicke später die letzte Rede des Tages mit einem Zitat von Bertolt Brecht. Für Weber war dieser Satz eine Gewissheit.

*

Während Spira noch sprach, notierte Nadja sich Stichworte zum Schlusswort der Schauspielerin und schrieb Webers Antworten nieder. Für ihren Geschmack waren sie etwas mager ausgefallen. Sie hätte ihn gerne ausführlicher befragt, aber so richtig wohl schien sich der Bühnenbildner als Interviewpartner nicht gefühlt zu haben. Vielleicht würde sie noch mit ein paar anderen Demonstranten ins Gespräch kommen. Sie sah sich um. Das erste Mal fiel ihr auf, dass sie Rene seit zwei Stunden nicht mehr gesehen hatte.

SONNTAG, 5. NOVEMBER 1989

5

Christinenstraße, Berlin

Weit nach Mitternacht lief Nadja die Treppe zu ihrer neuen Wohnung hinauf, beschwingt von den Eindrücken des Tages. Es fühlte sich an, als habe sie heute ihr schönstes Rendezvous gehabt. Ein Rendezvous mit der Zukunft! Noch nie hatte sie so fest daran geglaubt, dass Veränderungen möglich waren und dass sie daran teilhaben konnte, sie zu gestalten.

In der Rückschau kam es ihr so vor, als sei sie ihr ganzes Leben mit ihrem Freiheitsdrang, ihren Versuchen, etwas zu verändern, gegen Wände gelaufen. Heute hatte sie mit so vielen aufgeschlossenen Menschen geredet, so viel Hoffnung und Optimismus erlebt wie noch nie in ihrem Leben. Am liebsten hätte sie bei dem Volkspolizisten im dritten Stock geklingelt, um ihm etwas von diesem Optimismus zu schenken. Er könnte ihn sicherlich brauchen. Natürlich ließ sie es bleiben, auch wenn sie durch das Glas in der Wohnungstür noch Licht sehen konnte. Stattdessen lief sie weiter die Treppe hinauf, hörte jedoch, wie unter ihr die Tür geöffnet wurde, gerade als sie den nächsten Treppenabsatz erreichte.

»Hallo?«, rief eine Stimme. Sie ging zwei Schritte zurück, beugte sich über das Geländer und schaute hinunter, ein Lächeln auf den Lippen.

»Sind Sie Frau Worzyn?«, fragte eine kräftige, kleine

Frau, die so um die 50 Jahre alt sein musste. Sie hustete leicht, nachdem sie ihren Satz beendet hatte.

»Ja, die bin ich.« Nadja ging die Treppe wieder hinunter, hielt der alten Frau die Hand entgegen. »Sie müssen Frau Hoffmann sein?«

Die alte Frau schaute sie kurz irritiert an, nahm die Hand, drückte sie leicht. »Da ist jemand, der zu Ihnen wollte«, sagte sie und deutete auf ihre offene Wohnungstür.

Nadja runzelte die Stirn und folgte der Frau in die Wohnung. Wer könnte hier auf sie warten? Wer könnte etwas von ihr wollen? Sie hatte nicht die leiseste Ahnung. Der Flur, den sie betrat, roch feucht, wirkte aber sehr sauber. Auf der Kommode lag das Hausbuch. Nadja widerstand der Versuchung, übermütig ihren Namen hineinzuschreiben. Stattdessen ging sie der Frau hinterher ins Wohnzimmer, gespannt zu erfahren, wer auf sie warten würde.

Eine jüngere Frau saß dort, das Gesicht in die Hände gestützt und hinter einem Papiertaschentuch verborgen. Sie schluchzte leise. Eine geöffnete Packung Taschentücher lag auf dem Tischchen vor dem Sofa. »Kriepa«, las Nadja flüchtig auf der Verpackung. Die Frau blickte hoch. Auf dem Sofa saß Gerda, Renes Frau, zwischen beiseitegeschobenem Bettzeug. Ihre Augen waren gerötet, auf ihren Wangen glänzten die Tränen.

Nadja setzte sich zu ihr, legte ihr die Hand um die Schultern. Gerda löste sich aus ihrer Umarmung. »Was ist passiert?« Es erschien Nadja absurd, dass an einem Tag wie heute jemand in Berlin weinte. Aber Gerda wirkte völlig aufgelöst. »Es geht um Rene«, stammelte sie, sah Nadja an, schnäuzte sich und wischte ein paar Tränen aus dem Augenwinkel. »Ich habe Angst um ihn.«

»Warum? Was ist passiert?« Sie konnte sich beim besten Willen nicht vorstellen, dass Rene etwas zugestoßen war. Auch wenn sie ihn seit dem Mittag nicht mehr gesehen hatte, erschien es ihr an einem Tag wie diesem unglaublich, dass Gerda Grund zur Sorgen haben könnte.

»Er ist seit heute Morgen nicht mehr nach Hause gekommen. Dabei wollte er direkt nach der Demonstration Leo bei seiner Oma abholen.«

»Und das hat er nicht gemacht?«

»Nein! Ich war selber mit ein paar anderen am Alex unterwegs. Rene wollte ja unbedingt mit dir fotografieren.« Sie warf Nadja einen kurzen Blick zu. »Trotzdem hat er versprochen, sich um Leo zu kümmern.« Ungewöhnlich, musste Nadja zugeben. Wenn es um seinen Sohn und seine Fotografie ging, war Rene die Zuverlässigkeit in Person. Es lag ein unausgesprochener Vorwurf in Gerdas Worten, den sie ignorierte.

»Irgendwo an der Volkskammer habe ich ihn zuletzt gesehen. Er hat Fotos gemacht. Danach haben wir uns in der Menge verloren. Es tut mir leid, dass ich nicht nach ihm gesucht habe.«

»Ich dachte …«, begann Gerda, schwieg dann wieder.

»Was dachtest du? Wo, glaubst du, könnte er stecken?« Nadja hatte nichts von Angriffen der Volkspolizei oder der Staatssicherheit gehört. Es war also unwahrscheinlich, dass Rene verhaftet worden war. Jeglichem Ärger ging er seit Leos Geburt ebenfalls aus dem Weg. Vielleicht war er noch in der Redaktion? »Hast du in der Zionskirche oder im Gemeindehaus gefragt?«

»Natürlich! Da war ich schon. Die haben ihn den ganzen Tag nicht gesehen.« Sie holte tief Luft. »Ich dachte, er wäre vielleicht bei dir!«

Nadja brauchte einige Zeit, ehe sie Gerdas Aussage verstand. »Um Himmels willen! Nein!«, entfuhr es ihr.

Gerda musterte sie mit ihren verweinten Augen.

»Wirklich nicht! Wir haben uns irgendwann auf der Demonstration aus den Augen verloren. Seitdem habe ich ihn nicht mehr gesehen.«

»Aber wo kann er sein? Ich mache mir solche Sorgen.«

»Vielleicht ist er noch mit irgendjemandem unterwegs?« Sie wusste selbst, dass das nicht überzeugend klang.

Gerda schien das ähnlich zu sehen, denn sie begann wieder zu weinen. Dann stand sie auf. »Ich halte Sie schon lange genug auf«, sagte sie an Juris Mutter gewandt, die etwas hilflos im Raum stand. Nadja hörte ihren schweren Atem hinter sich.

»Nein, nein«, erwiderte die. »Man muss doch helfen.« Sie brachte Gerda zur Tür, suchte nach tröstenden Worten, fand aber keine.

»Morgen komme ich bei dir vorbei und wir überlegen gemeinsam noch einmal. Aber bestimmt ist er bis dahin schon längst wieder bei dir. Du wirst schon sehen.«

Nadja war den beiden zur Tür gefolgt, nahm Gerda in den Arm, die klammerte sich einen kurzen Moment an sie. Dann machte sie sich los. »Danke«, sagte sie, »und verzeih!« Dann eilte sie die Treppe hinunter. Nadja ging mit Johanna zurück ins Wohnzimmer. Ihr Enthusiasmus war Sorge gewichen. Wenn ihr jetzt jemand helfen konnte, dann am ehesten ein Polizist.

*

Müde und aufgewühlt stieg Juri die Treppe hinauf. Er war froh gewesen, als sich die Möglichkeit bot, abends länger

Dienst zu schieben. Das gab ihm Zeit, die Erlebnisse vom Spreekanal sacken zu lassen und zu durchdenken. Auch wenn ihn dieses Denken keinen Schritt weitergebracht hatte. Mit ein paar Kameraden hatte er an einer Kreuzung in Mitte gestanden und darauf geachtet, dass auch nach der Demonstration und außerhalb des Wirkungsbereichs der freiwilligen Ordner alles friedlich blieb. Die Aufgabe war unnötig, Juri war inzwischen klar, dass es nicht zu Ausschreitungen kommen würde, solange Staatssicherheit und Nationale Volksarmee die Füße still hielten. Von den Demonstranten ging keinerlei Aggression aus. Ganz im Gegenteil. Die Stimmung wirkte regelrecht heiter und gelöst. Entgegen seiner Befürchtungen vom Morgen waren die Demonstranten auch zu ihnen ausgesprochen freundlich gewesen. Dass dennoch jemand offensichtlich versucht hatte, einen gewalttätigen Zwischenfall am Spreekanal zu provozieren, empörte ihn nach wie vor. Natürlich wusste er, dass Provokationen zur geheimdienstlichen Tätigkeit gehörten, aber er hätte es nie für möglich gehalten, dass jemand in der DDR ein Blutvergießen inmitten Hunderttausender Demonstranten provozieren wollte. Zu gerne hätte er die Verantwortlichen zur Rede gestellt. Wäre die Sache eskaliert, hätte es Hunderte Tote geben können. Er erinnerte sich an das Massaker in China im Sommer und daran, dass sich nicht wenige in Partei und Polizei unter der Hand eine vergleichbare »chinesische Lösung« in der DDR wünschten. Sollte es jetzt so weit sein?

Überrascht sah er Licht durch das Milchglasfenster in der Wohnungstür. Seine Mutter war offenbar noch wach. Sorge verdrängte seinen Ärger. Hastig kramte er nach seinem Schlüsselbund, hörte Stimmen im Inneren. Die seiner Mutter und eine jüngere. Seine Mutter hatte Besuch? War etwas geschehen? Hatte sie einen Arzt kommen lassen? Eilig schloss er die Tür auf.

Als er ins Wohnzimmer trat, saß die neue Mieterin aus dem Dachgeschoss neben seiner Mutter auf dem Sofa. Sie hielt ein Wollknäuel, beide Hände gespreizt, auf der die Fäden aufgespannt waren. Seine Mutter strickte. Er hatte sie seit Jahren nicht mehr stricken gesehen.

»Juri, mein Junge. Kennst du Nadja schon? Unsere neue Nachbarin.«

Nadja hob die Hand, bemüht, die Wolle nicht loszulassen. »Hallo!«, sagte sie freundlich. Sie lächelte, aber ihre Augen verrieten ihre Unsicherheit. Rasch wandte sie sich wieder der Wolle und seiner Mutter zu.

»Sie hilft mir beim Stricken. Ich habe seit Ewigkeiten nicht mehr gestrickt.« Mutter hielt ihr begonnenes Werk in die Höhe. »Das wird ein Pullover für dich. Gefällt dir die Farbe?«

Juri sah irritiert von einer zur anderen. Nadjas dunkelblonde Haare fielen über ihre Schulter auf das Wollknäuel, das unter ihnen rot leuchtete.

»Sie ist sehr schön, ja …« Er wusste wirklich nicht, was er von dieser Situation halten sollte. Ihre Nachbarin erhob sich, hielt die Wolle weiter fest, stand unschlüssig im Raum. Seine Mutter nickte ihr aufmunternd zu. »Könnte ich Ihnen vielleicht eine Frage stellen?«

»Nadja braucht deine Hilfe«, ergänzte Johanna.

»Wenn es um das Hausbuch geht …«

»Nein, darum geht es nicht. Es geht um einen Freund von mir.« Sie zögerte, bevor sie weiterredete, sah Juri an, als prüfe sie ihn, als versuchte sie in Erfahrung zu bringen, ob sie ihm vertrauen konnte. Juri kannte diesen Blick.

Er hatte ihn in den letzten Wochen öfter gesehen, wenn doch mal jemand die Hilfe eines Volkspolizisten benötigte. Gelegentlich wurden sie ja noch gebraucht. Sie entschied sich offenbar, es mit Vertrauen zu versuchen. »Er ist seit dem Nachmittag verschwunden.«

»Ich weiß nicht, ob Sie das schon mitbekommen haben: Zurzeit verschwinden massenhaft Leute aus diesem Land«, erwiderte Juri. Es klang bitterer, als er wollte.

»Juri!«, ermahnte ihn seine Mutter.

»Das weiß ich. Aber Rene war keiner, der in den Westen abhaut. Er wollte hier etwas verändern.« Sie blickte ihn herausfordernd an.

Juri hielt dem Blick stand.

»Außerdem hat er Familie hier, einen kleinen Sohn, den er niemals im Stich lassen würde.«

»Und was soll ich jetzt Ihrer Meinung nach tun?« Juri unterdrückte ein Gähnen. Wenn er ehrlich war, wollte er gerade nur ins Bett. Nicht nach irgendwelchen verschwundenen Oppositionellen suchen, die entweder auf dem Weg in den Westen waren oder in einer Berliner Kneipe versackten.

»Vielleicht wissen Sie, ob jemand nach der Protestdemonstration heute verhaftet worden ist?«

Er schüttelte den Kopf.

»Heißt das: ›Nein, ich weiß das nicht‹, oder: ›Nein, es ist niemand verhaftet worden‹?«

»Das heißt, dass Sie jetzt gehen müssen. Ich habe einen langen und anstrengenden Tag hinter mir, genau wie meine Mutter. Wir wollen schlafen.«

Sie blieb stehen, die Hände trotzig in die Hüften gestemmt. Ein Trotz, der so gar nicht zu dem flehenden Ausdruck ihrer Augen passen wollte. Juri schluckte.

»Bitte«, sagte sie, »ich mache mir wirklich Sorgen um Rene.«

Er seufzte. Dieses Mädchen war wirklich penetrant. »Wenn er am Montag noch nicht wieder da ist, gehen Sie zur Wache. Die können Ihnen eher Auskunft geben als ich.«

»Könnten Sie nicht vielleicht …? Ich denke, mit Ihnen werden sie eher reden.«

Juri schüttelte den Kopf. »Ich kann Ihnen da nicht weiterhelfen.«

Nadja gab seiner Mutter die Wolle zurück.

»Sie müssen bald wieder vorbeischauen«, sagte die.

»Das mache ich bestimmt«, versprach Nadja. Es klang, als wollte sie Juri zu verstehen geben, dass er sie nicht so einfach loswerden würde. Ihr Blick blieb an dem kleinen Stapel Schallplatten vor dem Plattenspieler hängen. »Aznavour?« Sie kniete sich vor den Stapel und hielt die vorderste Schallplatte in der Hand. Juri schaute auf die schlichte schwarze Hülle mit dem verschmitzten Bild des Chansonniers und der markanten Schrift aus roten und blauen Punkten. Sorgfältig achtete seine Nachbarin darauf, die aufgerauten Stellen an den Seiten der Hülle nicht weiter zu beschädigen. Sie wusste, wie man mit Schallplatten umging. »Sie mögen Aznavour?«, fragte sie an Juris Mutter gewandt.

»Die Schallplatten gehören meinem Sohn. Er ist der Musikliebhaber.«

Nadja blickte ihn erstaunt und mit neuem Interesse an. »Sie hören also französische Chansons?«

Juri fühlte sich ertappt, die Chansons waren seine kleine Extravaganz, eine erlaubte, musikalische Flucht für schlechte Tage. Und definitiv zu persönlich, um mit der schönen Oppositionellen darüber zu plaudern. Doch die ließ sich durch sein Schweigen nicht beirren.

»Waren Sie schon einmal in Frankreich?«

Juri schüttelte den Kopf. Wie, bitte schön, sollte er nach Frankreich reisen? Er war noch nicht einmal in Ungarn gewesen. Seine weiteste Reise hatte ihn nach Warnemünde an die Ostsee geführt. Natürlich war er dort zusammen mit seinem Großvater hingefahren. Juri erinnerte sich, wie irritiert er war, als er den ersten Abend mit dem Generaloberst den Speisesaal betrat und sich einen Tisch aussuchen sollte, und er erinnerte sich an sein Entsetzen, als der Kellner ihnen Krebse brachte, kubanische Langusten, wie ihm sein Großvater erklärte, der natürlich in der Lage war, den Krebs fachmännisch zu zerlegen.

»Eines Tages möchte ich nach Frankreich fahren«, sagte Nadja mit einem seltsam trotzigen Unterton, als sie an ihm vorbeiging und ihn aus seinen Gedanken riss. In der Tür drehte sie sich noch einmal um. »Zweites Lied auf der ersten Seite. Sollten Sie mal hören.« Mit einem festen Zug knallte sie die Tür zum Treppenhaus hinter sich zu.

A2, dachte er, als sie gegangen war. »Liberté« hieß der Chanson. Geschrieben von Aznavour selbst, gemeinsam mit Maurice Vidalin. So stand es auf der Hülle.

»Qu'as-tu fait Liberté
De ceux là qui voulaient te défendre
Les voilà tes amis
Ils étaient trop petits
Et déjà le bourreau va les pendre.«

So begann das Lied, wie er sich erinnerte. Dann eilte er ihr nach, riss die Wohnungstür auf. »Warten Sie einen Moment!«

Auf dem Treppenabsatz drehte sie sich um, eine Hand mit den schlanken Fingern auf dem Geländer. Juri hatte einmal alte Porträts von Fürstinnen aus dem 19. Jahrhundert gesehen, die sich in ähnlicher Haltung hatten malen lassen. Sie hatten auf ihn nicht annähernd so elegant und beeindruckend gewirkt wie die Nachbarin, die in einer der eigentlich unbewohnbaren Wohnungen im vierten Stock hauste. Kurz hielt er eingeschüchtert inne.

»Ja?« Sie lächelte. Vielleicht Hoffnung?

Juri räusperte sich. Er durfte sich nicht von seiner Absicht abbringen lassen. »Meine Mutter ist schwer krank.«

»Ich weiß. Das hat sie mir erzählt. Sie sollten in eine andere Wohnung ziehen, die Feuchtigkeit bekommt ihr nicht.«

Juri schnaubte. Was dachte die sich? »Wenn das so einfach wäre.«

»Es sollte so einfach sein.«

Insgeheim gab Juri ihr zwar recht, aber ein wenig mehr Sinn für die Realität konnte nicht schaden. »Die Situation ist … schwierig.«

»Ja, das ist mir auch schon aufgefallen.«

Verspottete sie ihn gerade? Vielleicht sollte er einmal beim Amt für Wohnungswesen nachfragen, ob ihr die Dachgeschosswohnung wirklich zugeteilt worden war.

»Aber vielleicht kann ich Ihrer Mutter helfen. Meine Tante hatte einen ganz ähnlichen Husten.«

»Es wäre mir ganz lieb, wenn Sie sich von meiner Mutter fernhielten. Vor allem um diese Uhrzeit.« Als wollte er sich vor einem Angriff schützen, hielt er die Hände vor der Brust verschränkt. Dann fiel ihm das auf, er ließ die Arme sinken und deutete mit dem Finger demonstrativ auf seine Uhr.

Die Nachbarin lachte kurz. »Sie verbieten mir den Umgang mit Ihrer Mutter?«

Juri räusperte sich erneut. »Meiner Mutter tut Aufregung nicht gut. Sie sollte sie meiden. Es wäre besser, wenn Sie sie nicht besuchen würden.«

»Wieso denken Sie, ich würde Ihre Mutter aufregen? Weil ich sie zum Stricken ermutigt habe? Das kann kaum zu viel für ihre Gesundheit sein.«

»Darum geht es nicht.« Er macht eine Pause, weil er nicht wusste, wie er weiterreden sollte.

»Sondern?« Sie schien keine Gelegenheit auszulassen dazwischenzureden. Wie sollte er da einen klaren Gedanken formulieren?

»Sehen Sie …«, er rechnete fest damit, dass sie *was* fragte, aber diesmal wartete sie einfach ab, stand auf dem Treppenabsatz über ihm. Sie sah – ein wenig zu Juris Leidwesen in diesem Augenblick – umwerfend aus. Nicht gerade etwas, das seine Nervosität minderte. »Es sind unruhige Zeiten, große Veränderungen, das wissen Sie selbst. Meiner Mutter aber tun Veränderungen nicht gut. Sie verschlimmern ihren Zustand, verstehen Sie?«

»Nein. Das verstehe ich nicht. Ihre Mutter ist krank und eine Veränderung könnte sie genauso gut gesund machen. Meine Tante …«

Natürlich verstand sie. Sie musste ihn verstehen. »Diese Veränderungen«, unterbrach er sie, »Sie bringen sie ins Haus, und das ist meiner Mutter nicht gut.«

»Das ist ihrer Mutter nicht gut?«

»Sie wissen, was ich meine.« Klang er wie ein kleines Kind? Er fühlte sich nämlich so.

»Sie möchten mir mitteilen, dass ich kein guter Umgang für Ihre Mutter bin.«

»Ja.«

»Maßen Sie sich da nicht etwas zu viel an, Genosse?«

»Genosse« hatte bei ihr einen ganz merkwürdigen Klang. Er konnte das nicht wirklich einordnen. Spott? Ein Schimpfwort? Eine Beleidigung?

»Falls Sie es noch nicht mitbekommen haben: Ihre Mutter ist erwachsen und sie macht durchaus den Eindruck, als könne sie allein entscheiden, wer ihr beim Stricken Gesellschaft leistet. Und zu welcher Uhrzeit!« Sie drehte sich um und stapfte die Treppe hinauf.

»Ich habe Sie gesehen.«

Nadja blieb stehen und drehte sich wieder um. Ihre Hände umklammerten den Laufgriff. »Gewöhnen Sie sich daran. Das wird öfter vorkommen. Wir wohnen unter einem Dach.«

»Nicht hier. Auf der Demonstration! Am Palast der Republik. Sie waren dabei.«

»Da waren Hunderttausende dabei. Falls Sie es noch nicht mitbekommen haben sollten: Das Volk demonstriert. Wollen Sie mich deswegen einsperren?«

»Wenn Sie meiner Mutter schaden: ja.«

»Sie sind verrückt.«

Jetzt stapfte sie endgültig davon. Juri hörte ihre Schritte und das bedenkliche Knarzen des alten Holztreppenhauses. Hatte er erreicht, was er wollte? Es fühlte sich nicht so an. Stattdessen kam er sich vor wie ein Idiot. Wütend knallte er die Wohnungstür hinter sich zu. Das Milchglas darin klirrte und wackelte bedenklich.

6

Christinenstraße, Berlin

Nadja schlief nicht lange. In der Nacht vermischten sich die Bilder des Tages, die friedlichen, hoffnungsvollen Demonstranten mit ihrer Sorge um Rene zu verwirrenden Träumen. Bevor es hell wurde, wachte sie auf. Das alte Bett roch nach Mottenkugeln, ein Geruch, der sie rasch hinaustrieb. Sie öffnete mit etwas Mühen und Rütteln ein Gaubenfenster, ließ die kalte Morgenluft herein und setzte sich an den Tisch. Dort schrieb sie ein paar Zeilen, wie sie das jeden Morgen tat, versuchte das Erlebte in Worte zu fassen, war aber mit dem Ergebnis nicht zufrieden.

Am liebsten hätte sie ihrer inneren Unruhe nachgegeben und wäre rüber zu Renes Wohnung gelaufen. Vielleicht war der Fotograf wieder zu Hause, hatte die Euphorie des Tages mit zu viel Alkohol begossen und war irgendwo versackt.

Sie zwang sich zu warten. Gerda und der Kleine würden noch schlafen. Oder lagen sie ebenfalls vor Sorge wach? Sie gab auf, zog sich ihre Jacke über und eilte die Treppe hinunter. Im dritten Stock herrschte noch Stille. Trotzdem blieb sie stehen und lauschte. Ganz leise meinte sie Musik aus der Wohnung des Volkspolizisten zu hören. Vorsichtig darauf bedacht auf dem knarzenden Holzboden keinen Laut zu verursachen, schlich sie zur Wohnungstür der Hoffmanns und legte ein Ohr dagegen.

Tatsächlich. Sie hörte Musik. Aznavour: »Liberté«. Unwillkürlich musste sie lächeln. Dann beeilte sie sich, bevor jemand durch die Scheibe in der Tür ihre Silhouette erkennen konnte.

*

Schönhauser Allee, Berlin

Nach wenigen Minuten stand sie vor dem Haus, in dem sie bis vor drei Tagen noch gewohnt hatte. Sie musste durch den Hof laufen, um zu Renes Wohnung im Hinterhaus zu gelangen. Die Fenster lagen im Dunkeln. Schlief Gerda noch oder war sie unterwegs auf der Suche nach ihrem Mann? Nadja klingelte. Keine Antwort. Sie drückte die Tür ins Hinterhaus auf und ging hinauf in den zweiten Stock. Der Kinderwagen für Leo stand nicht im Treppenhaus. Sie klingelte und klopfte an der Tür. Niemand öffnete. Wohl oder übel musste sie warten.

*

Gemeindehaus der Zionskirche, Griebenowstraße

Sie musste sich bis zum Nachmittag gedulden. Gegen zwei Uhr lief sie hinüber zum Gemeindehaus in der Griebenowstraße. Die Stimmung unter den Menschen um die Kirche herum und im Haus war gelöst und heiter wie lange nicht mehr. Von der Staatssicherheit war vor der Kirche keine Spur zu sehen. Es wirkte, als hätte die Stasi mit dem gestrigen Tag und im Angesicht der Hunderttausenden, die für ihre Rechte und für Reformen auf die Straße gegangen waren, die Waffen gestreckt und sich zurückgezogen, um ihre Wunden zu lecken. Vielleicht lag es daran, dass sie ihre heitere Stimmung verloren hatte, seitdem Rene verschwunden war. Aber das Fehlen der Stasimänner um die Zionskirche weckte ihr Misstrauen. Geschlagene Hunde bissen am häufigsten zu.

Andreas wartete im Keller auf sie. Er hielt ein paar Zettel in der Hand, die er aufmerksam studierte. Er blickte hoch, als sie grüßte.

»Das war's«, sagte er. »Die SED ist am Ende. Sie werden nachgeben müssen.«

Für einen kurzen Moment sah es aus, als wollte er ihr vor Begeisterung um den Hals fallen, stattdessen stützte er sich mit der freien Hand auf die Tischkante, als bräuchte er sie, um das Gleichgewicht zu halten. Er grinste dabei. Auch ihn hatte sie noch nie so entspannt und fröhlich erlebt.

Sie legte ihr Notizbuch mit dem ersten Entwurf für ihren Beitrag auf den Tisch in der Mitte, sah ihn wohl sehr ernst an, denn seine Unbekümmertheit wich einem skeptischen Stirnrunzeln. »Was ist los?«, fragte er.

»Hast du etwas von Rene gehört?«

»Von Rene?« Andreas sah sie überrascht an. »Nein, den habe ich seit gestern nicht mehr gesehen. Wieso fragst du?«

»Gerda war gestern Nacht bei mir. Sie sagt, er ist nicht nach Hause gekommen. Und du weißt, wie er mit Leo ist. Er würde ihn keine Nacht allein lassen oder Gerda versetzen, wenn er auf ihn aufpassen soll.«

Nachdenklich rieb Andreas sich das Kinn. Das tat er immer, wenn er überlegte. Anfangs hatte Nadja geglaubt, er täte das absichtlich, weil es ihn intellektueller aussehen ließ. Wie so viele von ihnen hatte er eigentlich studieren wollen, aber nicht gedurft. An Andreas nagte das ganz besonders. Nadja bemerkte kleine, blonde Stoppeln auf dem Kinn. Er hatte sich nicht rasiert. »Auf keinen Fall würde er das tun«, bestätigte er. »Aber wart ihr gestern nicht zusammen unterwegs? Er wollte dich unbedingt zum Alex begleiten, um Fotos für deine Interviews zu machen.«

»Ja, das hat er auch gemacht. Wir haben uns vor der ADN getroffen und sind zusammen losgezogen. Aber dann haben wir uns aus den Augen verloren.«

Andreas kratzte sich wieder am Kinn. »Weißt du, wo das war?«

»Irgendwo bei der Volkskammer. Er lief vor mir her, schließlich habe ich ihn in der Menge aus den Augen verloren, weil ich mit einer Frau im Gespräch war.«

»Vielleicht sollten wir Jochen fragen. Ich meine, ich hätte die beiden später noch zusammen gesehen.«

»Jochen?«

»Mein Cousin aus Dresden.«

»Was haben er und Rene miteinander zu tun? Ich hatte das Gefühl, Rene mag Jochen nicht besonders.«

»Jochen ist ein wenig eigen, aber er ist ein guter Kerl.«

»Danke«, hörte Nadja von der Tür. Sie blickte hinüber. Selbst Jochen musste sich bücken, um unter der niedrigen Kellertür hindurchzupassen. »Mit dem Kompliment kann ich sehr gut leben.« Er lächelte schelmisch. Nadja ertappte sich dabei, dass sie ihn mochte. Seine freundliche, ruhige und etwas schüchterne Art stand im Gegensatz zu Renes und auch Andreas' gelegentlicher Neigung, den Platzhirsch spielen zu müssen.

»Hast du irgendeine Ahnung, wo Rene sein könnte?«, fragte sie. »Unser Fotograf«, schob sie erklärend nach, »seine Frau macht sich Sorgen um ihn.«

»Wollte er nicht mit dir losziehen?«

»Ja, aber wir haben uns bei der Protestdemonstration aus den Augen verloren.« Jochen runzelte die Stirn und sah Andreas fragend an. Er wollte etwas sagen, wurde aber von Kindergeschrei auf der Kellertreppe unterbrochen. Wenige Augenblicke später stürmte ein zweijähriger Junge herein. Seine Mutter rannte ihm atemlos hinterher. »Leo! Warte!«, rief sie, doch der Angesprochene hörte nicht, sondern versteckte sich laut lachend unter dem großen Tisch. Gerda hingegen blieb stehen und schaute von einem zum anderen. Es war offensichtlich, dass sie nach jemand anderem Ausschau hielt. »Nichts?«, fragte sie. Ihre Stimme klang brüchig, als würde sie im nächsten Augenblick zusammenkrachen wie ein baufälliges Haus.

Nadja schüttelte den Kopf, trat einen Schritt auf Gerda zu, griff unsicher nach ihrer Schulter. »Nein, leider nicht. Jochen hat ihn wohl zuletzt gesehen.«

Gerda wandte sich hoffnungsvoll dem neuesten Mitglied der Redaktion zu. »Wo?«

Jochen vergrub die Hände in den Hosentaschen, senkte kurz den Blick, bevor er sprach. »Wir haben uns nur flüchtig gesehen. Auf der Demonstration. Er war mit dem Fotoapparat unterwegs.«

»Hat er irgendetwas gesagt? Wohin ist er gegangen? War er allein?«

Jochen sah von einem zum anderen. Selbst Leo lugte unter dem Tisch hervor und sah ihn gespannt an. »Ich weiß nicht mehr. Ich habe ihn nicht so genau verstanden«, stammelte Jochen. Falls er ihre Aufmerksamkeit loswerden wollte, hatte er alles falsch gemacht, denn jetzt sahen ihn alle noch aufmerksamer an.

»Was meinst du damit, dass du ihn nicht genau verstanden hast?«, bohrte Nadja nach. Gerda warf ihr einen seltsamen Seitenblick zu, als habe Nadja ihr die Frage weggenommen.

Jochen sah sie an. Er wirkte verzweifelt. »Er sagte etwas davon, dass er noch rübergehen wollte.« Nun richtete er seinen Blick auf Gerda. »Ich dachte wirklich, er meinte irgendeinen Ort, wo er fotografieren wollte. Vielleicht das ZK-Gebäude oder den Dom. Wir waren ja direkt am Palast.« Unsicher schaute er zuerst auf seine Füße, dann zu Nadja. Gerdas bohrendem Blick wich er aus. »Aber ich weiß jetzt, dass er rübergegangen ist.« Er zögerte, dann sprach er weiter. »Doch, er hat das so gesagt.«

»Du meinst, Rene ist in den Westen gegangen? Nachdem er gestern erlebt hat, wie 500.000 Menschen für Veränderungen in der DDR aufgestanden sind? Nachdem klar ist, dass wir gewonnen haben?« Andreas wirkte ungläubig. Nadja teilte seine Skepsis. Dass Rene über eine Ausreise nachgedacht hatte, war ihr neu. Ihr gegenüber war er immer sehr klar aufgetreten. »Wir gehen nicht weg. Wir bauen dieses Land um.« Das war sein Credo. Dafür hatte er in den letzten Monaten geackert.

Auch Gerda schüttelte entschieden den Kopf. Leo kletterte unter dem Tisch hervor, klammerte sich an ihrem Bein fest, als verstünde er, was Jochen gerade gesagt hatte. »Er würde uns nie im Stich lassen. Er wäre nie ohne Leo und mich gegangen.«

»Habt ihr denn darüber nachgedacht? Wollte Rene weg?«, fragte Nadja erstaunt.

Gerda zögerte einen Moment mit der Antwort. »Na ja,

hat das nicht jeder von uns mal?«, räumte sie dann ein und blickte von einem zum anderen. »Wir hatten mal darüber gesprochen. Damals, als Leo geboren wurde. Schließlich wussten wir nicht, ob wir ihm hier eine Zukunft zumuten wollten. Dann kam der Angriff auf die Zionskirche. 1987 war das. Uns kam es vor, als würde alles nur noch schlimmer dadurch.«

»Das Konzert von Element of Crime?«, fragte Andreas. Gerda nickte. »Rene war damals bei dem Konzert. Er war total schockiert, dass diese Skinheads unter den Augen der Volkspolizei auf Unschuldige einprügeln konnten. Im September, als es in der ARD hieß, dass Ungarn die Grenzen geöffnet hat, haben wir wieder darüber geredet. Aber wirklich rübergehen wollten wir nicht. Auch Rene nicht. Wir haben uns dagegen entschieden.«

»Kannst du dir denn vorstellen, dass Rene allein gegangen ist?«, fragte Nadja. Gerda sah sie giftig an. Andreas trat zu ihr und hielt sie kurz im Arm. Leo verschwand wieder unter dem Tisch. Er klammerte sich an eines der Tischbeine und schaute mit großen Augen zu den Erwachsenen hinauf. Als er Nadjas Blick bemerkte, zog er den Kopf rasch weg.

»Nein!« Gerda bückte sich und zog Leo unter dem Tisch hervor. Der protestierte lautstark. »Ausgeschlossen! Rene wäre nicht ohne uns gegangen.« Mit ihrem Kind auf dem Arm stapfte sie zur Tür, wo sie sich umdrehte und Jochen ansah. »Du lügst!«, sagte sie. Dann verschwand sie. Nadja hörte ihre Schritte auf der Treppe.

Betreten schweigend blieben sie zurück. Heimlich musterte Nadja Jochen von der Seite. Er blickte zur Tür, die Hände immer noch linkisch in den Taschen seiner Jeans vergraben, den Kopf gesenkt. »Warum sollte ich lügen?«, fragte er hilflos die anderen beiden. Dann schüttelte er den Kopf. »Nein«, sagte er, »ich bin mir sicher. Rene wollte nach drüben. Wahrscheinlich sitzt er jetzt schon in Prag und wartet auf einen Zug nach Budapest.«

Nadja glaubte nicht daran. Aber irgendwie glaubte sie auch nicht, dass Jochen log. An der ganzen Sache stimmte etwas nicht. Sie würde herausfinden, was das war.

MONTAG, 6. NOVEMBER 1989

7

Haus am Werderschen Markt, Sitz des Zentralkomitees der SED, Berlin

Juri blickte hinüber zu der Kirche schräg gegenüber, ein neugotischer Ziegelbau, dessen Geradlinigkeit und sanft zusammenlaufender Chor ihn an ein Schiff denken ließ – ein Schiff aus rötlich schimmernden Ziegeln in einem ansonsten grauen Meer aus Asphalt und Stein. Vor zwei Jahren hatte man diese Kirche zur 750-Jahr-Feier der Stadt wieder aufgebaut und zu einem Museum umgestaltet. Juri hatte sie noch nie besucht. Jetzt hätte er vielleicht die Zeit dazu, denn seine neue Aufgabe bestand im Wesentlichen darin, vor dem Gebäude des ZK zu stehen und zu verhindern, dass Unbefugte es betreten. Allerdings war den ganzen Vormittag niemand gekommen, der in irgendeiner Form unbefugt wirkte und hineinwollte. Parteigrößen, die er noch nie aus der Nähe gesehen hatte, eilten mit gesenkten Köpfen an ihm vorbei, schwarze oder braune Aktentaschen in den Händen. Die meisten hatten ihn und seinen schweigsamen Kollegen, mit dem er den Eingang bewachte, nicht beachtet. Sie alle konnten nicht schnell genug im Inneren des Hauses verschwinden, als drohten ihnen außerhalb Gefahren von den wenigen Passanten, als wären sie nur im Inneren des früheren Bankhauses in Sicherheit. Er hatte Egon Krenz gesehen, Erich Mielke, ZK-Sekretär Günter Mittag. Als der Wirtschaftsexperte Gerhard Schürer an ihm vorbeigelaufen war, hatte Juri sich einmal umgedreht und gesehen, wie der alte Mann im Eingang langsamer wurde und wie erleichtert stehen blieb. Die Funktionäre hatten offensichtlich Angst vor dem, was draußen im Land geschah, und hier am Eingang ihres Machtzentrums wurde diese Angst sichtbar. Juri musste sich eingestehen, dass er sie ein Stück weit teilte. Wer wusste schon, was Reformen einem einfachen Volkspolizisten wie ihm bringen würden? Oder – auf der anderen Seite: was noch geschehen würde, was von ihm verlangt würde, sollte die Staatsmacht zum letzten Mittel greifen. Er war sich nicht sicher, was er mehr fürchtete: die Veränderungen, die die Demonstranten einforderten, oder die Reaktionen von Partei und Staatssicherheit. Reaktionen, die er und seine Kameraden ausbaden mussten, wenn sie wie Samstag inmitten des Geschehens standen oder wie in Leipzig in eine Straßenschlacht gerieten.

Nur Berger, der Parteisekretär, der Juri seine neue Aufgabe vermittelt hatte, war kurz stehen geblieben und hatte ein paar Worte mit ihm gewechselt. Aber auch ihn hatte es rasch ins Innere des Gebäudes gezogen. Wie alle wirkte er angespannt und bedrückt, ganz anders als die Demonstranten am Samstag. Juri hatte überlegt, ob er Berger auf seine Beobachtungen von vorgestern ansprechen sollte, auf seinen Verdacht, dass jemand versucht hatte, ein Blutbad zu provozieren. Aber dann war Berger von einem anderen Funktionär begrüßt worden und hatte sich davongemacht.

Draußen auf der Straße entdeckte er keine Spuren der Demonstration mehr. Nur ein paar Blumenbeete wirkten geknickt. Eigentlich war es unglaublich, dass so viele

Menschen so wenig Schaden angerichtet hatten. Selbst
Neues Deutschland hatte auf der ersten Seite über die
Demonstration berichtet. 500.000, so hieß es da, hätten
»mit unterschiedlichsten Forderungen und Erwartungen
an die sozialistische Erneuerung der DDR« an ihr teilge-
nommen. Daneben stellte die Zeitung der SED den Entwurf eines neuen Reisegesetzes zur Diskussion. Nicht
wenige vermuteten dahinter den Versuch, Druck aus dem
Kessel zu nehmen.

Gegen acht Uhr war es am Eingang ruhiger geworden.
Offenbar hatte die Sitzung begonnen. Auf der Straße
war weiter kaum jemand zu sehen. Juri langweilte sich.
Er dachte an die Nachbarin und ihre Suche nach diesem
Rene. War ihr Freund wiederaufgetaucht? Ein bisschen
nagte das schlechte Gewissen an ihm. Vielleicht hätte er
ihr helfen sollen.

*

»Was soll das heißen: ›Die Verschuldung im nichtsozialistischen Wirtschaftsgebiet ist seit dem VIII. Parteitag auf
eine Höhe gestiegen, die die Zahlungsfähigkeit der DDR
in Frage stellt‹?« Günter Ehrensperger, Leiter der Abteilung Planung und Finanzen des ZK und Held der Arbeit,
ließ die Papiere sinken und legte die Hand, in der er sie
hielt, kurz auf den Oberschenkel. Sie zitterte leicht. Er
nahm sie wieder hoch und richtete sie drohend auf Gerhard Schürer, der ihm gegenübersaß.

Obwohl es November war, schwitzte der zehn Jahre
ältere Schürer und Ehrenspergers Blick sorgte nicht
gerade für Kühlung. Seitdem der ehemalige Staatsratsvorsitzende Erich Honecker ihn, den Vorsitzenden der

staatlichen Planungskommission im Ministerrat, in einer Sitzung wütend als Saboteur verunglimpft hatte, fühlte Schürer sich zum Abschuss freigegeben. Honeckers Ablösung hatte daran nicht viel geändert, auch wenn er seitdem zumindest den Eindruck hatte, freier reden zu können. Ehrensperger machte den Eindruck gerade allerdings zunichte. Dennoch war Schürer überzeugt, dass das, was er zu sagen hatte, notwendig war, wenn die DDR wirtschaftlich überleben sollte. Jetzt ging es jedoch erst einmal darum, Ehrensperger darauf vorzubereiten, in drei Tagen dem Zentralkomitee reinen Wein über die desolate Wirtschaftssituation einzuschenken. Denn wenn er das selber machte, würden sie ihn in der Luft zerreißen. Er strich sich den Ärmel seines Sakkos zurecht, fuhr sich nervös durch das sauber nach hinten gekämmte graue Haar.

Der Leiter der Abteilung Planung und Finanzen des ZK wirkte nicht, als wäre er bereit, für ihn die Kastanien aus dem Feuer zu holen. Er saß hinter einem Schreibtisch in einem Büro des ZK-Gebäudes, Schürer in einem wenig bequemen Stuhl ihm gegenüber. Obwohl sie etwa gleich groß waren, fühlte er sich gerade kleiner als Ehrensperger, der ihn wütend musterte.

Schürer hörte ein leichtes Rascheln hinter sich. Offenbar studierte Berger, der ihn zu diesem Gespräch begleitet hatte, die Unterlagen, die auch Ehrensperger in Händen hielt und die eigentlich, wäre es nach dem Politbüro gegangen, bereits Ende Oktober vernichtet worden wären. Zu brisant war, was dadrin stand. Doch Schürer hatte die Anweisung, die Papiere zu vernichten, schlicht nicht befolgt. Er wollte gar nicht wissen, wie Honecker ihn dafür genannt hätte. Mochten seine Papiere noch so brisant sein, die Schlussfolgerungen, die sie darin aufgeführt hatten, waren wichtig und richtig. Davon war er überzeugt.

Am liebsten hätte er es frei heraus gesagt: »Die Deutsche Demokratische Republik ist bankrott.« Aber er war klug genug, das zu lassen. Ehrensperger hätte ihn aus dem Büro geworfen. Wenn er Glück gehabt hätte. Wenn nicht, würde er Honeckers Saboteur-Vorwurf wiederholen und ihn absetzen. Dann wäre er erledigt und der erste sozialistische Staat auf deutschem Boden – davon war er felsenfest überzeugt – gleich mit. Die wirtschaftliche Lage war ernster, nein: katastrophaler, als es den meisten Funktionären klar war. Selbst die, die es hätten wissen müssen – dazu zählte er Ehrensperger –, verschlossen vor der Wirklichkeit die Augen. Wenn ich eine Katastrophe nicht sehe, ist sie nicht da. Ein Verhalten, das er schon als Kind abgelegt hatte. Er erinnerte sich an ein Zugunglück, damals in Zwickau. Er musste so um die sieben Jahre alt gewesen sein. Jedenfalls war es vor der Wirtschaftskrise. Eine Lok war entgleist und mit einem Auto zusammengestoßen. Während seine Freunde erschrocken den Blick abwandten oder die Augen zukniffen, konnte er nicht anders, als hinzusehen. Er sog jedes Detail der Katastrophe förmlich auf und hatte sie heute noch plastisch vor Augen.

Dennoch musste er Rücksicht auf Ehrenspergers Weigerung nehmen. »Ich muss zugeben«, sagte er also, statt dem Jüngeren reinen Wein einzuschenken, »dass wir in den letzten Jahren als Ganzes betrachtet über unsere Verhältnisse gelebt haben.« Er beobachtete Ehrensperger aufmerksam, um gewarnt zu sein, falls er einen Schritt zu weit ging.

»In den letzten Jahren? Geht das nicht genauer?«

»Seit dem VIII. Parteitag 1971 wächst der Verbrauch in der DDR generell schneller als die Produktion. Finanziert wurde diese Differenz durch eine wachsende Verschuldung im nichtsozialistischen Westen. Die stieg in den letzten 18 Jahren von zwei Milliarden auf 49 Milliarden Mark.«

Ehrensperger pfiff durch die Zähne. Schürer begriff das als Chance, die Lage nun genauer darzulegen. »Insgesamt beträgt die Verschuldung der Deutschen Demokratischen Republik mittlerweile rund 123 Milliarden Mark. Um unsere Zahlungsfähigkeit zu sichern, müssten wir in den nächsten fünf Jahren einen Exportüberschuss von 33 Milliarden Mark erzielen.« Er machte eine kurze Pause. »Das halte ich für ausgeschlossen.«

»Na, na, na«, ermahnte ihn Ehrensperger, »unterschätzen Sie unsere Werktätigen da nicht ein wenig, Genosse?«

Schürer versuchte, sich seine Verblüffung nicht anmerken zu lassen. Glaubte Ehrensperger ernsthaft, dass die Wirtschaft der Republik in der Lage sein würde, derartige Überschüsse zu erwirtschaften? Mit maroden, überalterten Industrieanlagen und Ehrenspergers Werktätigen, die zu Hunderttausenden demonstrierten oder das Land einfach direkt in Richtung Westen verließen?

»Zweifeln Sie am Fleiß unserer Arbeiter?«

Schürer schwieg einen Moment. So ganz hatte er seine Verwunderung wohl nicht verbergen können.

Nach einem kurzen Moment des Wartens redete Ehrensperger weiter. »Unsere Wirtschaft ist in den letzten Jahren im Durchschnitt um vier Prozent gewachsen!« Zufrieden lehnte er sich zurück. »Sehen Sie«, er lächelte, »auch ich kenne die Zahlen.«

»Dieses Wachstum hat nicht gereicht, um zu verhindern, dass wir seit Jahren mehr importieren als exportieren und unsere Schulden weiter gestiegen sind. Allein durch Überschüsse werden wir die Zahlungsunfähigkeit nicht aufhalten können. Wir brauchen Reformen.«

Sein Gegenüber hob leicht die Augenbraue. »Was schlagen Sie vor?« Schürer wusste, dass Ehrensperger seine Empfehlungen abschmettern würde. Zumindest fürs Erste. Vielleicht konnte er aber zumindest ein paar Gedanken loswerden. Denn wenn der Chef der Planungsabteilung weiter darüber nachdachte, würde er sicher zu den gleichen Schlussfolgerungen kommen wie er.

»Es ist eine grundsätzliche Änderung der Wirtschaftspolitik der DDR, verbunden mit einer tief greifenden Wirtschaftsreform erforderlich. Leistung und Verbrauch müssen wieder in Übereinstimmung gebracht werden. Das vorhandene Leistungsvermögen muss umfassend ausgeschöpft werden. Wir brauchen einen wachsenden NSW-Exportüberschuss. Verwaltungs- und Bürostellen müssen drastisch abgebaut werden.« Er ratterte die wichtigsten Punkte seiner Agenda herunter. Schürer sah, dass Ehrensperger sich wie angewidert zurückzog und den Rücken gegen die Stuhllehne presste. Schürer redete weiter. »Investitionen sind für Erhaltung, Modernisierung und Rationalisierung einzusetzen. Grundlegende Veränderungen in der Subventions- und Preispolitik sind zwingend erforderlich.« Ehrensperger schüttelte den Kopf. Seine Skepsis wuchs offensichtlich. Schürer setzte nach. »Ein Beispiel: Verkauft ein Kaninchenzüchter ein Kaninchen an den Staat, erhält er dafür 60 Mark. Kauft er es danach geschlachtet und ausgenommen zurück, zahlt er trotz der zwischenzeitlich aufgewendeten Arbeit nur

99

noch 15 Mark. Das ist doch absurd!« Er bereute es sofort, dass er seine Empörung so wenig im Griff hatte.

»Subventionen sind ein notwendiges Instrument, um die Versorgung der Bevölkerung mit lebensnotwendigen Waren sicherzustellen. Allein im Wohnungsbau hat dies hervorragend funktioniert, und trotz niedriger Mieten ist es der DDR gelungen, drei Millionen Wohnungen für die Werktätigen neu bereitzustellen«, belehrte ihn Ehrensperger sogleich.

Schürer setzte an, die Zahl von drei Millionen Wohnungen zu korrigieren. Wieder fragte er sich, ob Ehrensperger die richtigen Zahlen nicht kannte oder bewusst ignorierte, um der Wahrheit nicht ins Gesicht sehen zu müssen. Dabei musste er nur auf die Straße gehen und mit den Leuten reden, um die Folgen der Misswirtschaft aus den letzten 20 Jahren zu erkennen.

»Ich denke, ich habe genug gehört.« Ehrensperger beugte sich wieder nach vorn. »Nur eine Frage habe ich noch!«

Schürer rechnete mit dem Schlimmsten.

»Wie hoch ist dieser Unterschied zwischen Leistung und Verbrauch? Können Sie den überhaupt eindeutig bestimmen?«

Natürlich konnte Schürer das. Es war seine letzte Trumpfkarte. Er hatte sie zurückgehalten für den Fall, dass das Gespräch nicht so lief wie gewünscht, also für die Situation, in der er sich jetzt befand. »Circa 30 Prozent liegt unser Leistungsvermögen derzeit unter dem Verbrauch.«

»Wir verbrauchen also ein Drittel mehr, als wir erwirtschaften?«

»Ja. Wir müssten den Lebensstandard in der DDR um

30 Prozent senken, um wirtschaftlich wieder auf die Beine zu kommen.« Das musste doch Wirkung zeigen! Ehrensperger musste klar sein, dass sie, sollten sie das der Bevölkerung zumuten, bald allein in diesem Land lebten.

Ehrensperger erhob sich. »Dann werden wir wohl alle hart arbeiten müssen. Ich denke, mindestens 15 Jahre harte Arbeit und weniger Verbrauch. Dann kriegen wir das Land wieder flott.«

Schürer stand seinerseits auf. Er musste sich an der Stuhllehne festhalten, wusste nicht, was er sagen sollte. Glaubte sein Gegenüber tatsächlich, dass unter diesen Bedingungen noch irgendjemand in der DDR bleiben würde? Nachdem bereits so viele dem Land den Rücken gekehrt hatten? Sollte Ehrensperger das öffentlich verkünden, wäre die DDR vermutlich einen Tag später komplett entvölkert. Seine Stimme klang heiser, als er sie wiederfand. »Werden Sie meine Zahlen dem ZK vorstellen?«

Ehrensperger lächelte wieder gönnerhaft. »Natürlich, Genosse! Gemeinsam mit meiner Schlussfolgerung, denke ich, können wir dem Land eine gute Perspektive aufzeigen. Und jetzt entschuldigen Sie mich bitte.« Er deutete zur Tür. Auch Berger, der sich das ganze Gespräch über im Hintergrund gehalten hatte, erhob sich und öffnete nun für beide die Tür. Schürer kam es vor, als wäre der Berliner Sekretär deutlich blasser als zu Beginn ihres Gesprächs.

*

Juri beobachtete die gelegentlichen Passanten, die an ihm vorbeihasteten. Manche schauten neugierig die Fassade hoch auf das Emblem der Partei, aber die meisten gingen einfach ihres Wegs. Mehrfach hatte er versucht, den Kameraden, mit dem er Wache schob, in ein Gespräch zu verwickeln, aber der erwies sich als hartnäckig einsilbig und schwieg eisern. Umso erleichterter war Juri, als er hinter sich Schritte hörte und Parteisekretär Berger neben ihm auftauchte. Berger grüßte ihn kurz und nestelte eine Packung Zigaretten aus der Anzugtasche. Camel, Westware, stellte Juri überrascht fest. Er schien etwas zu begierig auf die Zigaretten geblickt zu haben, denn Berger fühlte sich offenbar verpflichtet, ihm eine anzubieten. Juri griff zu. Er rauchte nur selten, zu Hause wegen seiner Mutter generell nicht. Eigentlich rauchte er nur aus Höflichkeit, wenn ihm jemand Zigaretten hinstreckte. Berger gab ihm Feuer. Juri bemerkte, dass er blass wirkte. Einen Augenblick schwiegen die beiden Männer und blickten hinüber zur Friedrichswerderschen Kirche. Der Sekretär blies den Rauch in die kalte Novemberluft und atmete hörbar aus.

»Das war's dann wohl«, meinte er schließlich halb zu sich selbst.

Juri schaute ihn fragend an. »Was meinen Sie?«

Berger musterte Juri von oben bis unten. Unwillkürlich nahm er Haltung an. »Sie sind noch jung, Sie haben eine Zukunft. Machen Sie da was draus.«

»Das habe ich vor.«

»Dann schauen Sie, dass Sie wegkommen.«

»Wie meinen Sie das?«

»Hauen Sie ab, Genosse Hoffmann! Setzen Sie sich in einen Zug nach Prag, fahren Sie weiter nach Ungarn und spazieren Sie über die Grenze in den Westen. Machen Sie was aus Ihrem Leben. Hier gehen die Lichter aus. ›The show is over‹, wie die Amerikaner sagen würden.«

»Ich habe nicht vor, mein Land zu verlassen. Sicher brauchen wir Reformen und vieles hat sich vielleicht nicht immer in die richtige Richtung entwickelt. Aber ich bin hier geboren, ich bin hier aufgewachsen und …« Juri hatte noch nie so offen mit einem Parteifunktionär gesprochen. Um ehrlich zu sein: Juri hatte noch nie mit jemandem so offen gesprochen. Er überlegte, ob das klug war, ob Berger vielleicht nur mit ihm sprach, um seine Gesinnung und Standfestigkeit zu prüfen. Immerhin bekleidete er einen verantwortungsvollen Posten. »Ich glaube nach wie vor an den Sozialismus.«

Der Sekretär musterte ihn kurz wie jemanden, der ganz offensichtlich den Verstand verloren hatte. »Der Sozialismus, Genosse Hoffmann, ist tot.« Als wollte er seine Aussage unterstreichen, schnippte er die Zigarette auf den Boden und trat mit dem Schuh fest darauf. Juri verstand nicht, was der Funktionär ihm sagen wollte. Berger beugte sich zu ihm herüber und legte ihm die Hand auf die Schulter. »Die DDR ist pleite und die Bosse raffen es nicht. Der ganze Karren fährt spätestens in drei Monaten gegen die Wand. Schauen Sie, dass Sie dann weg sind!« Aufmunternd klopfte er Juri auf die Schulter, drückte ihm das Päckchen Camel in die Hand, ehe er sich umdrehte, um wieder ins Gebäude zurückzukehren. Im Eingang wandte er sich noch einmal um. »Und grüßen Sie Ihren Großvater mal, wenn Sie ihn sehen! Ich hoffe, Sie haben Ihre Überzeugung nicht von ihm.« Damit verschwand Berger und ließ Juri verwirrt zurück. Was hatte sein Großvater mit ihrem Gespräch zu tun?

8

Christinenstraße, Berlin

Nadja wollte eigentlich nur kurz in die Wohnung und sich umziehen, um weiter nach Rene zu suchen. In ihrer Arbeitskleidung wäre sie dabei viel zu sehr aufgefallen. Außerdem roch sie nach der Fotochemie, mit der sie tagtäglich in Berührung kam. Ausgerechnet Rene hatte ihr die Arbeit in den Köpenicker Fotochemischen Werken vermittelt. Er kannte einen der Vorarbeiter aus einem gemeinsamen Fotoprojekt. Wegen des Gestanks nach Essig, den die Chemikalien verbreiteten und der sich in allem festzusetzen schien, hatte sie sich angewöhnt, wenn sie morgens das Haus verließ, etwas anzuziehen, was sie sonst nie trug. Sie hasste den Gestank. Am meisten an sich selbst. Im Betrieb verkniff sie es sich, nach den gesundheitlichen Risiken zu fragen. Sie war aus einem Ort geflohen, der von der Braunkohleindustrie zerstört worden war, und in einer chemischen Fabrik gelandet. Das war kein großer Fortschritt, aber sie hoffte, dass es nur eine Übergangszeit blieb. Dann würde sie als Journalistin arbeiten. In einem Land, das die Pressefreiheit hochhielt. Vielleicht konnte sie ja sogar noch studieren!

Auf der Treppe hörte sie das charakteristische und bereits vertraute Husten aus der Wohnung des Volkspolizisten. Sie erinnerte sich, dass ihre Tante in Espenhain ein Hausmittel benutzte, um ihrem Onkel, dessen

Lunge Braunkohle und Abgase nahezu zersetzt hatten, wenigstens etwas Erleichterung zu verschaffen. Hatte sie davon nicht noch eine kleine Flasche oben? Auch wenn der Volkspolizist ihr den Umgang mit seiner Mutter verbieten wollte, sah sie nicht ein, warum sie nicht versuchen sollte, ihr zu helfen.

Tatsächlich fand sie einen Rest des russischen Wundermittels ihrer Tante in einer ihrer Plastiktüten. Sie zog sich um, dann lief sie hinunter zur Wohnung der Hoffmanns. So viel Zeit musste sein und der Frau würde es sicher helfen, wenn es ihrem Onkel in Espenhain geholfen hatte. Was dort half, musste in Berlin Wunder wirken.

Als sie vor der Tür stand, hörte sie die Mutter des Volkspolizisten immer noch husten. Für einen Moment kam sie sich vor wie in einem der Romane, die sie als Kind gelesen hatte und die das Leid der Arbeiter im Kapitalismus des 19. Jahrhunderts thematisierten, die Krankheiten, die die furchtbaren Bedingungen, unter denen die Menschen damals schuften mussten, mit sich brachten. Schon als Kind im sächsischen Braunkohlerevier hatte sie erkannt, dass das Leid auch im Sozialismus geblieben war. Nur die Herren waren andere. Sie klingelte. Der Husten verstummte, als wäre er überrascht von ihrer Störung. Dann setzte er wieder ein. Aber Nadja vernahm schlurfende, langsame Schritte. Dann wurde die Tür geöffnet, und Johanna Hoffmann blickte zu ihr auf.

»Oh, Sie! Das ist aber schön. Hat mein Sohn Sie also nicht verschreckt.«

Unwillkürlich musste sie lachen. »So schnell schreckt der mich nicht ab.« Sie hielt der Frau die Flasche mit Spiritus entgegen. »Das hilft gegen Ihren Husten. Bei meinem Onkel hat es Wunder gewirkt.«

Johanna beugte sich nach vorn, um die russischen Buchstaben auf dem Etikett der braunen Flasche lesen zu können. »Spiritus?«, fragte sie verwundert.

»Spiritus«, antwortete Nadja. »Russischer Spiritus. In Espenhain haben das alle gemacht. Sie müssen das in den Rücken oder auf die Brust einmassieren.«

»Und das hilft?«

»Ganz bestimmt!«

»Aber Sie müssten mich massieren«, wandte die Frau ein. »An meinen Rücken komme ich nicht allein.« Sie drehte sich halb zu Nadja und führte ihr vor, wie weit sie mit den Händen kam. Es reichte tatsächlich nicht.

Damit hat Nadja nicht gerechnet. Aber jetzt war sie den halben Weg gegangen, da konnte sie nicht stehen bleiben. »Also gut«, antwortete sie, »so viel Zeit habe ich noch.«

»Ich bin übrigens Johanna«, sagte die Frau.

»Nadja«, erwiderte Nadja.

»Sie dürfen meinem Sohn nicht böse sein, er meint es nicht so«, begann Johanna ungefragt zu reden, nachdem sie Nadja hereingebeten hatte. »Er ist eigentlich ein guter Kerl. Haben Sie Ihren Freund gefunden?«

Nadja verneinte, während Johanna Schultern und Rücken frei machte und sich auf das Sofa legte.

»Geht es so?«, fragte sie.

Bevor Nadja antworten konnte, musste sie einen weiteren Hustenanfall abwarten. »Woher haben Sie Ihren Husten eigentlich?«

»Ach«, winkte die Alte ab, während Nadja ein paar Tropfen Spiritus vorsichtig auf ihrem Rücken verteilte. »Den habe ich schon ewig.« Sie zuckte kurz zusammen, als Nadja begann, den Spiritus auf der Haut zu verteilen und einzumassieren.»Der Geruch brennt aber in der Nase!« Nadja bemerkte den Geruch gar nicht. Ruinierte die Arbeit in Köpenick langsam ihren Geruchssinn? Vielleicht musste sie doch nach den Umweltbedingungen fragen. Nicht nur für sich, auch für die anderen, die teilweise schon seit Jahrzehnten in der Fabrik arbeiteten. »Riechen Sie das nicht?«

»Nein, tut mir leid. Ich arbeite in einem Chemiewerk«, erklärte sie, »das scheint mich abzuhärten. Anscheinend rieche ich nur noch Essigsäure.«

Juris Mutter wandte ihr den Kopf zu und sah besorgt aus.»Sie sollten dort aufhören, bevor sie sich die Gesundheit ruinieren.« Ungesagt schwang ein »wie ich« in diesem Satz mit.

»Ich brauche die Arbeit, sonst kann ich nicht hierbleiben.«

»Wollen Sie hierbleiben?«

Nadja dachte an Samstag zurück. »Ja«, sagte sie entschieden. »Gerade jetzt, wo so viele Veränderungen in der Luft liegen, wäre es falsch zu gehen. Wir können hier etwas verändern.«

Johanna ging darauf nicht ein, stattdessen seufzte sie wohlig. »Das machen Sie gut.«

»Ihr Sohn steht Veränderungen eher skeptisch gegenüber, nicht wahr?«

»Juri hat Angst. Er ist hier aufgewachsen und wollte schon als Kind Volkspolizist werden. Und er hat viel Zeit mit seinem Großvater verbracht. Der ist ein ganz Strammer.«

»Und Sie? Haben Sie Angst?«

Johanna blickte sie überrascht an. »Wovor sollte ich Angst haben?« Sie schien aufrichtig ratlos zu sein.

»Ich weiß nicht. Wovor hat Ihr Sohn Angst?«

»Das weiß er wahrscheinlich selber nicht so genau. Aber unter seinen Kameraden herrscht schlechte Stimmung. Sie fühlen sich alleingelassen. Hat er Ihnen von Leipzig erzählt?«

»Nein. Was war in Leipzig?«

»Er hat nicht viele Worte darüber verloren. Aber er war an dem Abend in Leipzig eingeteilt, als es diese Ausschreitungen gab. Danach war er anders. Verschlossener. Zuerst dachte ich, er wäre härter und entschlossener als früher. Aber das stimmt nicht. Er versteckt seine Zweifel.« Ein neuerlicher Hustenanfall überkam die Frau, schlimmer als alles, was Nadja vorher gehört hatte. Sie fürchtete schon, ihr Wundermittel sei ein Fehler gewesen, aber Johanna setzte sich auf und klopfte sich mit den Händen auf die Brust. »So frei habe ich mich seit Jahren nicht mehr gefühlt.«

Nadja strahlte zufrieden und reichte ihr das Fläschchen. »Sagen Sie Ihrem Sohn, er soll sie einmal täglich damit einmassieren.« Am liebsten hätte sie noch »Und er soll keine Angst haben« hinzugefügt, ließ es aber bleiben. Vielleicht würde sie es ihm selber einmal sagen.

*

Schönhauser Allee, Berlin

Nachdem sich Nadja von Johanna verabschiedet hatte, eilte sie hinüber zur Schönhauser Allee, vorbei am Club Franz, und bog schließlich in die Toreinfahrt ein, die zu Renes und Gerdas Wohnung führte. Als sie schellte, öffnete niemand.

Sie versuchte es erneut.

Keine Reaktion.

Sie klopfte.

Auch darauf reagierte niemand. Weder Gerda noch Leo oder Rene schienen zu Hause zu sein. Arbeitete Gerda? Enttäuscht drehte sie ab und lief die Treppe wieder hinunter. Auf der untersten Stufe des Absatzes fehlte immer noch ein großes Stück Terrazzo, das irgendwann wohl bei einem Umzug herausgebrochen war. Sie hielt inne. Wäre Rene nach drüben gegangen, hätte er vorher vielleicht Pläne gemacht, Aufzeichnungen zurückgelassen, irgendwo einen Brief für Leo oder Gerda hinterlegt. Sie wusste, dass ein Türschlüssel oben auf dem Rand der Zarge lag. Sollte sie nachschauen, um Gewissheit zu haben? Oder hätte Gerda einen solchen Brief nicht schon längst gefunden? Falls ja: Würde sie ihr davon erzählen? Vielleicht wäre es besser, selber nachzuschauen.

Sie hatte ihre Fragen noch nicht geklärt, da stand sie bereits wieder oben vor Renes Tür und suchte nach dem Schlüssel, ertastete ihn ziemlich genau in der Mitte der Zarge. Sie wartete einen Moment, lauschte ins Treppenhaus hinunter, das ebenso leise war wie das, das jetzt ihres war und in dem sie am Freitag noch mit Rene gestanden hatte. Auch da war sie illegal in eine Wohnung eingedrungen. Hoffentlich wurde das nicht zur Gewohnheit. Denn dieses Mal erschien ihr der Vertrauensbruch noch größer zu sein.

Trotzdem steckte sie den Schlüssel ins Schloss und drehte ihn um. Sie rief in die Wohnung hinein, erhielt aber weiter keine Antwort. Also zog sie den Schlüssel ab, steckte ihn in die Tasche ihrer Jeans und huschte durch die halb geöffnete Tür ins Innere.

Etwas ratlos durchstreifte sie die Räume, öffnete Schubladen, schaute in die Schränke, fand aber nichts, was ihr weiterhelfen könnte, weder Notizbücher, Aufzeichnungen noch Skizzen oder Fahrpläne nach Prag oder Budapest. Ohne die manchmal bedrückende Enge und ihr schlechtes Gewissen, der jungen Familie als Untermieter zur Last zu fallen, fiel ihr auf, wie wohnlich Gerda die Zimmer eingerichtet hatte. Helles Weiß statt der biederen Tapeten an den Wänden brachte Licht in die alten Räume. Die Linoleumplatten auf dem Boden hatten Gerda und Rene rausgerissen, da war sie schon mit Leo schwanger. Jetzt lief Nadja über die alten, nackten Holzdielen. Sie hatte es geliebt, barfuß durch die Wohnung zu schleichen. Wenige, liebevoll ausgesuchte Möbelstücke standen an den Wänden. Nichts Seltenes, aber Gerda hatte es geschafft, sie zu etwas Besonderem zu machen. Am besten gefielen Nadja allerdings Gerdas Bilder, die an fast jeder Wand hingen, große, bunte Malereien, vor denen man Stunden stehen konnte, um zu entdecken, was sich in ihren Formen verbarg. Sie war dafür von der Akademie der Künste geflogen. Jetzt arbeitete sie in einer Schreinerei.

Unschlüssig stand Nadja in der Tür zum Schlafzimmer. Gerda hatte es gehasst, wenn Nadja das Schlafzimmer betreten hatte. Sie schaute von der Tür aus durch den Raum, ließ den Blick über das alte schmale Holzbett schweifen, das sich die beiden teilten und das eigentlich schon für Rene allein zu schmal sein musste. Über dem Bett hing das düsterste Gemälde, das Nadja von Gerda kannte, fast ein wenig unheimlich. Sie wandte den Blick ab, betrachtete die Kommode neben der Tür, ein altes Erbstück von Gerdas Mutter. Sie ging hinüber, zog an den Schubladen, die erstaunlich leichtgängig zu öffnen waren, schaute hinein, durchwühlte mit spitzen Fingern und schlechtem Gewissen Gerdas Wäsche, nahm ein paar Zettel in die Hand, auf denen Notizen in Gerdas akkurater, schöner Handschrift zu lesen waren. Notizen, die nichts mit Renes Verschwinden zu tun hatten, weswegen sie sie rasch wieder zurücklegte, als wollte sie sogleich wieder vergessen, was sie gelesen hatte und was nicht für ihre Augen bestimmt war. Natürlich merkte sie sich jedes Wort.

Also blieb nur noch Renes Dunkelkammer übrig, die er sich in einem kleinen Kabuff, das früher vielleicht einmal als Vorratsraum diente, eingerichtet hatte. »Sein dunkles Reich«, wie er es grinsend nannte. Ein Luxus in der DDR, der einzige Luxus, den die Familie besaß. Rene hatte ihr das Labor am ersten Abend nach ihrem Einzug voller Stolz gezeigt, die Flasche ungarischen Rotwein in der Hand, mit dem sie ihren Umzug nach Berlin gefeiert hatten. Gerda hatte Leo ins Bett gebracht und sie und Rene schließlich in der Kammer gefunden. Seitdem hatte er öfter versucht, ihr Dinge in dem engen Raum zu zeigen, sie hatte es aber unter Gerdas Blick und Renes Bedürfnis nach Nähe stets vermieden.

Jetzt stand sie das zweite Mal in der Kammer und war zunächst irritiert. Bei ihrem ersten Besuch hing ein aggressiver Geruch nach Essig in der Luft, Rene hatte ihr erklärt, dass er von den Chemikalien stammte, mit denen er die Filme und Abzüge entwickelte und anschließend fixierte. Mit der verdünnten Essigsäure stoppte er den Entwicklungsprozess der Abzüge. Sie sah die Flüssigkeit in der roten Plastikwanne schwimmen. Aber sie roch sie nicht. Hatte sich ihre Nase in Köpenick so an den Gestank gewöhnt? Bildete sie sich den Gestank, den sie abends von der Arbeit nach Hause trug, nur ein?

An einer Wäscheleine über den Wannen hingen einige Fotos. Nadja betrachtete sie in dem Rotlicht, das die einzige Lichtquelle in diesem Raum darstellte. Selbst unter der Tür schien kein Licht hindurch. Rene hatte den Rand mit schwarzem Tüll ausgekleidet und lichtdicht gemacht. Er hatte den Stoff einem Requisiteur aus den Babelsberger DEFA-Studios gegen einige Porträts von dessen Freundin getauscht. Nadja sah auf den Bildern Szenen rund um die Gethsemanekirche, die Lichter der Mahnwache für die zu Unrecht Inhaftierten, die vor dem Eingang brannten, einige Leute, die sie flüchtig kannte, aber auch die Männer in Windjacken auf der Straße gegenüber. Von denen kannte sie keinen.

Anschließend öffnete sie die Tür des kleinen Badschränkchens, das Rene vom Sperrmüll gerettet hatte und jetzt als Lagerort für seine Abzüge und Fotoutensilien nutzte. Kisten mit Fotos lagen gestapelt auf Plastikwannen und Klammern, um die Bilder anpacken zu können, dazu Entwicklerrollen und einige andere Dinge, von denen Nadja nicht wusste, welchem Zweck sie dienten. Sie kramte die Sachen kurz durch, konnte aber keine Notizen entdecken. Deshalb nahm sie die oberste Kiste mit Bildern zur Hand, öffnete sie und schaute überrascht in ihr eigenes Gesicht.

Ganz oben lag ein Porträt von ihr, das Rene ebenfalls am ersten Abend gemacht hatte. Sie sah sich selbst vor sechs Wochen, den Blick in die Kamera gerichtet, den Mund zu einem irgendwie seltsamen Lächeln verzogen, wie sie fand. Am unteren Bildrand konnte sie ein Weinglas erkennen, in der anderen Hand hielt sie eine Zigarette, die sie gerade zum Mund führte. Ihre Haare fielen über die Schultern und halb ins Gesicht, schienen mit dem Rauch der Zigarette im Vordergrund fast zu verschmelzen, was dem Motiv etwas Entrücktes, Sphärisches verlieh. Es war ein seltsames Gefühl, sich so zu sehen. Einerseits drückte dieses Bild sehr viel von dem aus, wie sie sich fühlte. Sie erkannte sich darin. Auf der anderen Seite hatte Rene etwas eingefangen, was ihr gänzlich fremd vorkam, als habe er ein Geheimnis enthüllt, das sie vor sich verschwieg und vom dem sie beim Betrachten keine Idee hatte, worin es bestehen könnte. Sie hob das Bild mit dem Zeigefinger an, um das darunterliegende betrachten zu können. Es zeigte erneut sie, dieses Mal in einer Gruppe von Demonstranten. Sie wusste sofort, wann das Bild aufgenommen worden war. Am 7. Oktober, dem 40. Jahrestag der Gründung der DDR. Ein paar Hundert Meter weiter hatte die Volkspolizei auf die Demonstranten eingeknüppelt. Nadja hatte sich in eine Seitenstraße geflüchtet, Rene war zurückgeblieben und hatte versucht Bilder zu machen. Von denen fand sie keines in dem Stapel, den sie gerade durchblätterte. Hier fand sie ausschließlich Bilder von sich. Sie sah sich bei den Redaktionsbesprechungen, aufgenommen aus einem schrägen Winkel, als habe Rene die Kamera heimlich auf sie gerichtet. Sie sah sich auf der Straße zwischen den Leuten, fotografiert von der anderen Straßenseite. Bilder, bei denen sie überlegen musste, wann sie dort entlanggegangen war. Dazu einige Porträts, von denen sie immerhin wusste, dass Rene sie geschossen hatte. Trotzdem! Es waren zu viele. Dutzende Bilder nur von ihr. Wie kam er dazu? Was sollte das? Das Gefühl einer sehr ungesunden Besessenheit dämmerte ihr. Eilig packte sie die Bilder zusammen und wollte gerade die Kiste schließen, als die Tür der Dunkelkammer aufgerissen wurde.

Vor Schreck fielen Nadja die Fotografien aus der Hand. Sie sah zu Boden. Wie Scherben breiteten sich Facetten ihrer selbst im roten Schimmer der Leuchte aus. Als sie den Kopf hob, sah sie in Gerdas Gesicht. Die blickte ebenfalls gerade hoch, Nadjas Versuch, mit dem Fuß die Bilder wenigstens halbwegs zu verdecken, schlug fehl.

»Was tust du hier?«, fragte ihre frühere Mitbewohnerin.

»Ich …«

»Wie kommst du hier überhaupt rein? Hat Rene dir etwa den Schlüssel gelassen?«

»Nein …«

Gerda hörte gar nicht hin. »Damit ihr euch in unserer Wohnung treffen könnt, wenn ich auf der Arbeit oder mit Leo unterwegs bin?« Sie deutete auf die Bilder, die auf dem Fußboden lagen. »Und jetzt suchst du die Beweise dafür zusammen, weil Rene nicht mehr da ist und du Schiss hast, dass alles auffliegt?«

Im Hintergrund sah Nadja Leo, wie er in der Tür zum Wohnzimmer stand, sich an der Zarge festhielt und sie mit großen Augen anschaute. »Willst du nicht die Tür schließen?«, sagte sie leise.

»Oder suchst du noch schnell ein paar Sachen für ihn, weil ihr euch irgendwo im Westen verabredet habt? Weit weg von der lästigen Frau und dem Kind, das ihn sowieso nur stört!«

»So ist es nicht«, erwiderte Nadja leise und schuldbewusst, obwohl sie sich keiner Schuld bewusst war. Sie verstand es nicht.

Gerda ging vor ihr in die Hocke, griff einige der Bilder und schleuderte sie auf Nadja. »Ach? Und was ist das?«

»Das weiß ich doch auch nicht!« Nadja verlor die Fassung. Sie stürmte an Gerda vorbei, hinaus aus der engen, dunklen Kammer, warf einen Blick auf Leo, der sie anstarrte, blieb stehen, drehte sich um. »Ich bin hergekommen, weil ich mir Sorgen um Rene mache! Weil ich nicht glaube, dass er dich und Leo allein zurücklassen könnte! Weil ich Angst habe, dass ihm was zugestoßen ist! Weil er ein Freund ist! Nicht mehr und nicht weniger!«

In ihrem Rücken stampfte Leo mit dem Fuß auf. Gerda brach in schallendes Gelächter aus, fast augenblicklich fiel Leo ein, erleichtert, dass die Anspannung zwischen den Erwachsenen scheinbar gelöst war. Nur Nadja stand stumm zwischen den beiden, deren Lachen in ihrem Kopf dröhnte. Am liebsten wäre sie nach draußen gestürmt, hätte die Tür hinter sich zugeschlagen und wäre nie wieder gekommen. Aber sie fühlte sich verantwortlich. Verantwortlich dafür, dass Rene sich in sie verliebt hatte. Verantwortlich dafür, dass sie diese Liebe nicht erwiderte. Verantwortlich dafür, dass Gerda darunter litt und sich viel mehr ausmalte, als wirklich geschehen war. Verantwortlich aber auch dafür, dass Rene verschwunden war. Dass Leo seinen Vater verloren hatte. So war sie schon immer. Verantwortlich für alle. Dabei wusste sie im Grunde, dass sie gar nichts dafür konnte. Es konnte tausend Gründe geben, warum Rene gegangen war. Vermutlich hatte keiner davon mit ihr zu tun. Trotzdem stand sie in dieser nun fremden Wohnung, im Orkan dieses Lachens, starrte Gerda an, die sich am Türpfosten der Dunkelkammer festhielt. Leo lief zu ihr hinüber. Seine Mutter nahm ihn in den Arm und hob ihn hoch.

Sie wollte doch nur helfen!

Endlich beruhigte sich Gerda. Leo kicherte leise weiter, den Kopf auf ihre Schulter gelegt. »Du gehst jetzt besser«, wandte sich seine Mutter an Nadja.

»Ich will dir helfen.«

»Wir brauchen deine Hilfe nicht.« Mit der freien Hand schob Gerda Nadja zur Tür, sie ließ sie gewähren, gab nach und lief die wenigen Schritte. »Den Schlüssel!« Renes Frau hielt die Hand geöffnet, winkte fordernd mit dem Zeigefinger.

Nadja zog den Schlüssel aus der Hosentasche und legte ihn in die Hand, die sich augenblicklich darum schloss. »Es war der Schlüssel oben von der Zarge. Den Rene da hingelegt hatte, weil du deinen so oft vergisst«, erklärte Nadja.

Gerda nickte bloß und schob sie weiter. Leo hielt den Kopf auf ihrer Schulter. Als Nadja draußen stand und die Tür hinter ihr ins Schloss fiel, hörte sie seine Stimme.

»Wann kommt Papa wieder?«

Gerda antwortete etwas, aber Nadja konnte sie nicht mehr verstehen. Sie sah nur noch ihre Silhouette mit dem Kleinen hinter dem Milchglas verschwinden.

Als sie hinaus auf die Schönhauser Allee trat, mit ihren Gedanken noch oben in der Wohnung, stieß sie fast mit Jochen zusammen, der an den Briefkästen des Hauses stand, als habe er gerade die Post gebracht.

»Was tust du hier?«, fragte Nadja überrascht.

Jochen blickte verlegen zur Seite, zog dann mit der linken Hand ratlos an seinem Zopf, eine Geste, die sie schon einige Male bei ihm beobachtet hatte, die irgendwie linkisch, aber eben auch sympathisch wirkte. »Ich wollte sehen, ob es etwas Neues von Rene gibt. Ist Gerda zu Hause?«

»Sie ist oben«, bejahte Nadja.

Sie schwiegen einen Moment verlegen. Schließlich nickte sie Jochen freundlich zu und lächelte. »Ich geh dann mal«, sagte sie, »wir sehen uns in der Redaktion.«

Er lächelte scheu zurück, als sie an ihm vorbeiging und die Schönhauser Allee zurück zu ihrer neuen Wohnung lief. Nach ein paar Metern blickte sie sich noch einmal um. Jochen stand vor dem Haus, dann drehte er sich ebenfalls um und ging in die andere Richtung davon. Wollte er nicht zu Gerda? Sie runzelte die Stirn, sah, wie er jemandem kurz zuwinkte, konnte aber auf der Straße niemanden entdecken, dem dies galt. Ohne weiter nachzudenken, folgte sie ihm. An der Stelle, an der er gewunken hatte, sah sie möglichst unauffällig hinüber zur anderen Straßenseite, konnte aber nichts erkennen, niemand stand dort. Auch in den Autos, die auf der Straße parkten, saß niemand. In den Hauseingängen gegenüber war ebenfalls niemand zu sehen. Hatte sie sich getäuscht? Sie folgte Jochen weiter.

So gut es ging, versuchte sie unbemerkt zu bleiben. Sie hielt den Blick stur auf Jochens Zopf gerichtet, hoffte, dass Andreas' Cousin sich nicht umdrehen würde. Als er stehen blieb, blieb auch Nadja stehen, ging vorsichtig zwei Schritte zur Seite, bereit, Deckung in einem Hauseingang zu suchen. Aber Jochen drehte sich nicht um. Stattdessen lief er weiter die Allee hinunter, am Senefelderplatz und am Jüdischen Friedhof vorbei, auf dem vor einem Jahr über hundert Gräber verwüstet worden waren. Jugendliche hatten die Grabsteine umgeworfen, teilweise beschädigt. Rowdys, hieß es in den dürftigen Nachrichten der Presse, Neonazis, munkelte man in den Kreisen der Opposition, die immer noch unter dem Eindruck des Überfalls auf die Zionskirche im Jahr davor stand. Jochen lief am Friedhof vorbei, rüttelte kurz am Eingang, aber der war verschlossen. Was wollte er auf dem Friedhof? Er blieb stehen, Nadja tat es ihm gleich, suchte Deckung in dem schmalen Wegstreifen zwischen Friedhof und Nachbarbebauung. Jochen sah sich um. Nadja huschte hinter die Friedhofsmauer. Als sie wieder hervorlugte, ging Jochen weiter die Allee hinunter. Nadja beschleunigte ihren Schritt, um wieder aufzuschließen.

Neben ihnen tauchten Pfeiler und Trasse der Hochbahn auf, Jochen eilte unter ihnen hindurch, um die Straße zu überqueren. Nun nahm er die Eberswalder Straße hinunter in Richtung Jahn-Sportpark und Mauer. Nadja sah das Bauwerk und den Grenzübergang Bernauer Straße vor ihnen weiß leuchten. Am Stadion des BFC bog er erneut ab und betrat den Parkplatz vor dem Stadion. Die Gegend bot ihr kaum Deckung, mit gesenktem Kopf ging sie weiter, hoffte, dass Jochen keinen Blick zurück zur Straße warf. Aus den Augenwinkeln sah sie, dass er sich zu einem anderen Mann gesellte, der auf dem Parkplatz vor den Gleisen der Straßenbahn wartete und rauchte. Sie kannte diesen Mann, hatte ihn heute noch gesehen. Auf einem Foto an der Wäscheleine in Renes Dunkelkammer. Er stand vor der Gethsemanekirche, trug eine helle Windjacke und eine Herrenhandtasche, die auch jetzt an seinem Arm baumelte. Das Wort »Staatssicherheit« war ihm förmlich auf die Stirn getackert, die unter einer warmen Pelzmütze verborgen war. Arbeitete Jochen für die Stasi? War Rene ihm gegenüber deswegen so misstrauisch gewesen? Und, so kam ihr in den Sinn, deswegen verschwunden? Sie musste mit dem Volkspolizisten reden. Also wechselte sie die Straßenseite am Ende des Sportparks, rannte fast die Schwedter Straße hinunter in Richtung Choriner Straße. Alte, kahle Bäume und düstere Fassaden, in deren obersten Stockwerken dunkle Löcher statt Fenstern zu sehen waren, begleiteten ihren Weg.

*

Christinenstraße, Berlin

Nadja lief über die Fehrbelliner Straße hinüber zur Christinenstraße, bog dort ab und sah zu ihrer Überraschung Johanna vor der Haustür. Natürlich war ihr klar, dass die Mutter des Volkspolizisten das Haus verließ, aber sie hatte sie in den letzten Tagen immer nur in der Wohnung husten gehört. Dass sie gesund genug sein könnte, vor die Tür zu gehen, war ihr gar nicht in den Sinn gekommen. Hatte der Spiritus etwa diese Veränderung bewirkt? Das würde sie freuen. Johanna war gerade im Begriff, die Stufen zur Haustür hochzugehen, wartete aber und winkte ihr fröhlich zu. Nadja winkte zurück. Veränderung war etwas Gutes, dachte sie. Sie sollte es dem Volkspolizisten erzählen. Vielleicht würde er dann etwas optimistischer werden. Ihre Nachbarin griff in die alte Tasche, die sie über dem linken Arm hängen hatte, und zog eine Flasche heraus, die sie ihr lachend entgegenhielt.

Nadja versuchte die Schrift auf dem Etikett zu entziffern, aber sie war zu weit entfernt. Johanna schien das bemerkt zu haben. Vermutlich in der Art, wie Nadja die Augen zusammenkniff, um besser sehen zu können. »Spiritus«, rief sie jedenfalls. Nadja musste lachen. Wenigstens einer schien ihre Hilfe willkommen zu sein.

Sie hörte ein Auto hinter sich, ohne dem Bedeutung beizumessen. Dann sah sie, dass Johanna die Augen aufriss und hektisch begann zu winken. Ihre Tasche fiel zu Boden, auf die Stufe hinunter, und rollte wie in Zeitlupe auf den Bürgersteig. Eine Packung Hustenbonbons fiel heraus und klappernd die Stufen hinunter. Nur die Spiritusflasche blieb fest in Johannas Hand.

Hinter Nadja krachte es. Metall schabte über Stein. Verwundert drehte sie sich um. Das Auto hatte die Straße verlassen und fuhr jetzt halb auf dem Bürgersteig. Nadja konnte zwei Männer hinter der Windschutzscheibe sehen, obwohl die Sonnenblenden heruntergeklappt waren. Der Mann am Steuer hatte die Mütze zudem tief ins Gesicht gezogen. Darunter trug er eine Sonnenbrille. Sein Beifahrer trug ebenfalls eine Schiebermütze und hielt den Kopf gesenkt. Das Auto fuhr ohne Nummernschild, registrierte sie und wunderte sich gleichzeitig darüber, dass sie es überhaupt bemerkte. Denn es würde sie in wenigen Augenblicken überrollen. Offenbar wollten die Männer sie überfahren, begriff sie in einer verstörenden Langsamkeit. War das nicht viel wichtiger als die Frage, ob sie dabei gesetzestreu ein Nummernschild am Wagen hatten?

Der Motor heulte auf, als der Fahrer Gas gab. Der Wagen war nur noch zwei Meter vor ihr, Volvo las sie auf dem Emblem, das auf dem schwarzen Kühlergrill des ansonsten grün lackierten Wagens prangte. War Volvo nicht eine Westmarke? Aus Schweden? Warum fiel ihr das alles auf? Sie verstand überhaupt nichts von Autos, hatte nie eins besessen, nie eins gewollt. In Berlin hatte sie noch nicht einmal ein Fahrrad, obwohl sie dringend eins brauchte. Warum tat sie nichts? Warum raste ein Auto aus Schweden mit heulendem Motor auf einem Berliner Bürgersteig auf sie zu?

Hinter sich hörte sie wieder Johanna rufen, verstand aber kein Wort. Der Lärm des Westmotors schien jedes andere Geräusch zu verschlucken, ließ nur seinen Lärm zu. Sie wollte sich nach der Mutter des Volkspolizisten umdrehen, aber ihr Blick war von dem Wagen, der auf sie zuraste, gefesselt. Ein Auto auf dem Bürgersteig mitten in Berlin! So etwas gab es nicht. Irgendjemand hatte doch bestimmt einmal ein Gesetz erlassen, dass es Autos verbot, auf dem Bürgersteig zu fahren. Die Partei regelte doch alles. Da würden sie das kaum vergessen haben.

Sie musste dem Pkw Platz machen. Er war stärker als sie. Größer, schwerer, schneller, gefährlicher und raste auf dem Bürgersteig genau auf sie zu. Jetzt war er nur noch einen Meter von ihr entfernt. Sie sah die Hände, die das Lenkrad fest umkrallten, meinte sogar die Füße zu sehen, die das Gaspedal durchdrückten, in leisen, praktischen Halbschuhen sicherlich. Sie hatte zu viel Fantasie. Das hatten ihr schon ihre Lehrer gesagt. Zu viel Fantasie und zu viel Mut. Das Zweite hatten sie ihr freilich nicht gesagt. Zumindest nicht direkt. Gleich würde das Auto sie treffen. Sie würde zu Boden geschleudert, das Auto über sie hinwegrollen. Dazu brauchte sie keine Fantasie. Was jetzt kam, war Physik. Materialismus. Marx-Engels. MEGA. Anschließend wäre ihre wirre Assoziationskette wohl am Ende. Was wohl danach kam?

Sie trat einen Schritt beiseite, Johanna würde ihr später erzählen, dass sie sich gegen die Wand geworfen hatte. Ihr kam es in der Erinnerung vor, als wäre sie einfach nur höflich zur Seite getreten. Der Wagen streifte sie, riss sie zu Boden, fuhr weiter.

Sie lag für einen Moment da, sah vor sich etwas rot leuchten, dachte an Renes Dunkelkammer, hörte das leise Brummen eines Motors, sah, wie die beiden Türen des Autos aufgingen, musste an Flügel denken, die aufgeschwungen wurden. Würde der Volvo jetzt einfach in die Luft steigen und wegfliegen? War das unwahrscheinlicher als ein Auto, das mitten in Berlin über den Bürgersteig raste?

Auf beiden Seiten des Volvos erschienen Füße. Tatsächlich praktische Halbschuhe, dachte Nadja. Sie hatte recht gehabt, stellte sie zufrieden fest. Sie lag immer noch auf dem Boden. Irgendetwas schmerzte. Sie konnte nicht genau sagen, was es war. Sie versuchte herauszufinden, was nicht schmerzte. Fand nichts. Alles schmerzte.

Aus den Füßen wuchsen erst Beine, dann Männer, die sich aus dem Volvo hievten. Hinter ihnen sah sie Johanna, die beide Hände vors Gesicht hielt. Was war mit ihrer Tasche? Was war mit dem Spiritus? Ging es ihrem Husten besser? Hatte sie die Hustenbonbons aufgehoben? Sie musste auf sich achtgeben.

Die beiden Männer stiegen aus dem Auto aus und liefen auf sie zu. In der Hand des einen sah sie einen dunklen Ball. Auch der andere nestelte etwas aus der Tasche seiner unvermeidlichen Windjacke. Sie wollte sich aufrichten, hielt die Hand bereits schützend vor den Kopf, ehe sie überhaupt begriff, was geschehen würde. Der eine der beiden packte sie, der andere drosch mit dem Totschläger auf sie ein. Dann ließ der, der auf dem Beifahrersitz gesessen hatte, sie los. Sie versuchte sich wegzuducken, krabbelte zurück in Richtung Fehrbelliner Straße, konnte sich aber nicht bewegen, denn kräftige Hände drückten sie auf den Boden, hielten sie fest. Sie trat um sich, traf

122

aber nur ins Leere. Der Totschläger traf ihren Unterarm, ihren Kopf, ihre Schulter. Ihr wurde schwindlig, schwarz vor Augen, die Häuser in der Christinenstraße begannen um sie und die beiden Männer herum zu tanzen, drehten sich um sie, als wäre sie eine Figur in einer Spieluhr. Und der Totschläger gab den Takt für den Tanz der alten Häuser. Jetzt griff der mit der Windjacke in seine Tasche und holte etwas anderes Schwarzes daraus hervor. Nadja brauchte einen Moment, ehe sie es erkannte. Sie hatte so etwas bisher nur im Fernsehen gesehen oder bei den Volkspolizisten, die sie am 7. Oktober bedroht und geschlagen hatten. Der Mann zog eine Pistole und richtete sie auf Nadja.

Dann hörte sie etwas klirren. Glas splitterte. Der Mann, der eben noch auf sie eingeschlagen hatte, hielt sich den Kopf. Nadja sah Blut zwischen seinen Fingern hindurchrinnen. Es tropfte auf ihr Gesicht. Der andere sprang hoch und hielt abwehrend die Hände vor sich. Nadja sah eine zerbrochene Flasche, von einer Hand gehalten, die versuchte, auf den Mann einzustechen. Etwas, das aussah wie Spiritus, tropfte herunter. Der Mann packte seinen Kompagnon, der auf dem Bürgersteig saß und sich den Kopf hielt, drängte sich mit ihm an der Spiritusflasche vorbei in Richtung des Volvos. Nadja sah, dass andere Leute auf der Straße stehen geblieben waren. Oben in den Fenstern der Häuser, die nicht mehr tanzten, erkannte sie ebenfalls Menschen, die zu ihnen hinunterblickten. Die Angreifer sprangen zurück in ihren Wagen, lenkten ihn auf die Straße und jagten die Christinenstraße hinunter in Richtung Lottumstraße, bogen mit quietschenden Reifen links ab und verschwanden. Nadja zog sich an der Hauswand hoch, bis sie sitzend an ihr lehnte. Sie erkannte Johanna, die jetzt die Flasche fallen ließ, hustete und sich zu ihr hinunterbeugte, sah zwei, drei Fremde über die Straße laufen und einen etwas rufen. Sie verstand kein Wort. Als sie realisierte, dass das Blut an ihren Händen nicht nur von dem Angreifer stammte, sondern ihres war, begann sie zu weinen. Johanna hockte sich neben sie und nahm sie in den Arm.

9

Christinenstraße, Berlin

Die Angst kam erst in ihrem Bewusstsein an, als die Männer und der Wagen schon lange verschwunden waren. Dann aber ängstigte sie alles. Die Menschen, die um sie herumstanden, empört, selbst verängstigt, aber voller Hilfsbereitschaft, Johanna, die sie im Arm hielt und versuchte zu trösten, die Hauswand, an der sie lehnte und die ihr kalt und schmerzhaft vorkam, der Bürgersteig der Christinenstraße, auf dem sie beinahe getötet worden wäre. Alles Angst.

Johanna bot ihr an, sie bei sich in der Wohnung zu versorgen, mit dem restlichen Spiritus aus Nadjas Fläschchen die Wunden zu desinfizieren und zu verbinden. Ein Fremder fragte, ob er sie in ein Krankenhaus fahren solle.

Als jemand die Volkspolizei ins Spiel brachte, zog sie sich an der Hauswand hoch, hob abwehrend die Hände und lief die Straße hinunter, sich mit einer Hand an den Häusern abstützend, die wieder an ihrem Platz standen, fest und unverrückbar wie die Mauer, lief bis zum Hauseingang und taumelte die Stufen hoch. Von dort schaute sie noch einmal zurück. Einige der Leute gingen wieder ihres Weges, manche standen zusammen und redeten, Johanna blickte zu ihr hinüber.

Nadja sah ihre Tasche vor sich auf dem Bürgersteig liegen, ging die Stufen wieder hinunter und hob sie auf, wartete, bis die alte Frau bei ihr war. Dann gingen sie gemeinsam ins Haus. Johannas neuerliches Angebot zu helfen, schlug sie ebenso aus wie das erste. Stattdessen humpelte sie die Treppe hoch bis ins Dachgeschoss, das Treppengeländer bot ihr Halt.

Oben angekommen schloss sie die Tür zweimal hinter sich ab und ließ sich auf ihr Bett fallen. Leise weinend blickte sie zur Decke, sah die kleinen Risse in der Tapete auf der Dachschräge, die offenen Stellen, an denen die Dachziegel durchlugten, folgte ihrem Verlauf mit den Augen und stellte sich vor, wie sie immer breiter würden, bis schließlich das Dach, dann das Haus zusammenbrechen und sie unter sich begraben würde. Zwischen den Trümmern sah sie die Hand mit dem Totschläger, die Pistole und die Sonnenbrillen.

Hatte die Staatsmacht zum Gegenschlag ausgeholt? Sie war überzeugt, dass sie nicht das einzige Opfer war. Eher war sie überrascht, überhaupt auf der Liste zu stehen, auf der Liste mit Namen derer, die mundtot gemacht werden sollten. Sie war doch nur ein kleines Licht, nicht größer als das, das sie vor einigen Wochen bei der Mahnwache entzündet hatte. Wenn schon sie ins Visier staatlich beauftragter Mörder fiel, dann musste von nun an jeder um sein Leben fürchten. Sie meinte die Panzer durch Berlin rollen zu hören, meinte die Schüsse der Soldaten zu vernehmen, die begannen, die Opposition zu zerschlagen. Hätte sie ein Telefon besessen, hätte sie im Gemeindehaus angerufen. Vielleicht wäre noch jemand drangegangen. Vielleicht wäre sie aber auch zu spät gewesen. Stürmten gerade Polizei und Stasi, vielleicht sogar Nationale Volksarmee das Gebäude? Zerstörten mutwillig die Unterlagen der Redaktion, zertrümmerten die Druckerpresse im Keller, trieben die Menschen zusammen, drängten sie auf Laster, die sie wegtransportierten in ein ungewisses Schicksal? Vielleicht würde sie niemanden ihrer Freunde wiedersehen.

Irgendwann würden sie auch kommen, um sie zu holen. Dass sie beim ersten Mal gestört wurden, hieß nicht, dass sie verschont würde. Es war sicher nur eine Frage der Zeit, bis sie an ihre Tür klopften. Noch konnte sie fliehen, wenngleich sie nicht wusste, wohin. Zurück nach Espenhain? Auch da würden sie sie eines Tages aufsuchen. Vielleicht konnte sie sich bis zur tschechoslowakischen Grenze durchschlagen, die wäre mittlerweile aber sicherlich abgeriegelt. Es gab kein Entkommen. Die Partei hatte sich entschieden zurückzuschlagen, und es war klar, dass sie zu schwach waren, um davonzukommen. Vor zwei Tagen war sie noch voller Optimismus und Hoffnung gewesen, jetzt war alles vorbei. Sie schaute hoch zum Dachbalken. Würde er sie tragen?

Dann hörte sie Schritte auf den Treppen, schwere Männerschritte. Jemand schellte, das Klingeln zerriss die Stille im Raum. Sie reagierte nicht, blieb einfach liegen.

Jemand klopfte gegen die Tür.

Sie rollte sich zusammen.

Es klopfte wieder.

Sie zog sich das Kissen über den Kopf.

*

Als Juri um die Ecke bog, sah er die Scherben auf dem Bürgersteig sofort. Jemand hatte eine Flasche fallen lassen und nicht weggekehrt. Mit dem Fuß schob er die Scherben beiseite, damit sich nicht noch ein Kind an ihnen schnitt.

Er stutzte. Offenbar hatte sich bereits jemand an ihnen verletzt. Einige kleine Blutflecken waren auf dem Bürgersteig zu sehen. Jetzt bemerkte er auch die blutigen Fingerabdrücke an der Hauswand. Jemand hatte sich hier abgestützt und war weitergelaufen. Konnte das von diesen paar Glasscherben sein? Er ging weiter nach Hause. Auch hier Blut. Er fluchte leise, denn er war in einen Fleck auf der Treppenstufe getreten. Er hob den Fuß an, um seinen Schuh zu begutachten, stellte fest, dass auch am Leder Blut prangte. Auf der Suche nach einem Taschentuch steckte er die Hand in die Hosentasche, da fiel sein Blick auf ein Päckchen Krügerol Hustenpastillen, das auf dem Bürgersteig vor dem Haus lag. Die gleiche Marke, die seine Mutter benutzte. Er hob das Päckchen auf, dann rannte er eilig die Treppen hoch, nahm zwei Stufen auf einmal, übersah, dass er auf jeder zweiten Stufe einen blutigen Sohlenabdruck hinterließ, der von Stufe zu Stufe dünner ausfiel. Was war mit seiner Mutter passiert? Er zerknüllte die Bonbonpackung in seiner Faust.

Der Schlüssel fiel zu Boden, als er ihn ins Türschloss stecken wollte. Fluchend hob er ihn auf, da riss seine Mutter schon die Tür auf.

»Gut, dass du da bist!«

Er rannte an ihr vorbei in die Wohnung, betrachtete sie. Sie sah unverletzt aus. »Was ist passiert?«

»Das Mädchen von oben!«

Juri konnte seine Erleichterung kaum verbergen. Doch als ihm seine Mutter erzählte, was geschehen war, zweifelte er zunächst an ihrem Verstand. »Das ist nicht möglich«, rief er.

»Ich habe es gesehen«, beharrte Johanna. »Die Nachbarn haben es gesehen. Ich habe sogar auf einen der Männer eingeschlagen.«

»Du hast was!? Bist du wahnsinnig?« Er packte und schüttelte sie. Sie hielt sich an ihm fest, drückte zu, sodass er aufhörte, sie zu schütteln, und sie schließlich losließ.

»Ich musste doch helfen!«

Juri schüttelte den Kopf. Allmählich wurden alle verrückt. Vielleicht sollte er Bergers Rat befolgen, seine Mutter nehmen und in den Westen verschwinden.

»Aber warum sollte jemand Frau Worzyn angreifen wollen?«

»Töten wollen«, korrigierte Johanna. »Die wollten sie nicht angreifen, die wollten sie töten.« Juri hörte die Empörung in ihrer Stimme. »Du musst ihr helfen.« Und eine ungewohnte Entschiedenheit. Ihre Augen funkelten, als sie ihn durch ihre Brillengläser anschaute.

»Was kann ich denn tun?«

»Du kannst diese Männer finden! Du bist Volkspolizist!«

»Mama, ich steh Wache vor dem ZK-Gebäude. Ich bin kein Kriminaler.«

»Das ZK kann mal ein paar Tage auf sich selber aufpassen. Meine Freundin braucht jetzt unsere Hilfe.«

Es war hoffnungslos. Seine Mutter redete weiter, erläuterte ausführlich, was er als Nächstes tun sollte, wie er sich um Nadja kümmern, wen er befragen und wie er mit dem, was sie gesehen hatte, umgehen sollte. Juri konnte sie nur stoppen, indem er versprach, ins Dachgeschoss hochzugehen und nach der Nachbarin zu schauen.

Jetzt fielen ihm auch die Blutflecken auf dem Handlauf der Treppe auf, die in die oberen Stockwerke führte. Er musste an die Nachbarin denken, deren Hand gestern Abend an genau dieser Stelle gelegen hatte. Die Haltung einer Baronin. Auf dem Boden entdeckte er einen weiteren Fleck. Man musste genau hinsehen. Aber er war Polizist, Hinschauen war eine seiner Stärken. Ihre Tür, zwei Stockwerke über der ihren, war leicht zu finden. Ein größerer Blutfleck hatte sich auf der Matte und dem Holz daneben gesammelt. Er betätigte den Klingelknopf. Sie reagierte nicht. Also klopfte er gegen das dünne Türblatt. Es zitterte leicht in den Zargen. Von drinnen war kein Laut zu hören. Er legte das Ohr auf die Tür, meinte ein leises Wimmern zu vernehmen, klopfte erneut. Keine Antwort.

»Frau Worzyn?«, rief er. Alles blieb still. Nur eine Taube, die auf der Fensterbank unten am Treppenabsatz saß, flatterte mit den Flügeln, gurrte kurz. »Frau Worzyn, geht es Ihnen gut? Hier ist Juri aus dem dritten Stock, der Hauswart. Meine Mutter bat mich, Ihnen zu helfen.« Er klopfte erneut. Vielleicht war sie gar nicht zu Hause und in eine Poliklinik gegangen? Oder es ging ihr gar nicht so schlecht, wie es die Schilderungen seiner Mutter nahelegten? Er sah auf den Blutfleck vor der Tür und verwarf seinen letzten Gedanken. Drinnen meinte er nun leise Schritte zu hören. Er klopfte energischer. »Frau Worzyn! Antworten Sie!«

Er presste das Ohr gegen das Türblatt und glaubte, ein leises Rascheln zu hören, aber vielleicht täuschte er sich auch.

»Wenn Sie die Tür nicht aufmachen, muss ich sie aufbrechen«, sagte er so bestimmt, wie er konnte. Natürlich war das gelogen. Er überschritt damit seine Befugnisse und hätte gar nicht gewusst, warum er die Tür hätte aufbrechen sollen. War Gefahr im Verzug?

Immerhin schien sie sich beeindrucken zu lassen. »Sind Sie allein?«, hörte er ihre Stimme leise von der anderen Seite der Tür. Sie flüsterte.

»Ja, natürlich. Machen Sie die Tür auf und überzeugen Sie sich selbst.« Ein billiger Trick, sie zum Öffnen zu bewegen, das wusste er selbst. Sie fiel nicht darauf herein.

»Und Sie sind hier, weil Ihre Mutter Sie geschickt hat?«

»Warum sollte ich sonst hier sein? Sie hat mir erzählt, was auf der Straße passiert ist, und ich wollte mich selber überzeugen, ob mit Ihnen alles in Ordnung ist.«

»Ja«, antwortete sie hinter der Tür, »es ist alles in Ordnung. Gehen Sie nach Hause!«

Er presste den Mund nah an das Türblatt und sprach so leise, wie er konnte und wie er glaubte, dass sie ihn noch hörte. »Hier ist Blut vor Ihrer Tür.«

»Das ist Farbe. Ich streiche.«

»Das ist Blut. Machen Sie die Tür auf!«

»Gehen Sie bitte!«

»Ich werde nicht gehen. Ich werde hierbleiben und warten, bis Sie aufmachen.«

Er hatte erwartet, dass sie patzig »Da können Sie lange warten« antwortete, aber sie sagte nichts dergleichen. Sie sagte gar nichts, sie, die sonst nie um eine Antwort verlegen war. Wahrscheinlich war es genau das, was ihn vor dieser Tür hielt. Denn genauso gut hätte er wieder nach unten gehen können, hätte sich zu seiner Mutter aufs Sofa gesetzt, um einen Chanson zu hören. Piaf vielleicht? Doch dass Nadja Worzyn keine Worte fand, machte ihm die allermeisten Sorgen und hielt ihn fest.

»Ich warte«, sagte er, ließ sich zu Boden sinken, setzte sich mit dem Rücken zur Tür und lehnte sich mit einem deutlichen, festen Ruck gegen sie. »Vertrauen Sie mir, Frau Worzyn!«, sagte er, den Mund zur Tür und zu der Frau dahinter gewandt. »Ich will Ihnen helfen.« Er zögerte kurz. »Und ich bin mir sicher, Sie brauchen Hilfe.«

»Es kümmert sich jemand um mich, keine Sorge.«

Sie war wirklich hartnäckig. Wütend donnerte er mit der Hand gegen das Türblatt. Er hörte hektisches Krabbeln dahinter. Zu seiner Überraschung sprang die Tür einfach auf. Er stand auf und ging hinein.

Nadja hatte eine Bettdecke um sich geschlungen und hielt ein Kissen vor dem Körper. Sie sah aus, als habe sie gerade geschlafen, die Haare zerzaust. Das Gesicht allerdings war tränenverschmiert, und Juri sah die feinen roten Flecken, die sich auf der Bettdecke gesammelt hatten.

»Was ist mit Ihnen passiert?«

Sie ging ein paar Schritte zu einem alten Stuhl, schleifte die Bettdecke hinter sich her – von hinten sah sie aus wie ein Gespenst – und ließ sich, sich am Tisch abstützend, darauf nieder.

»Sie würden es mir eh nicht glauben«, erwiderte sie knapp.

Juri sah sich um. Er war das erste Mal in ihrer Wohnung und schockiert, wie ärmlich sie wohnte, obwohl sie mit ihm das Haus teilte. Er hatte nicht gewusst, wie heruntergekommen die oberen Stockwerke waren. Er musste das eigentlich dem Amt melden. Diese Wohnung hätte gar nicht mehr vermietet werden dürfen. Durch die kleinen alten Gauben, die als einziges natürliches Licht in die Dachkammer ließen, zog der kalte Novemberwind herein. Eine der vier kleinen Scheiben war gesprungen. Die verblichene Tapete an der schrägen Decke zeigte bräunliche Wasserränder, die das geblümte Streifenmuster in Weiß, Rosa und blassem Grün durchbrachen. Einige Risse durchzogen sie.

Statt einer Küchenzeile standen an der Seite hinter dem Stuhl eine Spüle und ein Tisch an der Wand, der zugleich als Ablage für eine mühsam polierte Kochplatte diente. Hinter sich an der Wand befand sich ein altes Sofa, auf dem, ordentlich zusammengerollt, Bettzeug lag. Daneben stapelten sich Bücher, alte abgewetzte Taschenbücher, Juri erkannte die Rücken westlicher Verlage, nahm sich aber nicht die Zeit, sie näher zu studieren, sondern wandte sich wieder seiner Nachbarin zu.

»Haben Sie sauberes Tuch und Verbandszeug?«

»Verbandszeug?« Sie lachte bitter auf. »In der Kiste neben der Spüle finden sie ein sauberes Spültuch.«

Juri ging hinüber und öffnete die Kiste. Sie enthielt neben dem besagten Spültuch Nadjas komplette Kleider. Leicht betreten schob er ihre Unterwäsche beiseite, um an das Tuch zu gelangen, nahm es heraus und schloss die Kiste wieder. Dann feuchtete er das Tuch unter dem Wasserhahn an und reinigte vorsichtig tupfend Nadjas Wunden. Sie ließ ihn gewähren, zuckte nur manchmal vor Schmerz zurück.

»Sie gehören in ein Krankenhaus«, sagte er, als er das blutig rote Tuch über der Spüle auswusch.

»Warum helfen Sie mir?«, fragte sie.

»Wissen Sie, warum ich zur Volkspolizei wollte?«

Nadja schüttelte den Kopf.

»Weil ich Menschen helfen wollte.« Er hielt ihr das kühlende Tuch hin. »Die haben Sie übel zugerichtet. Sie werden ganz schön viele blaue Flecken kriegen.«

»Was ist in der Stadt los?« Ihre Stimme zitterte.

Er sah sie überrascht an. »Was soll los sein?«

»Hören Sie, ich werde wohl kaum die Einzige sein, der die Staatsmacht einen solchen Besuch abgestattet hat. Was ist mit den anderen aus der Opposition? Den Leuten vom Neuen Forum? Den Kirchen?«

Juri sah sie verständnislos an. »Nichts. Was soll mit denen sein?«

Nadja versuchte aufzuspringen, blieb aber mit schmerzverzerrter Miene liegen. »Sie wollen mir erzählen, dass nur ich von der Stasi – oder wer auch immer so etwas für die Partei erledigt – mit dem Auto überfahren werden sollte? In einer anderen Situation würde ich das als Kompliment auffassen, aber zurzeit ist mir nicht nach Komplimenten. Ich will die Wahrheit wissen!«

Juri dachte nach, während er erneut ihre Wunden reinigte. Würden Staatssicherheit und Polizei tatsächlich gegen die Opposition vorgehen, hätte er davon gehört. Er war schließlich den ganzen Tag mitten im Zentrum der Macht gewesen. Oder besser: Er hatte davor gestanden und darauf aufgepasst. In jedem Fall hätte er es mitbekommen. Es sei denn, nur Teile der Sicherheitskräfte hätten die Initiative ergriffen, vielleicht sogar gegen das ZK, und die derzeitige Führung geputscht. Aber dann hätten sie das ZK-Gebäude als Erstes besetzt. Dennoch musste er an die Soldaten auf dem Dach der Volkskammer denken. An die Provokateure und daran, dass sie versucht hatten, ein Blutbad anzurichten. Vor allem aber daran, dass er immer noch keine Ahnung hatte, wer dahintersteckte.

»Wenn es anders wäre, hätte ich es mitbekommen«, sagte er dennoch, um Nadja und sich selbst zu beruhigen. »Ich war den ganzen Tag zum ZK abkommandiert.«

Sie wich instinktiv zurück, als er das ZK erwähnte.

»Hören Sie!«, sagte Nadja mit wiedergewonnener Stärke. »Danke, dass Sie sich um mich kümmern, aber jetzt können Sie wirklich gehen. Sagen Sie Ihrer Mutter, es gehe mir gut. Sie braucht sich keine Sorgen zu machen.«

»Ich bin noch nicht fertig«, antwortete er nicht weniger bestimmt. Dann widmete er sich weiter ihren Wunden. Anschließend suchte er etwas, das er als provisorisches Verbandszeug verwenden konnte.

»Nehmen Sie das Betttuch, das unter dem Sofa liegt«, sagte sie schließlich sichtlich genervt von seiner Sucherei. Er bückte sich, um unter das Sofa zu greifen, schob ein paar Schallplatten beiseite, blieb aber doch kurz an einer hängen. »Brel, live im Olympia! Die suche ich seit Jahren! Wo haben Sie die her?« Er hielt die Schallplatte hoch.

»Das wollen Sie nicht wissen«, erwiderte Nadja. Betroffen legte Juri die Platte zurück. Warum misstraute sie ihm? Er half ihr doch. Enttäuscht zog er das Betttuch hervor. Nadja reichte ihm eine Schere aus einer Schublade am Tisch. Er setzte sich auf den zweiten Stuhl, das Betttuch auf seinen Knien, und schnitt es sorgfältig in schmale Streifen.

»Was ist eigentlich genau passiert?«, fragte er wie beiläufig, als er ihr den ersten Verband um den Arm wickelte.

»Sie sind wirklich hartnäckig, nicht wahr?«

Er grinste. »Sie doch auch.«

»Denkt man gar nicht …«, sagte sie.

Juri wusste nicht, was er darauf erwidern sollte. Sie schien über etwas nachzudenken. Jetzt fiel ihm auf, dass ihre Hände zitterten. »Sie stehen unter Schock.«

»Wenn jemand Sie mit dem Auto überfahren wollte, stünden Sie auch unter Schock«, brach es aus ihr heraus.

Er hatte Mühe, den Verband um ihren Arm festzuziehen, weil sie erneut aufspringen wollte. Vorsichtig drückte er sie wieder zurück in den Stuhl.

»Erzählen Sie!«, sagte er mit sanfter Stimme. Er hatte gelernt, dass es oft das Beste war, die Leute nicht so hart anzugehen, wie es einige Kollegen taten, sondern freundlich zu sein und Vertrauen zu schaffen. Manche hielten ihn deswegen für einen Idealisten. Manche auch für gutgläubig. Dennoch fiel es ihm schwer, die Geschichte, die die schöne Oppositionelle erzählte, zu glauben. Warum sollte jemand mit einem Volvo über den Bürgersteig der Christinenstraße rasen und seine Nachbarin töten wollen?

Nadja bemerkte seine Skepsis. »Sie haben jetzt wirklich genug für mich getan.« Sie stand auf, lief zur Tür, öffnete sie und sah ihn auffordernd an. Er erhob sich ebenfalls, legte das Tuch in die Spüle und hängte das zerschnittene Betttuch über die Lehne seines Stuhls, ehe er seine Mütze nahm und zu ihr ging.

»Erzählen Sie niemandem davon«, bat ihn Nadja, als er ins Treppenhaus trat und sich zu ihr umdrehte.

»Ich kann Ihnen helfen«, erwiderte er. »Ich kann mich umhören. Irgendwer wird Spuren hinterlassen haben.«

Sie schüttelte den Kopf, legte ihm kurz die Hand auf den Arm. »Sie haben schon genug für mich getan.« Dann schloss sie die Tür.

*

Juri stand am Fenster und sah nachdenklich auf die Straße hinab. Im Licht der Laternen versuchte er die Stelle auszumachen, an der das Auto Nadja überfahren wollte. Er konnte es sich immer noch nicht wirklich vorstellen.

Seine Mutter saß auf dem Sofa und rieb sich mit irgendetwas die Brust ein. Er drehte sich um.

»Was tust du da?«, fragte er.

Johanna hielt ihm die Flasche entgegen. »Ich massiere mich. Russischer Spiritus. Nadja hat mir das gebracht. Es hilft wunderbar gegen meinen Husten.«

Juri trat vom Fenster zurück und nahm die Flasche, betrachtete sie. Spiritus, der Husten heilte? »Sie hat erzählt, dass das bei ihr im Ort sehr beliebt war. Es ist wohl das Einzige, was gegen den Husten in den Kohlegebieten hilft.«

Juri gab ihr die Flasche wieder. Er hatte Gerüchte gehört, dass es in den sächsischen Kohlegebieten um die Umwelt und die Gesundheit der Menschen nicht zum Besten stand. Selbst in Leipzig sollte das Wasser der Pleiße so verschmutzt sein, dass kein Leben mehr darin existieren konnte. Aber wie gesagt: Gerüchte. Früher hätte Juri das als solche abgetan, darauf vertraut, dass die SED sich im Zweifelsfall schon darum kümmern würde. Jetzt wusste er nicht mehr, was er denken sollte.

Er blickte wieder hinaus aus dem Fenster. Zwei Männer bogen von der Fehrbelliner Straße ab und liefen die Christinenstraße hinunter. Juri sah genauer hin, einen der beiden kannte er. Er musste einen Moment überlegen, ehe er sich erinnerte, wo er den Mann schon einmal gesehen hatte. Sie gingen weiter in Richtung ihres Hauses, blieben dann unten an der Haustür stehen. Es sah aus, als besprächen sie sich kurz. Juri trat vom Fenster zurück.

»Ich muss noch mal kurz zu Frau Worzyn«, sagte er zu seiner Mutter, die ein seltsames Lächeln aufsetzte, das Juri, hätte er nicht etwas völlig anderes im Kopf gehabt, verwirrt hätte. Er wusste nun, woher er den Mann kannte.

Er hatte ihn am Samstag auf der Protestdemonstration gesehen. Mit seinen Mitstreitern hatte er versucht, Juri und die anderen Volkspolizisten zu provozieren.

Als er in den Flur trat, blickte er zuerst hinunter in das Treppenhaus. Aus der ersten Etage hörte die Schritte der beiden, konnte sie aber nicht sehen. Vielleicht, so kam es ihm in den Sinn, waren es Freunde von Nadja, Oppositionelle wie sie, und es war alles nur Zufall, dass sie ausgerechnet ihn vor den Soldaten provoziert hatten, die sich auf dem Dach der Volkskammer versteckt hielten. Jetzt sah er die Hand des einen Mannes auf dem Treppengeländer. Er trug dunkle Handschuhe. So kalt war es doch gar nicht? Der zweite Mann legte nun ebenfalls die linke Hand aufs Geländer. Auch er trug Handschuhe. Aber er hielt noch etwas in der Hand, was Juris Frage, ob es sich vielleicht doch um Oppositionelle handelte, erledigte: eine Pistole. Juri stürmte so leise, wie er konnte, die Treppe hinauf. Zum Glück bestand seine Mutter darauf, dass er in der Wohnung die Schuhe auszog. Also war er auf Socken unterwegs. Es hätte einen tadelnden Blick Johannas gegeben, aber dieser Umstand erwies sich gerade als großer Vorteil. So konnte er fast geräuschlos nach oben huschen. Hinter sich hörte er die Schritte der Bewaffneten.

Mit pochendem Herzen erreichte er Nadjas Wohnungstür. Er klopfte leise und flüsterte ihren Namen. Unter sich hörte er die Schritte lauter werden. Rasch schaute er über das Treppengeländer. Sie waren nur noch zwei Stockwerke unter ihm. Er klopfte erneut, lauter nun. Endlich hörte er Geräusche hinter der Tür. Nadja öffnete ihm. Er packte sie an der Hand und zog sie aus der Wohnung.

»Was?«, stammelte sie verwirrt.

Er legte den Finger auf seine Lippen, zog sie hinüber zu der Tür, die die schmale Treppe in den Speicher verbarg. Zum Glück war sie nie abgeschlossen. Nadja hörte nun ebenfalls die Schritte auf der Treppe, sah ihn verängstigt an. »Stasi«, flüsterte er.

»Sicher?«, fragte sie.

Er nickte nur. Wer sonst lief mit gezückter Waffe durch ein Treppenhaus im Prenzlauer Berg? Sie verstand, wollte einen Blick über den Rand des Treppengeländers werfen, aber Juri hielt sie ab. Stattdessen schloss er so leise wie möglich die Speichertür hinter ihnen und ebenso leise wie möglich huschten sie die Holzstufen zum Dach hoch. Am Treppenrand blieben sie stehen und lauschten. Durch die Tür und die einfache Holzverkleidung der Treppe drang das Läuten von Nadjas Klingel deutlich durch. Die Männer schellten ein zweites Mal, dann klopfte einer fest gegen die Tür. Er rief ihren Namen, erhielt erwartungsgemäß keine Antwort. Es klopfte erneut. Dann hörten sie eine Weile nichts. Juri wollte schon hinuntergehen, aber Nadja hielt ihn zurück. »Keine Schritte«, flüsterte sie ihm leise ins Ohr. Er spürte ihren warmen Atem.

Dann hörten sie ein leises Klappern. Offenbar versuchten die beiden, die Tür zu öffnen. Das Türblatt quietschte und die Holzdielen knarzten, als die beiden Bewaffneten Nadjas Wohnung betraten. Juri überlegte, ob es klug war, die Flucht anzutreten, entschied sich dafür zu warten.

Es dauerte 20 Minuten, ehe die beiden Männer wieder auf dem Flur zu hören waren, die Tür zu Nadjas Wohnung leise schlossen und die Treppe wieder hinuntergingen. Juri und Nadja warteten weitere fünf Minuten, ehe sie ihr Versteck verließen.

Auf den ersten Blick wirkte die Wohnung unverändert. Wie eine Katze, die ihr Revier überprüfte, schlich Nadja auf nackten Füßen durch ihre eigene Wohnung, setzte sich auf das Sofa, auf dem das zerknüllte Bettzeug lag, und sah sich um.

Sie betrachtete die Bücherstapel neben dem Sofa, Teller und Tasse auf der Ablage der improvisierten Küche, ihre Schallplatten. Alles sah so aus, wie sie es vor etwas mehr als einer halben Stunde überstürzt verlassen hatte. Trotzdem hatte sich etwas verändert. Das wusste sie.

»Ich kann hier nicht bleiben«, stellte sie fest. So schnell verlor sie ihre eigene Wohnung schon wieder. Juri stand in der Mitte des Raumes, wirkte unschlüssig, ob er sich zu ihr auf den Stuhl oder gar nicht setzen sollte.

»Auf gar keinen Fall«, bestätigte er.

»Und wohin soll ich jetzt gehen?«

»Ein paar Stunden können Sie vielleicht bei uns bleiben. Aber auf Dauer werden wir einen anderen Unterschlupf für Sie finden müssen. Vor allem müssen wir uns überlegen, wie wir Sie aus dem Haus kriegen. Die werden die Haustür nicht aus den Augen lassen.« Daran hatte Nadja gar nicht gedacht. »Packen Sie ein paar Sachen zusammen und dann kommen Sie mit zu uns. Ich schaue mich gleich draußen um.«

Wenige Minuten später standen sie im Wohnzimmer der Hoffmanns. »Und?«, fragte Nadja, als Juri vorsichtig aus dem Fenster spähte. Johanna saß auf dem Sofa und strickte.

»Stört euch nicht daran, Kinder. Mich beruhigt das.«

»Sie stehen vor der Tür.« Juri sah einen der beiden Männer gegenüber im Halbdunkel eines Hauseingangs. Den anderen konnte er nicht entdecken. Vermutlich versteckte er sich auf ihrer Seite ebenfalls in einem Hauseingang.

»Was machen wir jetzt?«

Juri zuckte mit den Achseln. »Ich überlege noch.«

»Aber wie lange kann ich hierbleiben? Ich will Ihnen nicht zur Last fallen.«

»Das tust du nicht, Kindchen«, mischte sich Johanna ein.

»Wir können über die Hinterhöfe hinüber zur Lottumstraße laufen«, dachte Juri laut. »Aber ich weiß nicht, wo wir Sie dann verstecken könnten.«

»Ich könnte Andreas fragen oder mich in der Zionskirche verstecken«, überlegte Nadja. Zumindest wenn es Andreas und die Zionskirche als Zentrum der Opposition noch gab, dachte sie.

Juri schüttelte den Kopf. »Beide werden im Zweifel überwacht. Da laufen Sie ihnen direkt in die Falle.« Oder sie sind schon geräumt, ergänzte Nadja im Stillen.

»In der Datsche«, schlug Johanna vor. Sie strahlte dabei, das monotone Klappern der Stricknadeln in ihrem Schoß verstummte. Juri hatte seine Mutter seit Jahren nicht mehr so lebendig gesehen. Vielleicht hatte er sie zu sehr geschont? Zu sehr bevormundet? »Die Datsche deines Großvaters.«

»Mama! Großvater ist ein hohes Tier im Verteidigungsministerium. Das ist das schlechteste Versteck, das wir finden können.«

»Es ist das beste Versteck«, erklärte Johanna bestimmt.

»Sie haben eine Datsche?«

»Nicht wir«, antwortete Juri, »mein Großvater besitzt eine. Wir sind früher öfter da zu Besuch gewesen.«

»Sie wollen mich bei einem General der NVA verstecken?«

Johanna grinste breit. »Das beste Versteck, das man

sich denken kann, oder? Da kommt nun wirklich keiner drauf.«

»Aber wenn er vorbeikommt?«

Juri schüttelte den Kopf. »Vielleicht hat Mama doch recht. Großvater nutzt die Datsche frühestens im Mai, das heißt, im April kommt einer seiner Adjutanten vorbei und putzt mal durch. Theoretisch könnten Sie dort ein halbes Jahr ausharren.« Er blickte noch einmal aus dem Fenster.

»Und wer weiß, ob es dieses Land dann noch gibt …«

»Mama!« Die Leichtigkeit, mit der seine Mutter den letzten Satz sagte, empörte Juri. So schnell war er nicht bereit, die DDR aufzugeben.

»Aber wie kommen wir dahin?«, fragte Nadja.

»Ihr könnt die Straßenbahn nehmen und das letzte Stück laufen.«

»Eine Flucht mit der Straßenbahn. Noch existiert die DDR«, bemerkte Nadja trocken.

»Auch im Westen benutzen Flüchtlinge die Straßenbahn«, warf Juri ein. Es klang matt und das war es ja auch. Was aber blieb ihnen übrig? Der Weg über die Hinterhöfe, die Straßenbahn und die Datsche war ihre beste Chance.

Wenige Augenblicke später huschten sie aus einer Toreinfahrt der Lottumstraße hinaus auf den Bürgersteig. Juri ging vorweg und sah sich um. Niemand Verdächtiges zu sehen. Sie bogen um die Ecke, und Juri hätte am liebsten postwendend kehrtgemacht. Eine Demonstration blockierte die Straße. Hunderte und Aberhunderte Menschen liefen in Richtung Alex und skandierten Parolen, forderten freies Reisen, Aufklärung der Stasitätigkeit. Im Grunde das, was Nadja und Juri gerade auch wollten. Dennoch: Es wäre aussichtslos zu versuchen, die Straße durch die demonstrierenden Menschen hindurch überqueren zu wollen. Sie mussten einen anderen Weg finden. Das aber hieß: Sie mussten vorbei an den beiden Männern vor ihrem Haus. Juri sah um die Ecke und erspähte die beiden Männer, die in Nadjas Wohnung eingedrungen waren. Noch hatten sie sie nicht bemerkt, aber wenn sie noch lange hier aufgehalten würden, wäre das unvermeidlich. Juri schaute verzweifelt von rechts nach links. Der Demonstrationszug schien kein Ende zu nehmen. Nadja hatte die beiden Aufpasser ebenfalls entdeckt.

»Laufen wir mit!«, schlug sie vor, packte Juri am Arm und zog ihn vom Bürgersteig auf die Straße. Widerwillig folgte Juri ihr. Ein paar Schaulustige hingen aus den Fenstern oder standen auf dem Bürgersteig und beobachteten die vorbeiziehende Demonstration. Juri vermutete, dass einige davon Kollegen waren oder Mitarbeiter des Ministeriums für Staatssicherheit. Hoffentlich keiner, der nach Nadja suchte.

Er hielt sie fest und blieb stehen. »Ich weiß nicht, ob das eine gute Idee ist.«

»Es ist eine fantastische Idee«, erwiderte Nadja begeistert. »In der Menge sind wir so gut wie unsichtbar. Und selbst wenn einer von denen uns sieht – er hat keine Möglichkeit, an uns heranzukommen.«

Juri musste zugeben, dass das eine gute Überlegung war. Dennoch sprach etwas dagegen. Er deutete an sich hinunter. »Ich trage eine Uniform.«

Sie sah ihn an, dann schüttelte sie den Kopf und packte ihn am Arm. »Deswegen darfst du doch trotzdem demonstrieren«, rief sie und zog ihn auf die Straße. Juri folgte ihr, obwohl er wusste, dass das so nicht stimmte. Und würde ihn einer der Kollegen hier erkennen, bekäme er jede Menge Ärger. Falls nicht schon die Demonstranten Ärger machen würden. Aber die empfingen ihn zu seiner Überraschung sehr gelassen. Also ließ er sich von Nadja weiter in den Demonstrationszug hineinziehen. Die Leute machten ihnen bereitwillig Platz, nahmen sie auf. Hinter ihnen schlossen sich die Reihen wieder, sodass von den Menschen am Straßenrand kaum noch etwas zu sehen war. Jetzt waren sie gezwungen, mit dem Strom mitzulaufen. Nadja fiel rasch in die Parolen ein, Juri lief schweigend neben ihr her, erhaschte nach einigen Häuserblöcken einen Blick auf eine Gruppe Volkspolizisten an einer Kreuzung, die den Zug betont unbeteiligt beobachteten. Aber die meiste Zeit schaute Juri nur auf die Hinterköpfe und Schultern, auf die an der Straße stehenden kahlen Bäume und auf die vertrauten Fassaden seiner Heimatstadt, die aus der Menge heraus entrückt wirkten, fremd fast, als rollte der Zug der Demonstranten über sie hinweg. Er hatte das Gefühl, von einem Fluss mitgerissen zu werden, der das Berlin, in dem er aufgewachsen war, die DDR, das Land, in dem er sein ganzes Leben gelebt hatte, fortspülte. Während Nadja neben ihm wirkte, als lenke sie ein unsichtbares Boot souverän durch diesen Fluss, hatte er eher das Gefühl, als werde er gegen seinen Willen mitgezogen, ohne eine Ahnung zu haben, ohne einen Wunsch zu haben, wo dieser Strom ihn wieder ans Ufer spülen möge. Er schaute sich die Menschen an, die neben ihm herliefen. Niemand von ihnen wirkte wie ein Aufrührer oder ein Konterrevolutionär. Sie sahen aus wie seine Nachbarn. In Zivil wäre er in diesem Zug nicht aufgefallen.

»Weißt du, was ebenfalls toll ist?«, fragte ihn Nadja. Sie hatte sich immer noch bei ihm eingehakt, als wolle sie jedem um sie herum zeigen, dass der Polizist zu ihr und damit zu ihnen gehörte.

»Nein«, erwiderte Juri. Er hatte tatsächlich keine Ahnung, worauf Nadja hinauswollte.

»Wenn die Menschen noch demonstrieren, ist die Opposition nicht gewaltsam niedergeschlagen worden. Die anderen sind in Sicherheit.«

»Das ist großartig«, erwiderte Juri, dachte aber etwas anderes: Wenn die anderen nicht Ziel der Attentäter waren, galt der Anschlag nur Nadja. Wer auch immer dahintersteckte, würde nicht von ihr ablassen.

Nach einer Viertelstunde erreichten sie ihr erstes Ziel. Die S-Bahn-Station, von der aus sie ein Zug raus nach Kaulsdorf in die Datsche des Generalobersts bringen würde.

Erleichtert nahm Juri in der Bahn Platz, sog die vertraute Umgebung, den Geruch, das gleichmäßige Rattern der Räder auf den Gleisen in sich auf. Kindheitserinnerungen wurden geweckt. Er mit der Nase am Fenster, die Stadt, die an ihm vorbeirauschte, das Rattern der Räder, seine Mutter, ohne ihren Husten, neben ihm, die Hand auf seiner Schulter. Wie oft war er diese Strecke schon gefahren? Er dachte an das erste Mal, als sein Großvater ihn mit auf die Datsche genommen hatte. Sie war ihm damals vorgekommen wie ein Märchenschloss aus einer Abenteuergeschichte. Bei den letzten Besuchen erschien sie ihm eher wie der düstere Palast des Generalobersts, in dem er Hof hielt und die Familie, Freunde und andere Bittsteller empfing. Ein Palast allerdings, der weit weniger großzügig wirkte als in seinen Kindertagen, ein Palast, der seine besten Tage lange hinter sich hatte und nicht verbergen konnte, dass der König, der in ihm herrschte, ebenso wie sein Reich viel von seinem Glanz verloren hatte. Was der Generaloberst wohl dazu sagen würde, dass sich ausgerechnet hier eine Oppositionellen versteckte? Juri wusste, dass er davon alles andere als begeistert sein würde und dass er Juri, einziger Enkel hin oder her, das Leben zur Hölle machen würde. Von dem, was mit Nadja geschehen könnte, ganz zu schweigen.

Die blickte aus dem Fenster hinaus auf die dunklen Häuser, die allmählich immer weiter nach hinten traten. Die Demonstration schien ihr gutgetan zu haben, hatte ihre Lebensgeister wieder geweckt. Was könnte ihm neues Leben einhauchen?

»So viele Menschen«, sagte sie, »und es werden immer mehr.«

Sie fuhren in einen Bahnhof ein, inzwischen hatten sie die Stadtgrenze erreicht. Trotzdem stiegen noch Leute ein. Juri musterte die Neuzugestiegenen, zwei Uniformierte darunter. Mussten ausgerechnet hier und jetzt zwei Kollegen von der Volkspolizei einsteigen? Sie standen mit dem Rücken zu ihnen an der Tür. Noch hatten sie sie nicht gesehen. Einer der beiden wandte das Gesicht halb in ihre Richtung. Juri sorgte sich noch mehr. Er kannte ihn. Sie hatten gemeinsam in Schöneberg auf der Wache gesessen. Auch den anderen erkannte er jetzt. Beide hatte er als unangenehme Kollegen in Erinnerung. Er sah die Narbe über der Augenbraue des Linken, der Schulze hieß. »Wachtmeister Schulze«, hatten ein paar andere ihn hinter vorgehaltener Hand genannt. Die Narbe hatte er aus einer Auseinandersetzung davongetragen, die er mit einem Kollegen geführt hatte, nachdem er seinen Spitznamen erfuhr. Der Kollege blieb danach sechs Wochen arbeitsunfähig, bloß wegen eines nicht einmal sehr witzigen Spitznamens. Schulze hätte eigentlich versetzt werden müssen, aber niemand, auch nicht Juri, hatte ein Wort gesagt. Selbst der Kollege hatte geschwiegen.

Nadja bemerkte die Polizisten ebenfalls. »Kennst du sie?«, flüsterte sie leise. Juri nickte. »Können sie uns Ärger machen?« Er nickte erneut.

Nadja stand auf und setzte sich auf eine Bank auf der anderen Seite. Im letzten Moment, denn schon schaute Schulze zu Juri herüber, grüßte herablassend, dann stieß er seinen Kollegen an und kam zu ihm herüber. Eine weibliche Begleitung hätte sofort ihr Interesse geweckt. Die Bahn wackelte kurz, sodass Schulze schaukelte und sich an einem Griff festhalten musste.

»Hoffmann«, begrüßte er ihn knapp, als er sich neben Juri auf den Sitz fallen ließ. Sein Kollege, Peters, nahm auf dem Sitz vor Juri Platz. Beide rochen nach Bier. Schulze schüttelte den Kopf. »Ich muss mal mit dir reden, Genosse. Dieses Land geht total den Bach runter. Hast du das gehört? 500.000 latschen demonstrierend am Palast der Republik vorbei. Heute mussten wir sogar Aufpasser für eine Demo spielen. Und wie lautete der Befehl? Bloß nicht gewalttätig werden!« Er schlug mit der Hand auf die Lehne vor sich. »Was denkst du, Hoffmann? Sollten wir da nicht einfach mal mit dem Knüppel rein? Dann wäre in drei Tagen der ganze Spuk vorbei. Aber unsere Oberen trauen sich ja nicht. Die sind zu feige und lassen uns im Regen stehen. Oder, Peters?«, wandte er sich jetzt an den Kollegen, dessen Kopf während Schulzes Litanei gegen die Scheibe gesunken war. Er schreckte hoch, nickte eilfertig.

»Und am nächsten Morgen würden sich die Leute in die Züge nach Prag und Budapest setzen und wären weg«, zischte Nadja gut vernehmlich. Juri rutschte das Herz in die Hose. Konnte sie nicht einmal still bleiben?

Schulze wandte sich ihr zu. »Haben Sie was gesagt?«

»Lass sie!«, entgegnete Peters müde.

Unwillig ließ Schulze von Nadja ab. Seine Hand blieb jedoch auf der Lehne ihres Sitzes liegen, eine stumme Drohung. Juri warf ihr einen warnenden Blick zu. Hatte sie nicht schon genug Ärger?

»Wenn das noch ein paar Wochen so weitergeht, Hoffmann, sind wir alle am Arsch«, fuhr Schulze fort.

»Das sind wir sowieso.« Es war Peters, der das feststellte, nicht Nadja, die den Kopf abgewandt hatte und in die Dunkelheit vor ihrem Fenster starrte, die Hand, die fast in ihrem Nacken lag, ignorierend.

»Du bist doch jetzt ganz nah dran an den Bonzen, Hoffmann. Erzähl denen mal, was den kleinen Mann wirklich beschäftigt.«

Juri murmelte etwas, er wusste selbst nicht so genau, was.

Schulze wandte sich wieder Nadja zu. »Was denkst du denn, mein Täubchen? Du siehst aus, als hättest du zu allem eine Meinung«, fragte er und versuchte, sich auf den Sitz neben Nadja zu setzen. Die aber rutschte schnell auf den Gangplatz und nahm Schulze diese Möglichkeit. Der Volkspolizist stützte beide Hände auf die Sitzlehnen vor und hinter Nadja und blickte zu ihr herunter. »Kennen wir uns nicht vielleicht sogar?«, fragte er. Er grinste anzüglich.

Juri beschäftigte noch etwas anderes: Woher kannte Schulze Nadja? Wurde nach ihr gefahndet? Oder steckte er mit den Leuten, die sie angegriffen hatten, unter einer Decke? Zuzutrauen wäre es ihm.

Nadja blickte Schulze furchtlos an. »Ich denke nicht, dass wir uns schon einmal begegnet sind. Daran könnte ich mich bestimmt erinnern.« Sie lächelte dieses Lächeln, von dem Juri nie wusste, ob es freundlich oder bösartig war. An der übernächsten Station musste er Nadja irgendwie aus dem Zug bringen, ohne dass die beiden Volkspolizisten Verdacht schöpften.

»Wo geht's für dich eigentlich hin, Hoffmann?«, fragte Peters.

»Datsche meines Großvaters«, antwortete er, »Blumen gießen.«

»Blumen gießen?«, wandte sich Schulze wieder ihm zu. »Mitten in der Nacht? Bei dem Wetter?«

»Du kennst meinen Großvater nicht«, antwortete Juri und fand die Ausrede selber recht lahm. Zumindest wenn man seinen Großvater nicht kannte. Schulze schien aber mit der Antwort zufrieden.

Der Zug hielt an, die beiden VoPos erhoben sich. »Du bist verrückt, Hoffmann. Das warst du schon immer«, verabschiedete sich Schulze. Er torkelte leicht, als er zum Ausgang lief. Dort drehte er sich noch einmal um und zwinkerte Nadja zu. Die starrte stur aus dem Fenster. Vermutlich widerstand sie gerade der Versuchung, Schulze die Zunge rauszustrecken. Erleichtert atmete Juri aus, als die beiden die Bahn verlassen hatten. Schulze klopfte noch einmal an die Scheibe, als der Zug anfuhr.

»An der nächsten Station müssen wir raus«, sagte Juri.

Wenige Minuten später standen sie in der Kälte von Kaulsdorf. Hinter ihnen lag der eingeschossige Bungalow der S-Bahn-Station, vor ihnen der kleine dreieckige Platz, den das schräg zur Straße gebaute Gebäude öffnete. Außer ihnen war um diese Zeit niemand ausgestiegen oder auf der Straße unterwegs. Nadja schlang die Arme um die kalten Schultern. »Wo müssen wir lang?«, fragte sie.

Juri deutete nach rechts. »Da drüben runter. Wir laufen etwa eine Viertelstunde.«

Wieder hakte sie sich bei ihm ein. Dann marschierten sie schweigend los. Beide hingen ihren Gedanken nach. Berlin wirkte hier draußen ländlich, auch wenn Kaulsdorf zu Marzahn gehörte, der Stadtteil mit den begehrten neuen Wohnungen. Die Straßenlaternen spendeten kaum Licht, die wenigen Gebäude rechts und links der Straße verschwanden in der Dunkelheit. Auch wenn Juri den Weg noch nie so spät in der Nacht gelaufen war, fand er sich ohne Probleme zurecht. An einer Weggabelung begann Nadja leise zu singen:

>*J'en ai passé des nuits*
À griffonner des lettres
Lettres qui lui criaient
Tout mon ardent amour.«

Juri fiel ein:

>*Et que je détruisais*
Lorsque venait le jour
Et qu'enfin j'envoyais
Quitte à me compromettre.«

»Ich glaube, du bist der einzige Mensch außer mir, der dieses Lied kennt«, staunte Nadja.

»Piaf«, antwortete Juri nur. »Du wirst wenig finden, das ich von Piaf nicht kenne.« Es klang ein wenig stolz, wie er das sagte.

Den Rest des Weges stimmten sie ein Lied nach dem anderen an. Nadja war immer auf der Suche nach einem Chanson, den Juri wohl kaum kennen konnte, doch nach einigen Versen stimmte Juri in das Lied mit ein.

An der Polizeikaserne verstummte sie und verlangsamte ihren Schritt, blickte Juri misstrauisch an. Er wusste, was sie dachte. Er hätte an ihrer Stelle das Gleiche gedacht: Der Kerl hat mich in eine Falle gelockt. Doch offenbar entschloss sie sich ihm zu vertrauen, denn sie ging weiter neben ihm her, blieb eingehakt, auch wenn sich ihr Griff ein klein wenig lockerte. Nur mit dem Singen begann sie erst wieder, als sie die Kaserne hinter sich gelassen hatten.

»Du hast eine schöne Stimme«, bemerkte sie, als sie die Gartenanlage erreichten. Juri lächelte, verzichtete aber zu erzählen, dass er als Junge bei den Pionieren im Chor gesungen hatte, einmal sogar vor dem Staatsratsvorsitzenden. Als sie in den Weg zur Datsche einbogen, inmitten der still daliegenden Gartenhäuser und Hütten, die meisten davon in der üblichen Leichtbauweise errichtet, stimmten sie lauthals »Je ne regrette rien« ein. Ihre Angst hatten sie längt vergessen, als Juri auf der Veranda stand. Natürlich war die Datsche des Generaloberts um einiges größer, massiver und schöner als die der anderen. Juri kramte unter dem Topf, der im Sommer blühende Geranien beherbergte, im grauen November aber nur kahles Gestrüpp enthielt, den Schlüssel hervor und schloss ihnen auf.

Drinnen tastete er sich mit der Hand voran vorsichtig in den Raum hinein. Er fasste Nadja mit der anderen Hand, damit sie hinter ihm nicht über irgendetwas stolperte. Er kannte die Datsche, wusste, wo die Möbel standen, wo sein Großvater die Kiste mit dem Werkzeug stehen hatte, weil der Platz praktisch war, obwohl er sie nie brauchte. Das erste Mal fragte sich Juri, ob sein Großvater die Werkzeugkiste nur aus dem Grund so demonstrativ in den Raum gestellt hatte, damit alle glaubten, der Generaloberst sei in seiner Datsche immer auch ein Werktätiger. Dabei ließ er hier so ziemlich alles von jemand anderem machen, nicht selten von seinem Enkel. Zwar hatte Juri damit gerechnet, dass Nadja loslassen könnte, aber in der Dunkelheit ließ sie sich von ihm führen, fasste seine Hand wie jemand, der zwar keine Angst hatte, aber den Vorteil des Arrangements erkannte. Schließlich fand Juri die moderne Schrankwand, die eine gesamte Seite des Hauptraumes ausfüllte und in der der Generaloberst seine Kerzen aufbewahrte, nahm eine heraus und zündete sie an. Flackerndes oranges Licht erhellte einen kleinen Kreis. Nadja nahm die Kerze und leuchtete umher. In dem kleinen Raum wurde fast jeder Quadratzentimeter genutzt. Vor dem Sofa standen ein Tisch und zwei passende Stühle, dahinter ein Ofen in der Ecke neben der Schrankwand, auf der ein Fernseher thronte. Hinter einem geblümten Vorhang, abgetrennt vom übrigen Raum, stand das Bett des Generals.

»Die Fensterläden würde ich besser zulassen«, erklärte Juri, »und auch mit dem Licht wäre ich sparsam.« Es kam ihm vor, als würde Nadja genervt mit den Augen rollen. Vielleicht war das aber auch eine Sinnestäuschung, ausgelöst durch die flackernde Kerze. Sie stellte sie auf den Tisch in der Mitte. Ihr Schein reichte kaum bis an die Wände mit ihren gemusterten Tapeten. Tisch und Stühle beschien sie, hin und wieder flackerte sie stärker, sodass die Wand dahinter mit dem Sofa erhellt wurde. Auf dem Sofa lag eine Bettdecke. Eine Gitarre befand sich daneben.

»Perfekt«, sagte Nadja. Dann hielt sie kurz inne. »Danke«, sagte sie. »Du bringst dich meinetwegen in große Schwierigkeiten.«

Juri zuckte verlegen mit den Achseln. Er sah Nadja in weit größerer Gefahr als sich selbst. »Warte«, sagte er, weil er diesem Gedanken nicht mehr Raum geben wollte, »ich zeige dir noch die Küche.« Zusammen gingen sie in den winzigen Raum hinter dem Wohnzimmer, in dem der Generaloberst eine Küche hatte einbauen lassen. Dahinter, das war das eigentlich Besondere an dieser Datsche, befand sich eine weitere Kammer, bis zur Decke mit Weinregalen ausgebaut. Juri zog eine Flasche heraus. »Ich denke, die haben wir uns verdient.«

»Meinst du nicht, dass dein Großvater das merken wird?«

»Bis er es merkt, bist du nicht mehr hier.«

»Schaut denn niemand nach dem Haus? Jemand muss sich doch kümmern?«

»Einmal im Winter kommt jemand und überprüft, ob alles in Ordnung ist. Ansonsten wirst du hier bis Mai keinen Menschen treffen.«

»Woher willst du wissen, dass dieser Jemand nicht morgen kommt?«

»Ich kenne ihn zufällig.« Er grinste und entkorkte die Flasche in der Küche. Dann suchte er in dem kleinen Küchenschrank nach zwei Gläsern, fand welche und goss ihnen ein.

»Du machst das?« Sie nahm ihm die Gläser ab. Er versuchte zu protestieren, sie achtete gar nicht darauf. Dann setzten sie sich nebeneinander auf das Sofa und prosteten sich zu.

Mit einem Mal beugte sich Nadja vor und zog die Gitarre unter dem Sofa hervor. Sie begann zu spielen.

»Aznavour?«

»Liberté!«

Sie sang:

»Liberté, liberté
Qu'as-tu fait liberté
De ceux-là qui t'ont crue sur parole
Ils ne t'ont jamais vu
Ils ne te verront plus.«

Schweigend hörte Juri ihr zu. Ihre Stimme klang trauriger als auf dem Weg hierher. Die Euphorie, die sie während der Demonstration und beim Singen aus ihrer Angst gerissen hatte, wich einer düsteren Schwermut. Juri wurde klar, dass sie immer noch unter Schock stand. Der Anschlag hatte sie getroffen. Als sie das Lied beendet hatte, stellte sie die Gitarre neben das Bett. Mit einem satten Klong nahm sie ihren Platz ein.

»Wo wird uns das alles hinführen?«, fragte er.

»Es kann nur besser werden«, antwortete sie. Ihren Trotz besaß sie also noch.

Juri war sich nicht so sicher, ob ihre Einschätzung stimmte. »Ich müsste wieder los nach Hause«, erklärte er, nachdem sie eine Weile geschwiegen hatten, hustete verlegen und stand auf.

Sie sah ihn an. »Wie willst du jetzt noch nach Hause kommen? Laufen? Du läufst locker drei Stunden, bis du in der Christinenstraße bist.«

Daran hatte er nicht gedacht. Natürlich fuhr keine S-Bahn mehr und drei Stunden durch die Nacht laufen wollte er auch nicht.

»Ich könnte mir ein Lager auf dem Boden bauen oder auf dem Sofa schlafen«, schlug er verlegen vor, aber Nadja wollte davon nichts wissen.

»Wir werden doch wohl gemeinsam in einem Bett schlafen können. Das sieht groß genug aus.«

Juri musste ihr recht geben, was die Größe anging. Trotzdem fühlte er sich bei dem Gedanken etwas unbehaglich. »Hab dich nicht so!« Sie lachte und verschwand in der Küche, um sich zu waschen. »Aber behalt deine Finger bei dir!«

Juri konnte sehen, wie sie sich auszog. Er wollte wegschauen, wollte es zumindest … Als Nadja ihn erblickte, schüttelte sie nur den Kopf und zog den geblümten Vorhang ein Stück vor.

Einige Minuten später kam sie in einem langen Herrenhemd seines Großvaters zurück und setzte sich auf das Bett. Juri stand etwas unsicher im Raum, sah Nadja zu, wie sie die Bettdecke bis unters Kinn zog. »Warm ist es leider nicht«, sagte er entschuldigend. Dann verschwand er ebenfalls in der Küche. Anschließend schlüpfte er ebenfalls unter die Bettdecke, die sie sich beide teilen würden. Die Kerze stellte er neben das Bett auf den Fußboden. Die Matratze entpuppte sich als schmaler als erwartet. Die Bettdecke ebenfalls. Nadja zog energisch daran, nachdem Juri sich zugedeckt hatte. Dennoch blieb er ganz am äußeren Rand des Bettes liegen. Dann pustete er die Kerze aus. Eine Weile lagen sie schweigend im Dunkeln, starrten in die Dunkelheit über ihnen.

»Warum ich?«, flüsterte Nadja.

Juri hatte sich diese Frage seit heute Nachmittag mehrfach gestellt, aber keine befriedigende Antwort gefunden. Warum sie?

»Es gäbe Dutzende, Hunderte Leute, die mehr Angst haben müssten als ich, die viel wichtiger sind. Wenn die Staatssicherheit jemanden aus dem Weg räumen wollte, dann sicher nicht mich.« Die letzten Sätze flüsterte sie noch leiser. Nicht dass sich irgendwo unter dem Bett oder in den Wänden eine Wanze verbarg, die alles mithörte. Oder draußen um die Wände ein Lauscher.

»Ist dir vorher nichts aufgefallen? Oder ist etwas passiert, das den Angriff erklären könnte?«

»Nein! Ich war doch nur …« Sie hielt inne. Juri erkannte im Dunkeln ihr Profil, merkte, dass sie immer noch an die Decke starrte. Dann sprang sie plötzlich hoch, die Matratze wackelte. »Verdammt!« Sie schlug mit der Faust auf die Bettdecke. Dann zog sie sich das Hemd zurecht. »Aber das kann nicht sein!?« Sie schüttelte Juri, der sich ebenfalls aufrichtete, aber so gar nichts verstand. »Verdammt, verdammt, verdammt! Jochen!«

»Wer ist Jochen?«

»Jochen ist neu bei uns in der Zeitschrift. Andreas hat ihn mitgebracht, unser Chefredakteur. Er hat erzählt, Jochen wäre sein Cousin aus Dresden oder so. Ich habe ihn gestern vor Gerdas und Renes Wohnung getroffen …«

»Rene ist dein Freund? Der, der verschwunden ist?«

»Genau. Ich bin Jochen nachgelaufen und er hat sich im Jahnpark mit jemandem getroffen, der zu hundert Prozent bei der Stasi ist. Ich habe ihn auf einem Foto gesehen, das Rene aufgenommen hat und das die Stasileute vor der Gethsemanekirche zeigt. Vielleicht haben die auch Rene verschwinden lassen!?«

»Die Staatssicherheit würde Jochen sofort abziehen, wenn er aufgeflogen wäre. Oder ihn im Regen stehen lassen. Aber sie würden niemanden wegen eines Spitzels verschwinden lassen. Schon gar nicht in der jetzigen angespannten Situation. Die Gefahr wäre viel zu groß, dass ihnen alles um die Ohren fliegt.«

Nadja schüttelte energisch den Kopf. Ihre Haare streiften Juris Gesicht. »Keine Stunde später versucht mich ein Auto zu überfahren. Das kann kein Zufall sein! Der Anschlag auf mich hat mit Jochen und mit Renes Verschwinden zu tun.« Sie kletterte über ihn und stand auf.

»Was hast du vor?«

»Ich möchte zu Jochen und ihn zur Rede stellen. Er soll mir sagen, was mit Rene passiert ist und wer die Männer sind, die mich umbringen wollten.« Trotz der Dunkelheit konnte Juri die Empörung in ihrem Gesicht erkennen.

»Schon vergessen?«, fragte er. »Es fährt keine Bahn.«

10

Kraulsdorf, Berlin

Nur die morgendliche Kälte begleitete Juri auf dem Weg von der Datsche zum Bahnhof. Die Nacht war unruhig geblieben. Nur schwer hatte sich Nadja davon abhalten lassen, zu Fuß in die Innenstadt zu laufen. Geschlafen hatten sie auch kaum. Nadja hatte Theorien gewälzt, wer hinter dem Anschlag stecken mochte. Juri hatte irgendwann versucht zu schlafen, aber Nadjas Unruhe hatte ihn zu sehr wach gehalten. Ständig hatten sich beide hin und her gewälzt.

Bevor er ging, hatte er ihr das Versprechen abgenommen, nicht selber nach Jochen oder Rene zu suchen. Er hoffte, sie würde sich daran halten. Sie wussten beide nicht, wer mit den Attentätern oder Jochen unter einer Decke steckte. Fragte sie die falsche Person, könnte das ihr Ende bedeuten. Im Gegenzug hatte er ihr versichert, dass er gleich nach Dienstschluss auf die Suche gehen würde. Er würde mit diesem Jochen reden, aber sich ebenfalls unter den Kollegen umhören. Es gab da noch seinen alten Ausbilder bei der Mordkommission. Vielleicht wusste der etwas über Renes Verschwinden. Es wäre nicht das erste Mal, dass eine Fahndung ohne Einbeziehung der Öffentlichkeit oder der Zeitungen lief.

*

Haus des Zentralkomitees, Werderscher Markt, Berlin

Doch bis in den Nachmittag verbrachte Juri zunächst einen nervösen, aber ereignislosen Tag vor dem Gebäude des Zentralkomitees. Im Inneren wurde über das neue Reisegesetz debattiert, Juri konnte nicht schnell genug wegkommen. Er wollte herausfinden, was hinter dem Anschlag auf Nadja steckte. Doch als er sich gegen halb fünf endlich von seinem Posten verabschieden wollte, bekam er neue Order.

»Sie müssen bleiben, Genosse«, hieß es nur. Misstrauisch blickte Juri dem Kommandanten nach, als er wieder ins warme Gebäude zurückkehrte, dessen Lichter verführerisch hinausleuchteten. Wollte man ihn von seinen privaten Ermittlungen abhalten? Er stellte fest, dass er ganz langsam paranoide Gedanken entwickelte, hinter allem einen weiteren Hinweis auf eine Verschwörung vermutete, von der er nicht einmal sicher wusste, ob sie existierte. Er hatte bisher nur Indizien. Dann sah er die ersten Mannschaftswagen mit Verstärkung, zahlreiche Polizisten stiegen aus und sammelten sich vor dem Gebäude. Er hatte keine Ahnung, was das zu bedeuten hatte. Die Polizisten bildeten eine Kette um das Haus. Zunächst blieb unklar, ob sie es einschließen oder schützen wollten.

Dann ging es los. Von Westen kommend hörte Juri eine Menschenmenge, bevor er sie sah. Ihre Parolen hallten dumpf herüber, wurden lauter, brachen sich an den Fassaden, verstärkten sich. Zunächst dachte Juri, der Demonstrationszug wolle weiter zum Palast der Republik, aber das erwies sich als Irrtum. Stattdessen sammelten sich die Protestierenden direkt vor ihm und dem Gebäude, in dem das ZK noch tagte. Juri schätzte die Menge auf mehrere Tausend Demonstranten. Anders als am Samstag, als sie am Palast der Republik vorbeigezogen waren, blieben sie dieses Mal vor einem Gebäude der Regierung stehen, um ihre Forderungen kundzutun. Auch die Kette der Volkspolizisten davor schien sie nicht mehr zu schrecken. Die Angst schwand. Fast bewunderte Juri die Menschen. Lautstark forderten sie freie Wahlen und skandierten: »Alle Macht dem Volke – nicht der SED«.

Er machte ein paar Schritte nach vorn zu seinen Kameraden in der Kette. Von hier konnte er in die Gesichter der Demonstranten sehen, die meisten schauten an ihnen vorbei, blickten hinauf zu den hell erleuchteten Fenstern hinter ihnen. Erste Grüppchen begannen sich vor der Kette zu sammeln. Würden sie stürmen? Wäre es heute so weit? Doch einige Zeit später löste sich die Demonstration langsam auf, in der Kette machte sich Erleichterung breit. Juri eilte davon, als der Befehl zu bleiben aufgehoben worden war.

*

Birkenheide, Speck an der Müritz

Die Blätter der Orangenbäume, die gleich neben der Tür standen, raschelten leise, als er eintrat. Ihr sattes Grün bildete einen schönen Kontrast zu dem grellen Licht der Lampen, die über ihnen hingen, um den Bäumchen zu suggerieren, unter südlicher Sonne zu leben, statt in einem Gewächshaus zwischen den Wassern der Mecklenburgischen Seenplatte zu überwintern. Klaus Mehring dachte, dass den Orangen ebenso wie den Zitronen- und Mandelbäumen der Winter im Gewächshaus vermutlich besser gefiel als der Sommer unter der spärlichen, kühlen Sonne im Norden der DDR.

Aber Mehring wusste auch, dass das seinem Chef ziemlich egal war. Ihm war es sogar egal gewesen, dass Birkenheide, sein Jagdsitz, nicht direkt an der Müritz lag. Er wollte ein Boot und ein Bootshaus. Also hatte er einen Kanal in Auftrag gegeben, den Pioniere, die sonst in der Waldsiedlung Wandlitz, dem Lebensmittelpunkt des Chefs, Dienst taten, von der Müritz bis zum Bootshaus gruben. In ein paar Wochen würde sich Willi Stoph, sein Chef und seit 1964 amtierender Ministerpräsident der DDR, hier blicken lassen, die Blüten der Orangen zählen und den Gärtnern mitteilen, wie viele Früchte er im nächsten Jahr erwartete. Mehring überprüfte die Bewässerung der Bäumchen, knipste hier und da ein paar braun gewordene Blätter ab. Ansonsten gab es zurzeit nicht viel zu tun. Es war weder Jagd- noch Obstsaison. Er schloss die Tür zum Gewächshaus wieder und lief hinüber in die Küche, wo seine Frau, ebenfalls im Dienste Stophs, ein Abendessen vorbereitete. Im Wohnzimmer lief der Fernseher. Seitdem sie vor 15 Jahren begonnen hatten für Stoph zu arbeiten, hatten sie sich angewöhnt, regelmäßig die »Aktuelle Kamera« zu schauen. Schließlich musste man wissen, was den Regierungschef umtrieb. Gerade in Zeiten wie diesen.

Auf dem Bildschirm erschien ein nicht unbekanntes Gesicht: Wolfgang Meyer, ein Parteifunktionär und Journalist, der bereits einmal in Birkenheide zu Gast gewesen war. Zumindest glaubte Mehring das, aber er kam mit den Funktionären schon einmal durcheinander. Man war ja nicht mehr der Jüngste. Die aber auch nicht, dachte er grimmig. Stoph war inzwischen 75. Ein Schriftzug wies

Meyer als Regierungssprecher aus. Mehring wusste gar nicht, dass es ein solches Amt gab. Offenbar war auch das eine der zahlreichen Neuerungen, die die Partei in Berlin initiierte, um irgendwie an der Macht zu bleiben. Aber als Meyer anfing zu sprechen, wusste er, dass sich auch hier in Birkenheide bald ziemlich viel verändern würde.

›Ich möchte Sie darüber informieren‹, begann Meyer harmlos, ›dass der Ministerrat der Deutschen Demokratischen Republik beschlossen hat zurückzutreten.‹

»Amelie, komm und hör dir das an!«, rief er in Richtung Küche, aus der es klapperte.

›Die Regierung wendet sich an die Bürger unseres Landes‹, fuhr Meyer fort, ›in dieser politisch und ökonomisch ernsten Situation alle Kräfte dafür einzusetzen, dass alle für das Volk, die Gesellschaft und die Wirtschaft lebensnotwendigen Funktionen aufrecht erhalten werden.‹

»Gilt das auch für die Orangenbäumchen?«, fragte Amelie spöttisch. Sie lehnte mit verschränkten Armen im Türrahmen und blickte an Klaus vorbei auf den Fernsehapparat.

Klaus zuckte mit den Achseln. »Hier wird sich in Zukunft dann wohl jede Menge ändern«, antwortete er vage.

»Ja, entweder regiert der Willi«, sie nannte ihn immer so, zumindest wenn er nicht in Birkenheide residierte, was quasi immer war, »ab jetzt über einen Staat von Orangenbäumen und geht uns allen furchtbar auf die Nerven …«

»Amelie!«, tadelte Klaus sie, obwohl er ihre Befürchtung mehr als verstehen konnte. Stoph würde vermutlich über jede Blüte an seinen Bäumen eine Akte anlegen, wenn er öfter käme.

»Oder wir können uns eine neue Arbeit suchen«, ließ sich Amelie nicht beirren. Der Spott war aus ihrer Stimme verschwunden.

Klaus blickte gedankenverloren weiter auf den Bildschirm. »Hier können sich wahrscheinlich bald ganz viele eine neue Arbeit suchen.«

*

Polizeipräsidium, Keibelstraße, Berlin

Juri nahm die Treppe hoch in den fünften Stock. Nach einem Tag herumstehen tat ihm die Bewegung gut. Es roch scharf und ein wenig muffig. Ein vertrauter Duft, den er selbst im Gebäude am Werderschen Markt wahrnahm. Im ersten Stock hatte er zuvor bereits die Verhaftungen vom 6. November durchgesehen, aber keine Hinweise auf Nadjas Freund finden können. Zumindest hatte man ihn also nicht in ein normales Gefängnis gesperrt. Deshalb musste Juri mit jemandem bei der Mordkommission reden, denn die Aussicht, andernfalls bei der Staatssicherheit Erkundigungen einzuholen, war nicht sonderlich verlockend. Hoffentlich traf er noch jemanden an. An der Tür der MUK, der Morduntersuchungskommission, klopfte er, hörte von innen das »Herein!« der einzigen weiblichen Mitarbeiterin, die als Steno-Sachbearbeiterin für die Erfassung der Protokolle zuständig war. Seit Anfang der 80er-Jahre gab es zwei dieser Kommissionen in Berlin, jeweils acht Ermittler waren einem Leiter zugeteilt, einer davon war ausgebildeter Kriminaltechniker. Buchstäblich über ihnen residierte nur noch die Spezialkommission, die Mordermittler der Staatssicherheit, die im sechsten Stock des Präsidiums eine Dependance unterhielten. Meist blieb die Arbeit beider Kommissionen unerwähnt. Natürlich wusste jeder, dass diese Abteilungen existierten und dass es auch im Sozialismus Verbrechen und sogar Mord gab. Erst vor wenigen Jahren war in Mauernähe sogar ein Volkspolizist erstochen worden. Aber gerade die Spezialkommission war geübt darin, Fälle ebenso wie Opfer und Täter verschwinden zu lassen. Möglicherweise hatte Nadjas Freund das gleiche Schicksal ereilt. Es war für Juri neben der Fluchttheorie die wahrscheinlichste Variante. Nadja hatte Juris Überlegung, dass Rene einfach abgehauen war, kategorisch ausgeschlossen. Er würde sich trotzdem noch einmal mit der Frau des Fotografen unterhalten müssen. Jetzt aber stand er in einem der Büros der MUK, eine Frau um die 30 mit Brille, die gescheitelten Haare durch eine Haarspange zurückgehalten, blickte ihn fragend, aber nicht unfreundlich an.

»Was gibt es, Genosse?«, fragte sie. Ihr »Genosse« klang völlig anders als Nadjas, stellte er fest. Positiver, freundlicher, ohne diesen Unterton, der alles Mögliche bedeuten konnte.

»Ist Erich da?«

Die Steno-Sachbearbeiterin schüttelte den Kopf. »Nein, er ist schon zu Hause Soll ich ihm etwas ausrichten?« Juri schüttelte seinerseits den Kopf. Je weniger Aufhebens er davon machte, im fünften Stock des Präsidiums gewesen zu sein, je weniger Spuren er dabei hinterließ, umso besser. »Wie war noch einmal dein Name? Ich kann eine Notiz für ihn machen«, bot die Sachbearbeiterin an, griff nach einem Bleistift und einem Zettel.

164

»Nein, es ist nicht wichtig. Ich erzähle es ihm bei Gelegenheit.« Er lächelte. »Ich war nur gerade im Haus.«

Die Frau zuckte mit den Achseln, lächelte noch einmal, sagte: »Na dann!«, und widmete sich wieder ihrer Schreibmaschine. Offenbar war sie etwas eingeschnappt, dass Juri den Grund seines Besuches nicht mit ihr teilen wollte. Er würde es nicht ändern. Leise schloss er die Tür und lief zurück zum Treppenhaus. Auch hinunter verzichtete er auf den Aufzug.

*

Schönhauser Allee, Berlin

Juri schellte an der Tür im dritten Stock. Von drinnen hörte er Kinderlärm. Nach wenigen Augenblicken öffnete ihm eine Frau, die nur wenige Jahre älter war als er. Sie sah ihn und seine Uniform erschrocken an.

»Frau Bintrup?«, fragte er so freundlich, wie er konnte. »Es geht um Ihren Mann.«

»Haben Sie ihn gefunden?«, unterbrach sie ihn. »Hat er etwas …?« Sie ließ den Verdacht unausgesprochen, als wollte sie ihren Mann nicht versehentlich gegenüber der Staatsmacht, für die Juri stand, belasten. Ein kleiner Junge drängte sich an seiner Mutter vorbei und beäugte Juri neugierig. Die Frau schob ihn mit der Hand wieder in die Wohnung zurück. »Geh spielen, Leo!«, sagte sie, doch der Junge dachte nicht daran, der Mutter zu gehorchen.

»Was will der Polizist?«, fragte er mit einer für sein Alter unüblichen Sorge in der Stimme.

»Nichts, Leo«, antwortete ihm seine Mutter. »Geh ins Zimmer!«

Der Junge blieb noch einen Moment unschlüssig stehen, Gerda Bintrup hob die Hand und deutete auf die Tür hinter ihr. Der Junge verschwand. Sie wandte sich wieder Juri zu, eine Hand auf dem Türblatt, als wolle sie in der Lage sein, es jederzeit zuzuschlagen. Gleichzeitig sah sie ihn an, als bringe er ihr Erlösung.

»Nein«, sagte er schließlich, »wir wissen nichts Neues über das Verschwinden Ihres Mannes. Aber Sie wissen, dass wir im Moment davon ausgehen müssen, dass er die DDR freiwillig verlassen hat?«

»Das halte ich für ausgeschlossen. Rene hätte seinen Sohn nicht zurückgelassen.«

»Es tut mir leid, das zu sagen, aber er wäre nicht der Erste.«

»Nicht Rene!«

»Die Alternativen sind nicht unbedingt besser. Ihr Mann ist seit drei Tagen nicht mehr aufgetaucht.«

»Vielleicht sollten Sie einmal in einem Ihrer Gefängnisse fragen?«

»Was spricht dagegen, dass er das Land verlassen hat? Vielleicht hat sich kurzfristig die Möglichkeit ergeben? Vielleicht meldet er sich bald von drüben und möchte seinen Sohn nachholen? Oder er rechnet damit, dass die Grenzen sowieso bald fallen.«

Gerda lachte. »Sie glauben doch nicht wirklich, dass die Partei die Mauer aufmacht? Dann gehen hier doch alle nach drüben.«

Wahrscheinlich hatte sie recht. Juri wollte noch immer glauben, dass die Menschen gerne in der DDR lebten und bereit waren, gemeinsam den Sozialismus weiterzuentwickeln. Das Gespräch mit Berger gestern hatte seine Zweifel allerdings verstärkt. Vielleicht ging es dem

Sozialismus so schlecht, dass er gar nicht mehr zu retten war? Vielleicht arbeiteten die, die ihn beschützen sollten, schon längst an seinem Ende? Trotzdem: »Sie haben meine Fragen nicht beantwortet«, stellte er fest.

»Was soll das werden? Wollen Sie mir einreden, mein Mann habe sich ohne mich und unseren Sohn in den Westen abgesetzt? Glauben Sie, ich würde das schlucken?« Ihre Stimme wurde lauter. »Glauben Sie, Sie können hier ankommen und von irgendeiner Schweinerei ablenken, in die Sie meinen Mann verwickelt haben? Glauben Sie, Sie können mich zum Schweigen bringen, indem Sie mir einzureden versuchen, Rene sei in den Westen abgehauen? Lassen Sie sich etwas Besseres einfallen!« Sie knallte die Tür zu.

Juri blieb einen Moment stehen, überlegte, ob er erneut klingeln sollte. Aber was könnte er Gerda Bintrup noch fragen? Sie schien überzeugt zu sein, dass ihr Mann nicht in den Westen gegangen war. Das hieß, dass er sich entweder aus bestimmten Gründen versteckte oder jemand anderes ihn gegen seinen Willen gefangen hielt. Oder, aber das erschien ihm die unwahrscheinlichste Möglichkeit zu sein, dass er tot war. Immerhin lebten sie in der DDR, nicht im Westen. Dennoch würde er dieser Spur nachgehen müssen.

*

Allee der Kosmonauten, Berlin

Juri wusste nicht hundertprozentig, ob er Erich Mohren vertrauen konnte. Sein ehemaliger Ausbilder, der nun bei der MUK arbeitete, war aber der einzige Mordermittler, den er kannte, und Erich hätte von Rene gehört, wenn er in einen Mordfall verwickelt und seine Leiche gefunden worden wäre.

Der Kollege wohnte draußen in Marzahn in einer Dreiraumwohnung im sechsten Stock eines gepflegten Plattenbaus. Juri beneidete ihn bereits um die Wohnung, als er die Treppe im Haus hinaufging, die zu den Aufzügen führte. Diese funktionierten einwandfrei. Als er an Erichs Tür in dem langen schnurgeraden Flur klopfte, öffnete dessen Frau, ein Kind auf dem Arm. Sie lächelte arglos. Juri musste an die Mutter denken, mit der er gerade gesprochen hatte. »Ich hoffe, Sie wollen ihn nicht zu einem Einsatz abholen?«, sagte sie zur Begrüßung. Es klang ein leichter Tadel darin an, aber sie wirkte nicht unfreundlich dabei.

»Nein, keine Sorge.« Juri lächelte seinerseits. »Ich komme nicht, um Ihren Mann zu holen.« Erleichtert bat sie ihn in die Wohnung. Erich saß auf dem Sofa und schaute fern. Irgendein historischer Spielfilm, die Schauspieler trugen Kostüme, die Juri an das 19. Jahrhundert erinnerten. Er ertappte sich bei dem Gedanken, dass seiner Nachbarin solche Kostüme sicher auch gut stehen würden. Hoffentlich war sie in der Datsche geblieben und hatte nicht auf eigene Faust ermittelt. Zuzutrauen wäre es ihr. Erich erhob sich, als er Juri erkannte, und umarmte ihn, als wären sie die besten Freunde.

»Möchten Sie gleich mit uns essen?«, fragte Erichs Frau, die er ihm als Theresa vorstellte.

»Ich esse nachher noch mit meiner Mutter.«

»Geht es ihr besser?«, fragte Erich. »Was machen Ihre Bronchien?«

»Das kann man nicht sagen. Sie kämpft immer noch mit ihrem Husten.« Er wollte Nadjas angebliches Wundermittel nicht erwähnen, nicht nur, weil er von dessen Wirkung noch nicht zur Gänze überzeugt war.

»Okay, dann lass mal hören, was dich zu uns rausführt. Brauchst du eine Wohnung? Ich fürchte, da kann ich nichts für dich tun. Oder willst du zur MUK? Das wäre vielleicht was für dich. Dumm bist du ja nicht.« Erich lachte.

»Tatsächlich geht es eher um die MUK«, erwiderte Juri, sich vorsichtig an sein Thema herantastend. Mordermittlungen waren auch in weniger brisanten Fällen eine heikle Angelegenheit, von der der normale Volkspolizist besser die Finger ließ.

»Vielleicht gehen wir eine Runde spazieren?«, schlug Erich vor. Theresa warf ihm einen vorwurfsvollen Blick zu, dann legte sie das Kind in einen Laufstall und verabschiedete sich kurz angebunden von Juri.

Schweigend liefen die beiden Männer die Treppe hinunter. Draußen zeigte Erich auf einen Spielplatz, der um diese Zeit verlassen war. Für Juri hatten ungenutzte Spielplätze immer etwas Trauriges an sich. Erich setzte sich auf eine der beiden Schaukeln, das Licht einer einzelnen Laterne erhellte den Platz zu seinen Füßen in einem Umkreis von etwa drei Metern. Nachdem Juri sich auf der anderen Schaukel niedergelassen hatte, wippten die beiden Männer eine Zeit lang stumm nebeneinander. Der Spielplatz verlor ein wenig von seiner Traurigkeit.

»Wenn du mal runterkommen willst, ist das wirklich das Beste. Einfach eine Weile auf die Schaukel und die Bilder vom Tag verblassen. Habt ihr eine Schaukel bei euch in der Gegend?« Juri musste verneinen. Zumindest wusste er nicht, wo in seiner Nähe sich eine Schaukel verbarg.

Erich kramte eine Zigarettenpackung aus seiner Hosentasche, zog zwei Zigaretten heraus und bot Juri eine an. Schweigend rauchten und schaukelten sie weiter.

»Weswegen bist du hier?«, fragte Erich nach einer Weile, stoppte das Schaukeln mit den Füßen, die über den Boden schabten. Ein paar Sandkörner spritzten hoch.

Juri hielt ebenfalls inne. »Ich habe da von einer Sache gehört.« Noch immer wusste er nicht, ob er Erich vertrauen konnte. Wenn sein ehemaliger Ausbilder mit der Staatssicherheit zusammenarbeitete, mehr als es bei seinem Beruf unausweichlich war, könnte er Nadja und ihn in große Schwierigkeiten bringen. »Eine Bekannte meiner Mutter hat mir davon erzählt.« Im Grunde war das nicht einmal gelogen. Jedenfalls klang es in seinen Ohren unverfänglicher, als Erich zu erzählen, dass seine Nachbarin diese Bekannte war. »Ein Freund dieser Bekannten ist am Samstag während der Demonstration irgendwo rund um das Marx-Engels-Forum verschwunden. Sie macht sich große Sorgen um ihn. Ich habe ihr versprochen, mich einmal umzuhören.«

»Zur Zeit verschwinden viele Menschen«, stellte Erich wie alle anderen das Offensichtliche fest. Keine Vermisstensache kam heute ohne diese Überlegung aus.

»Ich weiß. Aber sie ist sich zu 100 Prozent sicher, dass dieser Bekannte nicht gehen würde.«

Erich nickte langsam, als verstünde er. »Und jetzt möchtest du von mir wissen, ob wir am Samstag einen Fall reinbekommen haben?«

»So in etwa. Oder ob du sonst irgendetwas mitbekommen hast …«, wagte sich Juri noch ein Stück weiter vor. Denn wenn dieser Rene, ein aktiver Oppositioneller, auf der größten Protestdemonstration in der Geschichte der DDR verhaftet worden war, war das mehr als ein heikler Fall.

»Du weißt, was du da sagst?«

Juri sackte das Herz in die Hose. Er schaute auf seine Schuhspitzen im Sand. Schließlich sah er wieder hoch und Erich direkt an. »Wir wissen doch, wie das laufen kann. Ich sage ja nicht, dass die MUK dadrin hängt. Es wäre nur gut für meine Bekannte, wenn sie mehr wüsste und Gewissheit hätte.«

»Du solltest dich aus solchen Sachen raushalten, Juri. Ich meine, du bist ein guter Polizist, und dein Großvater ist ein hohes Tier bei der Nationalen Volksarmee, aber es gibt Dinge in diesem Land, da fragt man besser nicht nach. Das weißt du doch auch. Stell dir vor, dieser Bekannte ist tatsächlich irgendwo in Staatsgewalt.« Er stand auf, eine Hand an der Kette der Schaukel, die andere warnend erhoben. »Ich sage nicht, dass es so ist oder so sein könnte. Aber einfach mal hypothetisch gesprochen: Wenn ich dir das sagen würde – sofern ich es überhaupt wüsste – und das käme an die Öffentlichkeit, in der jetzigen Situation … Kannst du dir vorstellen, was dann los wäre? Wir hätten einen offenen Aufstand!«

Juri konnte sich das durchaus vorstellen. Er wippte dennoch betont lässig auf der Schaukel. Seitdem er sich einmal entschlossen hatte, standhaft zu bleiben und nachzufragen, fühlte er sich besser. Freier.

Erich schien zu realisieren, dass er Juri nicht ohne Antwort loswurde. Er setzte sich zurück auf die Schaukel. Ein paar Runden wippten die beiden, zaghafter, abwägender als zuvor. Schließlich stoppte Erich wieder. Er war zu einer Entscheidung gekommen.

»Was ich dir sagen kann – und das bleibt unter uns: Wir haben seit Samstag von keinem Todesfall gehört, wir sind zu keiner Ermittlung gerufen worden und wir haben niemanden in Gewahrsam genommen.« Er erhob sich. »Was das Spezialkommando angeht, dazu kann ich dir nichts sagen. Ich würde dir auch nicht empfehlen da nachzufragen. Das ist eine Nummer zu groß für dich.«

Sie verließen den Spielplatz, der Sand knirschte unter ihren Schritten, und Juri begleitete seinen alten Freund zur Haustür. Erich war fast schon im Inneren verschwunden, als Juri noch eine Frage einfiel. Er lief die drei Schritte zur Haustür und schaffte es gerade noch, bevor sie zufiel. Erich stand bei den Briefkästen und sah Juri überrascht an. Er wirkte, als habe ihn Juri bei etwas ertappt, und versuchte, sich nichts anmerken zu lassen.

»Gesetzt den Fall, der Bekannte meiner Bekannten wäre tot: Könnte die Leiche auch versteckt worden sein?«

Erich runzelte die Stirn. »Schaust du gerade vielleicht etwas zu viel Polizeiruf 110?«

MITTWOCH, 8. NOVEMBER 1989

11

Christinenstraße, Berlin

Juri hatte nicht damit gerechnet, Erich so schnell wieder-
zusehen. Im Morgengrauen wurden er und seine Mutter
von Geräuschen im Treppenhaus geweckt. Er zog sich
rasch an. Als er vor die Wohnungstür trat, hörte er von
oben weiteren Lärm. Er stieg die Treppe hinauf und sah
Erich vor Nadjas Wohnung im Dachgeschoss. Sein Herz
schlug schneller. Zwei weitere Kollegen der MUK sah er
bereits im Inneren der Wohnung arbeiten. Juri wollte ein-
treten, aber Erich hob die Hand.

»Halt!«, sagte er. »Das ist möglicherweise ein Tatort.
Was tust du überhaupt hier?«

»Was ist passiert?«, antwortete Juri mit einer Gegenfrage und versuchte, sich seine Sorge nicht anmerken zu
lassen. War Nadja heimlich nach Hause zurückgekehrt
und hier in der Nacht ihren Verfolgern zum Opfer gefallen? War sie so unvorsichtig?

»Hat euch jemand alarmiert?« Das Frage-Gegenfra-
ge-Spiel ging weiter. Juri wurde bereits ungeduldig. Was
war geschehen?

»Nein, ich wohne hier im Haus. Ich bin der Hauswart.«
Erich blickte ihn überrascht an. Gestern war Juri mit
einer gewagten Frage nach einem Vermissten bei Erich
aufgetaucht, heute trafen sie sich an einem Tatort in Juris
Nachbarschaft. Juri wusste, dass sein Kollege ihn nun

zum Kreis der Verdächtigen zählte. An seiner Stelle wäre er ebenfalls misstrauisch geworden. »Hat das etwas mit deinem Besuch gestern zu tun?«

»Was ist denn überhaupt passiert?«, wiederholte Juri seine Frage.

»Du weichst meinen Fragen aus!« Erich sah ihn scharf an. Juri schaute an ihm vorbei in die Wohnung. Schließlich gab der Mordermittler fürs Erste nach. »Komm rein.« Er machte Juri Platz, der eintrat und sich nicht anmerken ließ, dass er sich in der Wohnung auskannte. »Weißt du, wer hier wohnt?«

»Nein, keine Ahnung. Die Wohnung steht seit Monaten leer.«

»Führst du nicht das Hausbuch?« Erichs Misstrauen wuchs weiter. Wenn Juri sich weiter so dämlich anstellte, würde er den Tag bei der MUK verbringen. Und zwar nicht als Polizist, sondern als Verdächtiger.

»Ja«, erklärte er, »aber wie gesagt: Diese Wohnung war eigentlich gesperrt. Hier wohnte niemand.«

»Vielleicht doch«, antwortete Erich und deutete auf die Leiche, die hinter dem Tisch in der Mitte des Zimmers lag und die bisher von Erichs Kollegen verdeckt worden war. Nadjas Sachen lagen ebenfalls noch so da, wie sie sie zurückgelassen hatte. Juri sah das Brel-Album aus dem Stapel hervorlugen. Aber vor allem blickte er auf den leblosen Körper, der im ersten Augenblick so aussah, als schliefe er. Bloß die klaffenden Wunden am Schädel, das getrocknete Blut und die Blutflecken auf dem Hemd ließen erahnen, welches Martyrium der Tote zu Lebzeiten erlitten hatte. Selbst sein roter Bart war blutgetränkt. Die Erleichterung darüber, dass es nicht Nadja war, die dort lag, versuchte Juri sich nicht anmerken zu lassen.

Nur: Wer war der Tote? War das der Bekannte, von dem Nadja sprach? Wie kam er in ihre Wohnung?

»Kennst du den?«

Juri schüttelte den Kopf. »Nein, den habe ich noch nie gesehen.«

»Also wohnte er nicht bei euch?«

»Nicht dass ich wüsste.«

»Bist du dir sicher?«

Erich musterte Juri, tat dann einen Schritt nach vorn und ging vor der Leiche in die Hocke, um sie näher zu betrachten. »Hatte er keine Papiere bei sich?«, fragte Juri, obwohl er natürlich eine Befürchtung hatte, um wen es sich bei dem Toten handelte.

»Interessanterweise nicht«, antwortete einer von Erichs Kollegen.

Juri runzelte die Stirn. »Sonst irgendetwas, woran wir ihn identifizieren könnten?«

»Wir schon mal gar nicht, Genosse. Überlass die Mordermittlungen den Fachleuten.« Erich deutete mit einer Handbewegung auf die Tür. Juri erhob sich zögerlich, um die Wohnung zu verlassen. Hier konnte er nichts mehr tun, ohne sich nicht noch weiter verdächtig zu machen und damit Nadja in Gefahr zu bringen. Von der Tür hörten die Ermittler nun jedoch eine andere Stimme.

»Allerdings!« Zwei Männer betraten die Wohnung, Juri erkannte sie ebenso wie seine Kollegen von der MUK. Der eine, der noch mit der Untersuchung der Leiche beschäftigt war, ließ von ihr ab und erhob sich. »Spezialkommission«, stellten sich die beiden überflüssigerweise vor und nickten in Richtung der anderen. »Wir übernehmen hier.«

Erich und seine Männer warteten nicht lange. Sie packten ihre Sachen und verschwanden. Erich nickte Juri im

Vorbeigehen kurz zu. Der blieb mit den zwei Mordermittlern von der Staatssicherheit im Zimmer stehen.

»Kann ich Ihnen noch helfen?«, blaffte ihn einer der beiden an. Juri schüttelte den Kopf und verließ Nadjas Wohnung seinerseits. Keiner der beiden Stasimänner hatte nach dem Grund seiner Anwesenheit gefragt.

Wenn es sich bei dem Toten um Nadjas verschwundenen Bekannten handelte, und davon war Juri überzeugt, war es nur eine Frage der Zeit, bis Nadja auf der Fahndungsliste der Staatssicherheit auftauchte. Er hatte versucht, sich die Gesichter der beiden Ermittler von der Spezialkommission einzuprägen. Keiner von denen kam ihm bekannt vor. Gehörten sie zu denen, die hinter Nadja her waren? Mussten das zwingend Stasibeamte sein? Vielleicht hatte dieser Rene auch in ganz anderen Sachen mit drin gesteckt? Vielleicht steckte auch Nadja, unter Umständen unschuldig, in irgendwelchen kriminellen Machenschaften mit drin?

Draußen vor der Tür stand Erich mit seinen Kollegen und rauchte. Juri nickte und wollte an ihnen vorbeigehen. Erich folgte ihm.

»Auf ein Wort, Juri!« Lieber wäre er weitergegangen, aber er blieb stehen. »Erzähl mir, wo du da drinhängst!«, fragte Erich, nachdem sie ein paar Schritte gelaufen waren, weit genug, dass seine Kollegen sie nicht mehr hören konnten.

Juri zuckte mit den Achseln. »Ich weiß nicht, was du meinst.«

»Willst du mir erzählen, dass es Zufall ist, dass du gestern bei mir warst, um dich nach einem möglichen Mord zu erkundigen, und wir heute in deinem Haus eine Leiche finden, die ziemlich offensichtlich Opfer eines Kapitalverbrechens geworden ist?«

Juri blieb stehen. Er hatte auf der anderen Straßenseite jemanden gesehen, den er kannte. »Ehrlich gesagt: So ist es. Ich weiß nichts über diesen Toten da oben. Der könnte da schon seit Wochen liegen. Ich hätte es nicht gemerkt.« Der Mann auf der anderen Straßenseite registrierte Juris Interesse. Er verließ seinen Posten, von dem aus er das Haus offensichtlich beobachtet hatte.

»Verarsch mich nicht, Hoffmann!«, wurde Erich lauter. Juri sah den Mann, der ihn am Samstag am Spreekanal provoziert hatte, um die Ecke verschwinden.

»Ich weiß wirklich nicht, was du willst, Erich«, antwortete er. »Und ich muss jetzt zum Dienst. Ich bin eh schon spät dran.« Er drängte sich an Erich vorbei, der packte ihn am Arm. Einen Augenblick sahen sich die beiden an. »Willst du am Werderschen Markt erklären, warum du mich von meinem Dienst dort abgehalten hast, Genosse?«, fragte Juri mit einer Schärfe in der Stimme, die ihn selber überraschte. Der Mann von der MUK ließ ihn zögernd los. Juri nickte ihm kurz zu. Dann überquerte er die Fahrbahn und bog um die Ecke der Fehrbelliner Straße. Sein Zielobjekt lief 20 Meter vor ihm. Juri konnte den wippenden Zopf des Mannes genau sehen, der ihn nicht bemerkte und weiterging in Richtung Jahnpark. Juri hätte eigentlich bereits am Werderschen Markt vor dem ZK-Gebäude stehen müssen, folgte dem Mann mit dem Zopf jedoch durch die Straßen Berlins. Vielleicht merkte außer seinem Kollegen niemand, dass er fehlte. Sicherlich würden nicht gerade heute Demonstranten das Gebäude stürmen. Wenn wirklich jemand fragte, musste er seine kranke Mutter vorschieben. Er tat das ungern, hatte das bisher nur gemacht, wenn sie ihn wirklich gebraucht hatte. Aber jetzt brauchte ihn Nadja und die konnte er kaum als Grund für sein Fernbleiben vom Dienst vorschieben. ›Ich verstecke eine möglicherweise gesuchte Oppositionelle in der Datsche meines Großvaters, Generaloberst bei der NVA, und jage Stasi-Spitzel, um ihre Unschuld zu beweisen‹, war keine Entschuldigung dafür, das Zentralkomitee der SED unbewacht zu lassen. Auch wenn seine Mutter vielleicht recht hatte: Die konnten durchaus einmal auf sich selbst aufpassen. Er lächelte grimmig.

Der Mann verschwand in einer Toreinfahrt, Juri ging hinter ihm her und blieb abrupt stehen. Aus dem Halbdunkel richtete jemand eine Waffe auf ihn. Instinktiv hob Juri die Hände. Der Mann griff ihm ans Holster und nahm seine Dienstpistole an sich. Juri konnte das Gesicht hinter der fremden Waffe nicht erkennen. Das Licht von der Straße fiel nur auf die helle Windjacke, die der Mann trug. Im Hintergrund sah er, wie sein Zielobjekt hinter einer Tür verschwand.

»Wo ist Nadja Worzyn?«, kam der Fremde direkt zur Sache. Er trat jetzt aus dem Licht hervor. Juri hatte auch ihn schon einmal gesehen, wusste jedoch im ersten Moment nicht, wo.

»Wer ist das?«, fragte Juri und erhielt einen Schlag auf den Hinterkopf. Er sackte zu Boden, blickte über die Schulter zurück und bemerkte hinter sich einen weiteren Mann. Offensichtlich war er in eine Falle getappt.

»Red keinen Scheiß, Hoffmann«, hörte er den zweiten Mann. »Wir reden von dem Mädchen, das bei dir im Haus wohnt.« Juri erhob sich vorsichtig, stützte sich an der Wand ab, rieb sich den schmerzenden Hinterkopf. Die beiden Männer ließen ihn gewähren. Er rechnete damit, dass sie nur warteten, bis er sich ein wenig erholt hatte, damit der nächste Schlag umso wirkungsvoller traf.

180

Aber statt auf Juri einzuprügeln, deutete einer der beiden mit seiner Pistole auf eine schmale Tür, die aus dem Toreingang ins Innere des Hauses führte.

»Da rein!« Juri folgte dem Mann, spürte eine zweite Waffe in seinem Rücken, als er ein offenbar leer stehendes Ladenlokal betrat.

Sie führten Juri eine schmale eiserne Wendeltreppe hinunter in einen ebenso leeren Kellerraum. Eine nackte Glühbirne wurde angeschaltet, deren kaltes Licht den Betonboden des Kellers kaum erreichte. Zwei einfache Holzstühle standen genau unter der Birne. Der Mann, der vor ihm hergelaufen war, stellte sich neben den einen Stuhl und wies einladend mit der Hand darauf. Er grinste.

»Nimm Platz, Genosse!« Er klopfte mit der Waffe auf die Lehne.

Juri spürte die Pistole in seinem Rücken. Ihm blieb nichts anderes übrig, als der Einladung Folge zu leisten. Also ließ er sich auf dem Stuhl nieder. Der zweite Mann, ein breitschultriger Typ mit einem tiefschwarzen Schnauzbart baute sich vor ihm auf, stützte die Hände auf die Stuhllehne.

»Nadja Worzyn, Genosse!«

Juri entschied sich, ruhig zu bleiben und auf Zeit zu spielen. »Staatssicherheit?«, antwortete er mit einer Gegenfrage. Der Mann hinter ihm schlug ihm den Kolben gegen den Schädel, sodass Juris Kopf nach vorn sackte. »Wir stellen die Fragen.« Erich war deutlich kulanter gewesen bei ihrem Fragen-Gegenfragen-Spiel.

»Staatssicherheit also«, bemerkte Juri, »was wollen Sie von diesem Mädchen?«

Grinsend zog der Mann vor ihm ein Papier aus der Tasche und hielt es ihm unter die Nase. Juri las und versuchte sich nichts anmerken zu lassen. »Sie hat einen Typen kaltgemacht.« Der Mann steckte den Haftbefehl gegen Nadja wieder ein.

»Offizielle Fahndung?«, fragte Juri weiter.

»Öffentlich? Nein. Offiziell? Ja. Aber das Mädchen gehört uns, nicht euch VoPos. Also: Was weißt du über sie, Hoffmann?«

»Keine Ahnung. Haben Sie ein Bild von ihr?« ›Uns‹, hatte er gesagt. Gehörte dieser Kerl zur Spezialkommission der Staatssicherheit? Das konnte Juri sich kaum vorstellen. Die hätten ihn in Nadjas Wohnung schon befragen können, wenn sie über sie Bescheid gewusst hätten. Was wurde hier gespielt? Er kam nicht dazu, weiter darüber nachzudenken.

Diesmal schlug der Mann vor ihm zu, deutlich fester als sein Kompagnon, der Juri festhielt. »Wir haben dich mit ihr gesehen, Hoffmann.«

»Wenn ihr«, Juri sah nicht ein, die beiden weiter zu siezen, »mir endlich mal ein Bild zeigen könntet, damit ich weiß, von wem ihr sprecht …« Er wunderte sich selbst über seine Dreistigkeit den beiden vermeintlichen Stasimännern gegenüber.

Zwei Fäuste trafen ihn gleichzeitig, der dritte Schlag landete in der Magengruppe. Juri sackte zusammen, versuchte sofort wieder hochzukommen. Vielleicht war das mit der Dreistigkeit keine so gute Idee? Er musste sich wehren, Juri griff nach dem Stuhl, schwang ihn hoch und schlug zuerst nach dem Mann hinter ihm. Von ihm, so glaubte er, ging mehr Gefahr aus. Leider täuschte er sich. Den Stuhl noch in der Hand traf ihn ein heftiger Schlag im Nacken und Juri sackte bewusstlos zu Boden.

Als er wieder zu sich kam, war er allein. Er saß auf dem

Stuhl, die Hände hinter der Lehne, die Beine um die vorderen Stuhlbeine gefesselt. Sein Schädel schmerzte dumpf. In seinem Mund steckte ein Stück Stoff. Kurioserweise schmeckte es nach Schokolade. Auf dem Kragen seiner Uniform sah er ein paar Blutstropfen. Damit würde er heute nicht zum Dienst erscheinen können.

Er zog an den Fesseln. Wie erwartet gelang es ihm nicht, sich zu befreien. Dann sah er sich im Halbdunkel des Raumes um. Die Glühbirne hatte jemand ausgeschaltet, nur aus einem Kellerfenster vor ihm drang ein wenig Licht in den Raum. Die Wände waren unverputzt, nur mit Kalkfarbe geweißt, der Boden wirkte sandig, im Dämmerlicht meinte er einige dunkle Stellen ausmachen zu können. Blut? Was war das hier für ein Raum? Circa einen Meter vor sich sah er seine Dienstmütze im Staub liegen. Sie musste während der Schlägerei hinuntergefallen sein.

Von seinen Peinigern fehlte jede Spur. Sie hatten ihn allein gelassen. Juri wusste nicht, wie lange er bewusstlos geblieben war. Aber er zweifelte nicht daran, dass sie zurückkommen würden. Sie hatten noch nicht, was sie wollten.

Oben hörte er, wie eine Tür aufgesperrt wurde. Danach Schritte, die die eiserne Treppe in den Kellerraum herunterkamen. Er sah die Schuhe der beiden Männer, ihre hellen Hosenbeine. Sie grinsten ihn an.

»Zeit zu reden, Hoffmann«, erklärte der mit dem Schnauzbart. »Wo ist das Mädchen?«

Juri blickte auf den Totschläger, den der Mann locker in der rechten Hand hielt. Sie fuhren größere Geschütze auf. Er wappnete sich für die Schläge und sagte kein Wort. Der Schnauzbärtige griff nach Juris Haaren und zog seinen Kopf hoch. Er beugte sich nach vorne. »WO IST DAS MÄDCHEN?«

»Habt ihr mal in ihrer Wohnung geguckt?«

Der Schlag kam nicht von dem Schnauzbart, sondern von seinem Kompagnon. Er traf Juri in der Nierengegend. Juri krümmte sich, der Schnauzbärtige hielt seine Haare jedoch fest, riss ihn wieder hoch und versetzte ihm einen weiteren Schlag auf die Nase. Sie knackte unschön. Blut tropfte. Der Schnauzbärtige wiederholte seine Frage. Sein Kompagnon schlug zu. Sie wiederholten dieses Prozedere einige Zeit, bis Juri neuerlich das Bewusstsein verlor.

Als er wieder aufwachte, saß nur der ohne Schnauzer vor ihm. Er beobachtete ihn, Juris Dienstwaffe lag auf seinem Schoß, seine Hand umschloss locker den Griff. Sein Fuß wippte zu einer unbekannten Melodie.

»Guten Morgen, Hoffmann«, sagte er zur Begrüßung.

»Wie spät ist es?«, fragte Juri zurück.

»Für dich zu spät.« Er grinste. Es sah ein bisschen dämlich aus.

»Es ist nie zu spät«, erwiderte Juri mit allem Trotz, der ihm zu Gebote stand. Er wunderte sich immer noch über sich selbst.

Der Mann erhob sich und ging zwei Schritte auf Juri zu. Er wirkte gereizt. Juri spürte in seinem Körper überall Schmerzen. Hatten sie so sehr auf ihn eingeprügelt? Er konnte sich nicht wirklich erinnern. Vielleicht war das ganz gut so.

»Brauchst wohl noch ein paar Schläge?«

Juri musterte ihn. Er wirkte unscheinbar, das helle Haar nach hinten gekämmt, trug ein weißes Hemd unter einem beigefarbenen Pullover mit V-Ausschnitt, dazu eine helle Hose und praktische Schuhe. Seine Windjacke hing über der Stuhllehne gegenüber. Juris Dienstwaffe steckte jetzt lässig in seinem Hosenbund. »Kannst du kriegen! Vielleicht erzählst du uns dann endlich, wo diese Nadja sich verkrochen hat!«

Er holte aus. Juri duckte sich und stemmte die Füße auf den Boden. Dann schnellte er hoch, drehte sich halb und schlug seinem Angreifer den Stuhl in die Magengrube. Der schaute überrascht zu Juri herab, wirkte aber nicht sonderlich beeindruckt. Juri bewegte sich zwei Schritte zurück, hielt den Stuhl wie einen Rucksack auf seinem Rücken. Sein Bewacher folgte ihm langsam, keine Sekunde daran zweifelnd, dass er ihn, wenn er wollte, jederzeit stellen konnte. Juri beeilte sich, etwas mehr Abstand zwischen sie zu bringen. Dann nahm er Anlauf und rammte dem Mann die Stuhlbeine ein zweites Mal in die Magengrube. Diesmal zeigte der Treffer mehr Wirkung. Der Mann blies die Backen auf, krümmte sich gleichzeitig und hielt sich die Hände vor den Bauch. Juri schnellte hoch und donnerte mit dem Kopf gegen das Kinn seines Gegners. Der wurde nach hinten geschleudert, taumelte einige Meter und blickte Juri aus staunenden Augen an. Er nahm erneut Anlauf und rannte in den Mann hinein, sodass dieser gegen die Wand geschleudert wurde und kurz aufkeuchte, als entweiche alle Luft aus seinem Körper. Juri trat einen Schritt zurück. Der Mann klebte wie eine Fliege an der Wand, ehe er langsam nach vorn kippte. Juri versuchte sich mit zwei schnellen Schritten zur Seite in Sicherheit zu bringen. Aber zu spät. Der Mann fiel auf ihn, Juri stürzte unter ihm zu Boden und der Stuhl brach entzwei, als sie auf dem harten Beton aufschlugen.

Es kostete Juri einige Mühe, den leise stöhnenden, vermeintlichen Stasiagenten von sich zu schieben. Juri fackelte nicht lange, nahm ein abgebrochenes Stuhlbein und schlug dem Agenten damit über den Schädel. Dann herrschte Ruhe.

Zuerst zog er seine gefesselten Hände aus den Trümmern der Stühle, befreite dann die Füße und nahm seine Dienstpistole an sich, ehe er den Bewusstlosen mit seinen Stricken auf dem zweiten Stuhl fesselte. Er wusste nicht, wie viel Zeit ihm blieb. Nicht genug jedenfalls, um zu warten, bis er wieder aufwachte. Also schlug er ihm ein paarmal gegen die Wangen. Der Mann murrte im Halbschlaf, aber schlug die Augen auf. Erst nach einigen Sekunden begriff er die veränderte Situation. Zu Juris Überraschung begann er zu lachen. Zunächst kicherte er nur, dann aber konnte er nicht mehr an sich halten. Er schien sich gar nicht mehr einkriegen zu wollen. Juri reichte es irgendwann. Er verpasste dem Mann auf dem Stuhl eine Ohrfeige.

»Du bist tot, Hoffmann. Du und das Mädchen auch«, sagte der Mann daraufhin. »Da kannst du hier anstellen, was du willst.«

Juri schlug erneut zu. Natürlich hatte man ihm beigebracht, dass Freundlichkeit einen oft weiterbrachte, natürlich erinnerte er sich an die Ermahnungen gerade in den letzten Monaten, Gewalt immer als letztes Mittel zu begreifen und den Bürgern offen und freundlich gegenüberzutreten. Hier allerdings erschien es ihm angebracht, anders zu handeln.

»Was wollt ihr von Nadja?«, fragte er.

»Ach, du kennst sie also doch?«, bekam er als Antwort. Er schlug erneut zu.

»Damit kommst du nicht durch, Hoffmann! Gib's auf!« Jetzt sichtlich ramponierter und wütender spuckte der Gefesselte aus, Juri sah einen Zahn auf dem Boden. Der andere entdeckte ihn ebenfalls und blickte Juri noch finsterer an.

»Ich glaube«, sagte Juri langsam und bedächtig, »du musst dir um mich gerade gar nicht so viel Sorgen machen. Deine Probleme sind größer als meine.« Er packte das Gesicht des Mannes mit der rechten Hand und drückte die Backen zusammen. »35 Zähne sind noch drin.« Der Mann erbleichte. Noch mehr, als Juri seine Waffe nahm, sie ihm in den Mund hielt und entsicherte. Sie beide wussten, dass die Makarow eine zuverlässige Pistole war, aber, wie Juri dem Mann erklärte, gelegentlich etwas schreckhaft sein konnte. Schweißperlen liefen ihm die Wangen hinunter. Juri ließ ihn eine Weile schwitzen, dann zog er die Pistole wieder heraus. Erleichtert atmete der andere aus. »Noch einmal in Ruhe: Was wollt ihr von Nadja Worzyn?«

»Das Mädchen ist zu neugierig«, brach es aus dem Mann raus. Dann besann er sich eines anderen und schwieg wieder.

Juri beugte sich zu ihm hinunter und hielt ihm den Lauf der Makarow an das linke Nasenloch. »Die Leiche in ihrer Wohnung: Das wart ihr, oder? Arbeitest du für die Staatssicherheit?«

»Welche Leiche?«

Juri schlug dem Mann den Lauf der Pistole gegen die Schläfe. Er hatte das Interesse an Frage und Gegenfrage verloren. Kurz sackte sein Gefangener benommen weg. Juri musste ihn einige Male schlagen, damit er wieder zu sich kam. »Die Leiche in ihrer Wohnung. Das ist dieser Rene. Was habt ihr mit ihm gemacht?«

»Der Scheißkerl hat uns erwischt. Wir haben Monate gebraucht, um einen Informanten in diese Gruppe einzuschleusen, und dann latscht der uns einfach über den Weg. Er kannte mich. Verdammte Scheiße. Der hätte mich überhaupt nicht kennen sollen. Ich weiß gar nicht, woher.«

»Er hat ein Foto von dir, wie du Oppositionelle beschattest.« Es lag in Juris Augen eine gewisse Ironie darin, dass ausgerechnet ein Foto die Überwachung und den Stasimann enttarnte. Er erinnerte sich an Verhöre, bei denen die Volkspolizei sich Fotos bediente, die die Stasi ihnen zugespielt hatte.

»Verdammt!«

»Aber wenn ein Informant auffliegt, dann zieht man ihn ab und schlägt niemanden tot. Das ist doch Wahnsinn.«

»Er hat die Nerven verloren. Kann einem schon mal passieren in so aufgewühlten Zeiten. So, wie es aussieht, ist er aber nicht der Einzige, der hier die Nerven verloren hat«, hörte Juri eine Stimme hinter sich. Er drehte sich um. Auf der Treppe stand der Schnauzbärtige, blickte auf seinen gefesselten Kollegen und richtete eine Waffe auf Juri. Der Mann kam langsam die Treppe herunter. Juri hob seine Dienstpistole. Der Mann blieb stehen. »Da haben wir wohl eine Pattsituation.« Er grinste sichtlich amüsiert, bewegte die Waffe ein Stück nach rechts und schoss. Juri sah, wie sein Gefangener zuckte, Blut spritzte aus seinem Kopf, dann sackte er in sich zusammen.

»Bevor er noch mehr quatscht.«

Juri war geschockt. Der Schnauzbärtige kam weiter die Treppe herunter. Erst als er das Ende der Treppe erreicht hatte, reagierte Juri. »Jetzt die Waffe fallen lassen und rüber zu Ihrem toten Kumpel.«

Der Mann lachte und ging weiter auf ihn zu. »Glaubst du, ich habe Hemmungen, dich zu erschießen?«

Juri zielte auf den Boden vor ihm und drückte ab. Staub spritzte hoch, die Kugel pfiff durch den Raum. Der Mann vor ihm zuckte zusammen. »Meine Hemmschwelle zumindest sinkt gerade«, antwortete Juri.

Der Schnauzbärtige blieb stehen, unschlüssig, wie er Juris Entschlossenheit einschätzen sollte. Der Mann richtete die Waffe auf ihn. Juri schoss und traf die Schusshand seines Gegenübers. Seine Waffe flog zu Boden. Mit schmerzverzerrtem Gesicht hielt sich der Mann die Hand, dann blickte er Juri verwundert an.

»Was glauben Sie, wie oft mein Großvater mich als Jungen mit auf den Schießstand genommen hat?«

»Trotzdem war das ein Glücksschuss.«

»Natürlich, aber was hätte passieren können, außer dass ich Ihre Hand treffe? Oder Sie?«

»Damit kommst du nicht durch, Hoffmann! Glaubst du, wir sind nur so ein kleiner Haufen Spinner, die deiner Freundin hinterherjagen? Glaubst du, die Provokationen am Palast denken sich ein paar verkrachte ewig gestrige Leute von der Staatssicherheit aus? Kleine Lichter, denen sonst ihre Felle davonschwimmen? Du hast keine Chance, Genosse! Das hier ist eine Nummer zu groß für dich! Du und deine Freundin, ihr seid tot. Ihr wisst das nur noch nicht.«

Juri nahm die Worte des Mannes durchaus ernst. Sie interessierten ihn zum jetzigen Zeitpunkt nur nicht mehr. Als sie das erste Mal auf ihn eingeschlagen hatten, hatte er seine Angst fürs Erste verloren. Er hatte nicht die Absicht, sie sich zurückzuholen. Seine Sorge galt Nadja. Der Schnauzbärtige schien das zu bemerken. »Du kannst noch die Seite wechseln, den Sozialismus retten! Du bist doch einer von uns!«

»Glauben Sie wirklich, Sie würden den Sozialismus retten?« Juri konnte nur den Kopf schütteln über so viel Borniertheit. »Was war mit den Soldaten auf dem Palast?«

»Es war ein perfekter Plan. Die Demonstranten greifen ein paar harmlose VoPos an, die NVA schreitet ein.«

»Aber da waren 500.000 Menschen!«

Der Mann kratzte sich kurz am Ohr. »Ja, das waren etwas zu viele. Damit hatten wir nicht gerechnet. Das wäre wohl etwas blutiger geworden. Blöderweise bist du auf unsere Provokationen nicht eingegangen. Und dann kam dieser verdammte Fotograf und hat Bilder gemacht. Die ganze Geschichte hat nicht nur nicht stattgefunden, sie wäre auch noch aufgeflogen.« Er blickte auf den Toten. »Da kann man schon mal die Nerven verlieren, findest du nicht?«

Juri fand das nicht und sagte das auch. Dann befahl er dem Schnauzbart, seinen toten Komplizen loszubinden und fesselte ihn seinerseits auf den Stuhl. Der Stasimann redete auf Juri ein, bis der ihm einen Knebel in den Mund steckte. Dann hob Juri seine Mütze auf und ließ ihn allein mit seinem toten Komplizen zurück.

12

Kaulsdorf, Berlin

Juri blickte aus dem Fenster der S-Bahn in die dunkle Nacht und auf die erleuchteten Lichter der Stadt. Außer ihm saßen nur wenige Fahrgäste in der Bahn, die auf alten Schienen ratterte und wackelte. Er saß allein in einer Viererbank, niemand beachtete ihn, obwohl er in der Spiegelung des Fensters sehen konnte, dass seine Nase dick geschwollen war. Immerhin hatte er sich das Blut aus dem Gesicht gewischt, nur auf der Uniform fanden sich ein paar Spritzer. Das würde morgen für einigen Ärger sorgen, aber nichts im Vergleich zu dem Ärger, der für ihn und vor allem Nadja in seinen Gedanken aufzog. Ganz langsam war das Adrenalin aus seinem Körper verschwunden und die Angst zurückgekrochen. Der Mann im Keller hatte recht gehabt. Das war eine Nummer zu groß für eine flüchtige Oppositionelle und einen einfachen Volkspolizisten. Wenn nur die Hälfte von dem stimmte, was der Schnauzbärtige gesagt hatte, hatten sie mächtige Männer in Staatssicherheit und Nationaler Volksarmee gegen sich. Und sie beide hatten keinen Schimmer, wer und zu wie viele ihre Gegner waren. Juri dachte an die Parteigrößen, die morgens an ihm vorbei ins Gebäude des ZK liefen, die mächtigsten Männer der DDR. Wie viele von ihnen gehörten dieser Verschwörung an? Wer von ihnen? Konnte er sich dort noch sehen lassen oder würden sie ihn sofort verhaften? Was würden sie mit Nadja tun? Sie konnte nicht ewig in der Datsche ausharren. Irgendwann würde jemand sie bemerken und den Generaloberst informieren.

Als Jugendlicher hatte er sich einmal heimlich in der Datsche verkrochen. Natürlich mit einem Mädchen, das er mit deren Luxus beeindrucken wollte. Selbstverständlich hatte er geplant, mit ihr die Nacht dort zu verbringen. Zwei Stunden hatten sie gehabt, dann standen drei bewaffnete NVA-Soldaten vor ihnen und hatten sie mitgenommen. In der Polizeikaserne um die Ecke hatten sie ihn die ganze Nacht festgehalten, bis seine Identität geklärt war. Juri hatte den Verdacht, dass sein Großvater sich absichtlich Zeit gelassen hatte. Die Nacht in Gewahrsam würde er nie vergessen. Das Mädchen, mit dem er in der Datsche hatte übernachten wollen, hatte nie wieder ein Wort mit ihm gewechselt.

Heute konnte er froh sein, wenn er nur in Gewahrsam landen würde. Viel wahrscheinlicher war es, dass Nadja und er Renes Schicksal teilen würden. Er hatte keine Idee, wie er das verhindern sollte. Die Grenze zur CSSR war viel zu weit weg. An eine Flucht über die Mauer nach Westberlin war nicht zu denken. Selbst wenn, sie müssten sich Wochen auf eine solche Flucht vorbereiten. Wochen, die ihnen nicht blieben. Juri rechnete kaum damit, den morgigen Tag zu überleben. Anders als die, die in den letzten Wochen so lautstark Reisefreiheit gefordert hatten, hatte Juri sich in der DDR nie eingesperrt gefühlt. Dies war sein Land, Berlin seine Heimatstadt. Jetzt bedrückte ihn das Gefühl, in der Falle zu sitzen, umso mehr.

An der Polizeikaserne auf der Hönower Straße schlich er vorbei. Auch wenn ihm heute Abend so gar nicht danach zumute war, vermisste er das gemeinsame Singen mit Nadja schmerzlich. Die Erinnerung beschleunigte seine Schritte. Hoffentlich war sie noch in ihrem Versteck.

Die Gartenhäuschen und kleinen Datschen lagen im Dunkeln. Auch aus der Datsche seines Großvaters drang kein Lichtschein. Er öffnete das quietschende Tor, hinter dem das private Refugium seines Großvaters lag. Als er die Tür des Häuschens aufstieß, umfing ihn die gleiche Schwärze wie draußen. War Nadja verschwunden? Hatten die Verschwörer sie geholt? Er tastete sich bis in die Mitte des Raumes vor, hoffte dort auf dem Tisch eine Kerze zu finden, tastete mit den Fingern darüber, fand nichts.

»Juri?«, hörte er eine Stimme in der Dunkelheit. Ein Streichholz wurde angezündet und blendete ihn. »Ein Glück, du bist es.« Juri konnte ihr Gesicht hinter der kleinen Flamme kaum ausmachen. Sie schien das seinige ebenfalls kaum zu erkennen, denn seine Verletzungen blieben ihr verborgen. Ihm war das nur recht.

»Ich muss unbedingt vor die Tür«, sagte sie und pustete das Streichholz aus.

»Das ist keine gute Idee.« Selbst wenn sie aller Wahrscheinlichkeit nach die Einzigen auf den Wegen wären, es war zu riskant. Irgendjemand konnte unterwegs sein oder aus einem Fenster schauen und die beiden entdecken.

Doch sie stand bereits an der Tür. »Ein paar Schritte werden uns schon nicht auffliegen lassen. Die Kerle suchen mich bestimmt nicht in einer Kleingartenanlage am Arsch von Berlin. Ich brauche dringend Bewegung.«

Nadja hatte die Tür bereits geöffnet. Juri blieb stehen. Sie drehte sich zu ihm um, ihre Silhouette zeichnete sich vor dem wenigen Licht ab, das durch die Tür kam.

»Juri, ich sitze seit zwei Tagen hier herum. Ich muss raus! Ein paar Schritte nur. Wenn es dir zu gefährlich ist, bleib halt hier.« Mit diesen Worten stürmte sie zur Tür hinaus. Juri folgte ihr widerwillig. Was blieb ihm anderes übrig?

Am Gartentor holte er sie ein. Gemeinsam liefen sie die geschwungenen Wege der Anlage entlang, tasteten sich Schritt für Schritt vor in der Dunkelheit. Sie hakte sich bei ihm ein.

»So finster, wie es ist, erwischt uns hier sowieso kein Mensch«, flüsterte sie. Aber man wusste nie, wer unterwegs war und Augen und Ohren offen hielt.

Irgendwo zwitscherte ein Vogel. Juri blieb stehen und schaute in die Richtung. Hatte jemand das Tier aufgeschreckt?

»Du wirst paranoid«, flüsterte Nadja leise in sein Ohr. Er spürte ihren warmen Atem. Waren sie nicht alle paranoid? Schon seit Jahren? Beständig überlegte man, was man sagen, was man tun konnte, wer einem eventuell schaden konnte. Früher hatte das nie so empfunden. Vielleicht hatte er es einfach nicht wahrnehmen wollen.

»Wir haben allen Grund, paranoid zu sein.« Langsam ging er weiter, schaute dabei in die Richtung, in der der Vogel geträllert hatte. Kein Laut war mehr zu hören.

Sie blieb stehen und hielt ihn am Arm fest. »Was meinst du damit?« Er sah sie an, konnte ihr Gesicht kaum ausmachen. Was sollte er sagen? Die Wahrheit? Er schaute sich um, suchte nach imaginären Lauschern. »Lass uns zurückgehen«, forderte Nadja ihn auf und machte kehrt. Juri folgte ihr erleichtert. So entging ihm der Mann, der an einer Weggabelung vor ihnen hinter einer Hecke stand und sie und die Datsche beobachtete.

Nachdem sie wieder in der Datsche angekommen waren, entzündete Nadja die Kerze, die neben dem Bett gestanden hatte, und stellte sie auf den Tisch. Ihr schwacher Schein erhellte ihre Gesichter und ließ sie rötlich schimmern.

»Du bist verletzt.« Sie kam um den Tisch herum, betastete vorsichtig seine Nase. Juri zuckte zurück. Nadja lief in die Küche und kam mit einem nassen Lappen wieder. Die Wasserversorgung funktionierte also in der Anlage. Manchmal hatte es wohl Vorteile, Generaloberst zu sein. Sie drückte ihm den Lappen aufs Gesicht und lächelte.

»Kann ich mich also revanchieren. Was ist denn passiert?«, fragte sie, drängte ihn sanft auf den Stuhl. Er setzte sich, sie nahm vor ihm auf dem Tisch Platz.

Juri erzählte ihr von den Ereignissen des Tages, dass er einen Stasimann vor dem Haus beobachtet hatte und in eine Falle getappt war. »Er trug einen Zopf«, ergänzte er.

»Das war Jochen«, stellte Nadja überrascht fest. Sie dachte einen Augenblick nach. »Was wird wohl aus ihm?«

»Die Staatssicherheit oder wer auch immer ihn zu euch geschickt hat, wird ihn abziehen und irgendwo anders einsetzen. Vielleicht lassen sie ihn auch einfach in Ruhe. Solche Leute sind froh, wenn sie selber davonkommen.«

»Wer, glaubst du, steckt hinter dem allen?« Juri wollte das Ausmaß der Verschwörung auslassen, aber er hatte seine Nachbarin unterschätzt. Sie bohrte nach, bis sie alles wusste.

»Also ist Renes Mörder tot?«, fragte sie, als er ihr vor den Ereignissen im Keller erzählte.

Juri nickte.

Nadja wirkte weniger schockiert als er erwartet hatte. Vielleicht hatte sie mit so etwas gerechnet. »Wenn sie tatsächlich die Armee einsetzen und auf Demonstranten schießen, wird ihnen das trotzdem nichts mehr nutzen. Ich meine, wir sind Millionen! Im ganzen Land! Wollen sie die alle erschießen?«

»Ich denke, sie gehen davon aus, dass es reicht, in Berlin die Macht an sich zu reißen. Vielleicht setzen sie jetzt gar nicht mehr auf die Konfrontation mit der Opposition. Vielleicht entmachten sie einfach das ZK und setzen eine Militärregierung ein.«

»Das hat in Polen schon nicht funktioniert.«

»Für ein paar Jahre schon.«

»Aber nicht auf Dauer!«

»Ein paar Jahre reichen ihnen. Und wer weiß, was dann sein wird?«

Sie packte ihn an beiden Schultern und schüttelte ihn. »Dann werden wir frei sein.«

»Woher nimmst du nur deinen Optimismus?«

Kurz sah er den Zweifel in ihren Augen aufblitzen. »Ich möchte einfach nicht, dass Rene umsonst gestorben ist. Außerdem: Wir sind so weit gekommen, haben so viel erreicht, so viele Menschen ermutigt, sich für Veränderungen einzusetzen … Ich will nicht glauben, dass das umsonst gewesen ist.« Voller Tatendrang sprang sie vom Tisch herunter. »Können wir das alles nicht öffentlich machen? Immerhin bin ich Journalistin. Wir könnten es über die Umwelt-Bibliothek verbreiten.«

»Wir haben nichts, was wir öffentlich machen können. Ein paar Gewehre auf dem Palast der Republik, die Aussagen eines mutmaßlichen Stasimannes, dessen Identität wir nicht kennen.«

»Wir brauchen Beweise.«

Juri erhob sich nun ebenfalls, die Hand mit dem kühlenden Lappen immer noch im Gesicht. Er sah Nadja hinterher, wie sie zum Bett lief und nach ihrer Tasche griff, in die sie das Notizbuch packte.

»Was hast du vor?«

»Wir fahren zurück in die Stadt, sammeln Beweise. Was sonst?«

»Du kannst nicht in die Stadt. Sie werden dich schneller finden als du sie. Möchtest du enden wie Rene?«

»Lieber enden wie Rene als weiterleben wie bisher! Wir müssen diese Bastarde stoppen!« Sie wollte an ihm vorbeistürmen, aber er stellte sich ihr in den Weg, ließ die Hand mit dem Lappen sinken.

»Ich möchte nicht, dass du so endest wie Rene«, sagte er leise. Er rechnete damit, dass sie ihn wegschob, an ihm vorbeilief und durch die Tür verschwand. Vielleicht würde er sogar hinter ihr her rennen. Ganz sicher würde er das. Dann würde er sie aufhalten und in die Datsche zurückzerren, wenn es sein musste. Vermutlich würde sie dennoch gehen.

Aber sie blieb stehen. »Das werde ich nicht«, sagte sie. Ihre Augen leuchteten.

»Deine Gewissheit hätte ich gerne.«

Er machte einen Schritt auf sie zu. Sie tat es ihm gleich. »Die Frage ist doch eher, Juri Hoffmann: Wo sind deine Gewissheiten geblieben?« Sie grinste ziemlich breit. »Wo ist der regelbewusste Hausbuchverwalter, der mich letzten Freitag nicht ins Hausbuch eintragen wollte, weil ich keine Meldebescheinigung vorlegen konnte.«

»Stimmt! Deine Meldebescheinigung. Die hast du mir immer noch nicht gezeigt.«

Sie trat einen weiteren Schritt auf ihn zu. »Ich habe keine.«

Er spürte wieder ihren warmen Atem. Sie blickte ihn trotzig an, eine Augenbraue spöttisch hochgezogen.

Er wollte etwas Lässiges sagen, aber ihm fiel nichts ein. Wie schon bei ihrer ersten Begegnung in der Christinenstraße führte ihn diese Frau an den Rand der Sprachlosigkeit. »Na ja«, sagte er schließlich, »das spielt wohl jetzt auch keine Rolle mehr.« Er nahm sie in den Arm. Oder warf sie sich in seine? Im Leben nicht würde er diesen Lippen ausweichen, die sich da gerade auf seine pressten. Eher würde die Mauer einstürzen. Er packte Nadja. Sie zog ihn in Richtung Bett. Er torkelte, der Tag hatte ihn mehr geschwächt, als er gedacht hatte. Gemeinsam fielen sie krachend auf die alte Matratze. Die Kerze flackerte, als ihre Hände und Lippen begannen gierig umherzuwandern.

9. NOVEMBER 1989

13

Kaulsdorf, Berlin

Irgendwann waren sie eingeschlafen, ineinander verkeilt und für ein paar Stunden jeder mit sich und seiner Welt zufrieden. Als Juri aufwachte, betrachtete er die schlafende Nadja eine Weile. Wie schön sie war. Draußen zwitscherte eine Meise. Ein Chanson von Francoise Hardy kam ihm in den Sinn:

Chante comme la mésange
Chante comme
Comme tu chantais
Pour moi

Durch den Spalt unter der Tür lugte ein Sonnenstrahl ins Innere der Datsche und sandte einen schmalen, goldenen Streifen Licht durch den Raum. Ein paar Staubkörner tanzten träge darüber. Nadjas Atem spielte mit den Härchen in seinem Nacken. Für ein paar Augenblicke schien seine Welt vollkommen zu sein. Die Erinnerung an die Ereignisse der letzten Tage war noch nicht in sein Bewusstsein zurückgekehrt, ließ ihm diesen kurzen friedlichen Moment, diese eine kurze Atempause.

Doch das Sonnenlicht verschwand hinter einer Wolke und langsam kehrte die Erinnerung an die Ereignisse der letzten Tage zurück. Mit ihr kamen die Sorge und die

Angst. Die Meise verstummte. Juri hielt es nicht mehr im Bett aus, er wollte sich aus der gemeinsamen Decke herausschälen, ohne Nadja zu wecken. Er scheiterte. Leise hörte er das Mädchen knurren, dann packte ihn ihre Hand und versuchte ihn ins Bett zurückzuziehen. Er machte sich los und stand auf, streckte sich einmal. Dann suchte er seine Uniform.

»Du musst gehen?«

»Ja, ich kann keinen zweiten Tag fehlen.« Außerdem, das behielt er für sich, fürchtete er, dass in der Nacht die Stasi oder wer auch immer den Staatsstreich, den Nadja bereits erlebt zu haben glaubte, vollzogen hatte. Vielleicht hatten in Berlin schon Panzer Aufstellung genommen und Staatssicherheit und NVA die Macht an sich gerissen. Hier draußen in der Datsche hätten sie nichts mitbekommen. Er musste herausfinden, was los war.

»Nimm mich mit! Ich dreh durch, wenn ich noch einen Tag hier eingesperrt bleiben muss.«

»Es ist besser, wenn du hierbleibst. Wir wissen beide nicht, wer mit denen unter einer Decke steckt oder zusammenarbeitet. Hier bist du am sichersten.«

»Aber ich muss irgendetwas tun, Juri! Dieses Warten macht mich wahnsinnig.«

Juri deutete auf Nadjas Notizbuch. »Kannst du nicht irgendetwas schreiben?«

»Ich habe das Gefühl, gerade woanders mehr gebraucht zu werden, verstehst du?«

Er verstand. Dennoch. »Gib mir noch einen Tag, lass mich schauen, was ich herausfinde … Wem hilfst du, wenn du in einem Gefängnis der Staatssicherheit landest? Oder mit einer Kugel im Kopf im Spreekanal auftauchst?«

Widerwillig ließ sie sich überzeugen. Sie küssten sich zum Abschied. Als er sich von ihr löste, drückte sie ihn zu seiner Überraschung noch einmal, als wollte sie sich vergewissern, dass er da gewesen war, sollte er nicht zurückkehren oder ein anderes Unglück sie beide trennen.

»Ich komm wieder«, sagte er wie zur Bestätigung.

Der Kies auf den Gartenwegen knirschte unter seinen Schritten, sonst wirkte alles so friedlich, still und wohl geordnet, wie Juri es aus seiner Kindheit kannte, wie es der Generaloberst nicht anders zulassen würde. Mit sorgenvollem Blick hastete er an der Polizeikaserne vorbei. Auch hier sah alles friedlich aus. Ebenso am Bahnhof. Keine Panzer, keine Soldaten, keine Aushänge, die die Bevölkerung zur Ruhe aufriefen. Nur Werktätige auf ihrem morgendlichen Weg zur Arbeit. Sozialistischer Alltag. Juri war ein Teil davon und gab sich für wenige Momente noch einmal der Illusion hin, dass alles wie immer war. Er saß in der S-Bahn, die ihn in die Stadt zu seiner Arbeit bringen würde, so wie Tausende andere auch. Jeder von ihnen leistete seinen Beitrag zum Aufbau der Gesellschaft, ein jeder nach seinen Fähigkeiten, ein jeder nach seiner Leistung.

Auf der anderen Seite: Sah er genauer in die Gesichter der Menschen, die um ihn herumsaßen, blickten die meisten rasch zur Seite. Niemand wollte die Aufmerksamkeit eines Volkspolizisten erregen, vielleicht wollte überhaupt niemand die Aufmerksamkeit eines anderen erregen. Das Misstrauen hockte überall. In der S-Bahn saß er neben müden Arbeitern, einigen Büroarbeitern mit ihren Aktentaschen auf dem Schoß. Wer von ihnen lief auf den Demonstrationen mit? Wer von ihnen arbeitete für die Staatssicherheit? Er konnte den Menschen nicht in die Köpfe gucken. War das Grund genug, misstrauisch zu sein?

*

Christinenstraße, Berlin

Juri blieb Zeit, bei seiner Mutter vorbeizuschauen. Oder besser: Aus Sorge um sie riskierte er es, einen Anschiss zu bekommen. Als er die Treppe aus der U-Bahn zur Schönhauser Allee hochstieg, sah er auch hier keine Panzer, keine Soldaten. Er drehte sich um, schaute, ob ihm irgendjemand folgte. Als er in die Christinenstraße einbog, blieb er stehen und beobachtete die Straße einen Moment. Nur ein einsamer Trabant parkte am Straßenrand, niemand stand in den Hauseingängen der Nachbarhäuser gegenüber oder betont unbeteiligt auf der Straße. Es schien, als hätten die Verschwörer ihre Überwachung abgezogen. Auch im Trabant saß niemand, der demonstrativ in einer Zeitung las. Juri wechselte die Straßenseite und warf verstohlene Blicke hinauf in die Fenster gegenüber ihrer Wohnung. Nichts zu sehen. Aber das war das einzige Risiko, das er ausmachen konnte. Dass die Staatssicherheit eine der Wohnungen gegenüber okkupiert hatte und das Haus von dort beobachtete. Er musste es in Kauf nehmen. Wenn die Staatssicherheit ihn zu fassen bekommen wollte, könnten sie das genauso gut und viel einfacher am Werderschen Markt. Dennoch lauschte er auf Geräusche im Treppenhaus, darauf, ob jemand hinter ihm das Haus betrat, als er die Treppe zur Wohnung hochstieg.

Oben angekommen, schloss er die Wohnungstür auf und bemerkte sofort, dass etwas nicht stimmte. War die Wohnung leer, hinterließ sie einen besonderen, stillen Eindruck. Das hatte er seit Jahren nicht mehr erlebt. Er ging ins Wohnzimmer, seine Mutter war nicht zu Hause.

»Mama!«, rief er, erhielt keine Antwort. Er lief in die Küche, auch dort war sie nicht zu finden. Sie war verschwunden. Juri setzte sich auf das Sofa. War ihr etwas zugestoßen? Hatte sich ihre Krankheit verschlimmert? Lag sie in einer Klinik? Kurz dachte er, dass Nadjas seltsamer Spiritus ihre Lage verschlimmert hatte. Oder hatte die Staatssicherheit seine Mutter abgeholt? Beziehungsweise wer auch immer hinter der Verschwörung steckte? Vielleicht um ihn unter Druck zu setzen.

Ein Kratzen an der Tür riss ihn aus seinen finsteren Gedanken. Leise erhob er sich. Er saß hier in der Falle. Ohne nachzudenken griff er nach seiner Dienstpistole. Wehren konnte er sich noch. Jemand steckte einen Schlüssel ins Türschloss, er schlich zum Flur und blickte vorsichtig hinaus.

Seine Mutter erschrak und hätte fast ihre Tasche fallen lassen, als sie ihren Sohn mit der Waffe vor sich sah. »Juri! Steck das Ding weg! Bist du verrückt? Wo hast du überhaupt gesteckt? Wo ist Nadja? Wie siehst du überhaupt aus?« Sie überfiel ihn mit Fragen, sodass er erst einmal gar nicht dazu kam, seine loszuwerden. Kurz berichtete er das Notwendigste, während sie seine Verletzungen begutachtete.

Nachdem sie eingesehen hatte, dass Juri sich nicht von ihr verarzten lassen wollte, setzte sie sich aufs Sofa und schraubte die Flasche mit dem russischen Spiritus auf. »So schlimm sieht es auch gar nicht mehr aus. Du warst in guten Händen. Ihr habt also in Großvaters Datsche übernachtet?« Sie begann sich die Brust mit dem Spiritus einzureiben. Juri sah ihr zu. Sie lächelte ihn an. »Das ist gut.«

»Der Spiritus?«

»Der auch!« Sie verschloss die Flasche sorgfältig und stellte sie zurück auf den Tisch.

»Wo hast du eigentlich gesteckt?«

Sie lächelte erneut. Sie lächelte viel heute, dachte er. Als habe das Lächeln den Husten verdrängt. »Ihr habt euer Leben, ich hab meins«, antwortete sie geheimnisvoll.

»Aber …«, entfuhr es Juri.

Sie schaute ihn tadelnd an. »Kein Aber. So ist es. Musst du nicht zur Arbeit?«

Er drückte ihr zum Abschied einen Kuss auf die Stirn. »Ich liebe dich, Mama«, sagte er. Sie ließ ihn gewähren, packte ihn aber dann noch einmal am Handgelenk. »Ich dich auch, Junge! Pass auf dich auf!«

Juri blickte hinaus auf die Straße, bevor er ins Freie trat. Mit der Hand an der Waffe ging er die Außentreppe hinunter und wandte sich nach links. Als er die Fehrbelliner Straße erreichte, löste sich eine vertraute Gestalt aus einem Hauseingang. Juri blieb stehen, die Hand an der Waffe.

»Hallo, Juri.«

»Hallo, Erich.«

Der Mordermittler stellte sich ihm in den Weg. Es sah aus, als sei sein alter Ausbilder allein gekommen. Auch hinter sich hörte Juri keine Schritte.

»Gibt es was Neues von deiner Nachbarin?«

»Sie scheint weiter verschwunden zu sein«, antwortete Juri.

»Nach ihr wird jetzt gefahndet.«

»Das weiß ich bereits.«

»Es gibt Leute, die wollen auch dich auf die Fahndungsliste setzen.«

»Das ist nicht nötig. Ich habe mir nichts zuschulden kommen lassen und bin leicht zu finden.« Juri ließ sich seine Sorge nicht anmerken. ›Abschussliste‹ wäre vermutlich das treffendere Wort.

»Bis heute Abend kann ich noch für dich bürgen, Juri. Danach sind mir die Hände gebunden.«

»Was willst du mir damit sagen?«

»Bring das Mädchen dazu, sich zu stellen, und niemandem geschieht etwas. Bis heute Abend!«

Erich wollte an ihm vorbei, doch Juri packte ihn am Arm. »Glaubt ihr, ihr könnt den Lauf der Geschichte aufhalten? Die Leute werden weiter demonstrieren, egal was aus Nadja oder mir wird. Reformen werden kommen. Die DDR ist bankrott. Wenn ihr nicht einlenkt, stimmen sie weiter mit den Füßen ab und machen rüber. Wie wollt ihr sie stoppen? Mit Panzern? Du hast mir was anderes beigebracht, Erich.«

»Du hast überhaupt nichts begriffen, Juri. Machst du dir keine Sorgen, was kommt? Glaubst du, die BRD wird sich die Chance entgehen lassen, wenn hier alles zusammenbricht? Die sammelt die Reste ein und macht platt, was ihr nicht gefällt. Das schließt die Leute mit ein, die jetzt das Sagen haben. Glaubst du, du hast eine Zukunft als Volkspolizist in diesem neuen Land? Du wirst dich in die lange Schlange der Arbeitslosen einreihen können und um Almosen betteln. Einen ehemaligen Volkspolizisten stellt dann niemand mehr ein. Noch können wir das verhindern!«

»Die Russen …«

»Die Russen werden nichts tun. Denen geht es genauso beschissen wie uns. Die werden sich kaufen lassen. Für uns läuft die Zeit ab, Juri! Für dich auch.« Er machte sich los. Nach ein paar Metern drehte er sich noch einmal um. »Heute Abend, Juri! Bring sie uns, bevor die Panzer rollen.«

*

Haus am Werderschen Markt, Berlin

Auch am Werderschen Markt standen keine Panzer. Die Sitzung des ZK war bereits in vollem Gange, als Juri an seinem Posten eintraf. Sein Kollege, der bisher so eisern geschwiegen hatte, stand allein vor dem Eingangsportal und hielt Wache.

»Na, Hoffmann, auch mal wieder da?«, fragte er spöttisch. Die Wörter presste er mehr zwischen Lippen und Zähnen hervor. Sein Mund sah dabei aus, als würde er auf etwas kauen. Vielleicht waren es Gedanken.

»Mir ging's nicht gut«, antwortete Juri so unbeteiligt wie möglich.

»So siehste auch aus. Haste Blut gekotzt?«, presste sein Kamerad hervor und tippte mit einem dicken Finger auf das Blut auf Juris Uniformkragen. Juri wusste immer noch nicht, wie der Kollege, mit dem er hier seit drei Tagen stand, überhaupt hieß. Sein Grinsen weckte in ihm nicht den Wunsch, das in Erfahrung zu bringen.

»Kleine Verletzung im Dienst, nichts Schlimmes. Hat gestern jemand nach mir gefragt?«

»Dieser Politkommissar, Berger …«

»Hat er gesagt, was er von mir wollte?«

Der andere schüttelte den Kopf. »Nee, nur gefragt, wo du bist. Der Leutnant hat das übrigens auch gefragt.« Sein Grinsen zementierte sich in seinem Gesicht. »Ich habe ihm gesagt, du wärest nur kurz weg.«

»Danke!«

»War nicht umsonst.«

Juri verstand nicht so recht, worauf der andere hinauswollte, überging die Bemerkung und blickte hinaus auf die Straße, die Arme hinter dem Rücken verschränkt. Vor der Kirche standen zwei Männer in Windjacken. Sie unterhielten sich. Juri überlegte, ob sie Teil der Verschwörung waren oder einfach nur unschuldige Passanten. Paranoia. Autos fuhren die Straße hinunter. In jedem könnte jemand sitzen, der es auf ihn abgesehen hatte. »War sonst irgendetwas? Demonstration?«, fragte er beiläufig.

»Die Zigaretten, die dir dieser Berger geschenkt hat …«

Juri zog das Päckchen Camel hervor, das seit drei Tagen völlig unbeachtet in seiner Jackentasche steckte. Tabak, wertvoller Westtabak, bröselte aus dem Päckchen. Sein Kamerad blickte ebenso erschrocken wie begierig. Erschrocken auf die Brösel, gierig auf die Zigaretten. Juri nestelte eine heraus und bot sie ihm an. Der andere legte die Finger auf die Packung, statt die Zigarette zu nehmen. »Ich hab deinen Arsch gerettet, Hoffmann. Und für die Flecken da könntest du auch noch Ärger kriegen.« Er deutete erneut auf Juris Kragen. »Ich weiß aber, wo du eine saubere Uniformjacke herkriegst.«

Juri war der Ansicht, dass ein dreckiger Kragen aktuell sein kleinstes Problem war, wollte sich aber keinen unnötigen Ärger einhandeln. Er hatte heute Wichtigeres zu tun und eventuell würde er dazu die Unterstützung seines Kameraden brauchen. »Dank dir!«, sagte er also so freundlich, wie er konnte. »Nimm ruhig die Packung. Du hast sie dir verdient.«

Rasch steckte der die Camel in die eigene Uniformtasche. »Du bist anständiger, als ich dachte, Hoffmann.« Mit dem Daumen deutete er hinter sich. »Wenn du reingehst, findest du links neben der Treppe eine kleine Kammer. Da hat der Leutnant zwei Uniformen abgelegt. Warum auch immer.«

Juri verschwand gerade durch die Tür und hatte die Kammer noch nicht erreicht, als er seinen Namen hörte. Als er sich umdrehte, kam Berger die Treppe herunter auf ihn zu.

»Wohin des Wegs, Genosse?«, fragte er jovial, als er neben ihm stand.

»Ich muss nur eine Kleinigkeit holen«, erwiderte Juri ausweichend.

Berger blickte auf seinen Kragen. »Glauben Sie, Ihr Leutnant kann Sie heute entbehren? Oder droht uns an diesem trüben Donnerstag der Sturm durch die Opposition?«

»Ich weiß nicht. Ich habe den Leutnant heute noch nicht gesehen.«

»Na, kommen Sie mal mit! Ich klär das schon mit ihm.«

Ohne eine Antwort abzuwarten, drehte Berger sich um. »Es ist vielleicht besser, wenn Sie heute nicht so sehr draußen in der Schusslinie stehen, oder?«

*

Kaulsdorf, Berlin

Erst die Schritte auf den Holzstufen vor der Tür rissen Nadja aus ihren Gedanken. Seitdem Juri gegangen war, hatte sie am Tisch gesessen und geschrieben, den Plan, sich in der Gartenanlage die Beine zu vertreten, verworfen und auf später verschoben. Die Türklinke wurde hinuntergedrückt, aber Juri hatte im Hinausgehen abgeschlossen, ihr den Schlüssel unter der Tür wieder durchgeschoben. Da lag er noch immer.

Sie blickte erschrocken zur Tür, ließ instinktiv das Notizbuch vom Tisch verschwinden und in die Tasche gleiten. Ein alter Reflex, einstudiert in jahrelangem Schreiben und jahrelangem Kontakt mit dem Staat und seinen Schergen.

Jemand rüttelte an der Tür. Nadja stand auf und schlich hinüber in die Küche, sah sich um. Von der Kammer führte eine zweite, kleine Tür ins Freie. Sie eilte zurück zum Tisch, griff nach ihrer Tasche mit dem Notizbuch, das sie niemals zurücklassen würde. Dann hörte sie einen Schlüssel, der in der Eingangstür herumgedreht wurde. Juri?, dachte sie. Aber er hatte ihr den Schlüssel doch da gelassen? Die Tür wurde aufgestoßen, Licht drang herein. Mehrere Männer standen vor der Tür. Mit der Tasche in der Hand rannte sie zur Küche, hörte nur Gepolter hinter ihr, als die Eindringlinge die Datsche betraten. Es war zu spät sich zu verstecken. Fast war sie erleichtert, war sie des Versteckspiels doch überdrüssig. Wenn sie gekommen waren, sie zu holen, würde sie sich teuer verkaufen. Neben der Spüle stand noch die ausgetrunkene Weinflasche. Sie packte sie, schlug sie auf die Anrichte. Erst beim zweiten Schlag splitterte das Glas, gerade rechtzeitig, um die scharfe Waffe auf einen Mann zu richten, der vor der Küche stand und mit seiner Pistole auf sie zielte.

»Gib auf!«, sagte er. »Du hast keine Chance.«

»Kto ne riskuyet, tot ne pyet shampanskoye«, antwortete sie und sah in das ratlose Gesicht des Agenten. Sie verstand selbst nicht, warum ihr ausgerechnet jetzt dieses russische Sprichwort in den Sinn gekommen war. Genauso wenig verstand sie, warum sie in der Lage war, die Verwirrung des Mannes zu nutzen, der weiter den Durchgang für seine Kameraden blockierte. Aber wie das Sprichwort schon sagte: Wer nichts riskiert, bekommt keinen Champagner. Sie stürzte zwei Schritte nach vorn und bohrte ihm die Flasche in die Hand, in der er die Waffe hielt. Der Mann schrie auf, ließ die Waffe fallen und hielt sich die klaffende Wunde, aus der Blut floss. Nadja bekam einen Spritzer ins Gesicht, als sie sich bückte, die Flasche fallen ließ und nach der Pistole griff. Mit zitternden Händen richtete sie die Waffe auf den Mann in der Tür und auf die beiden grobschlächtigen Männer, die hinter ihm standen und halb verwundert, halb wütend auf ihren Kompagnon und sie starrten.

»Wollen Sie mir auch sagen, dass ich keine Chance habe?«, fragte sie angriffslustig.

»Schießt sie über den Haufen«, bellte der Verletzte mit gepresster Stimme. Verzweifelt versuchte er die Blutung mit seinem Jackenärmel zu stillen. Der Ärmel färbte sich in Sekundenschnelle rot.

»Du hast tatsächlich keine«, antwortete ein Glatzkopf von fast zwei Metern, den sich Nadja beim besten Willen nicht bei der Staatssicherheit vorgestellt hätte. Dafür wirkte er viel zu auffällig.

»Euer Freund verblutet gerade. Wenn ihr mich rauslasst, könnt ihr ihn retten.« Als wollte er ihr recht geben, sank der verwundete Stasiagent in diesem Augenblick zu Boden.

Seine beiden Partner sahen sich an, dann machten sie mit grimmigen Gesichtern Platz. »Du kommst nicht weit«, stellte der Kleinere spöttisch fest. Nadja richtete die Waffe auf die beiden Männer und ging vorsichtig in Richtung Tür. Der Kleinere trippelte in Richtung Ausgang, weg von seinem Komplizen.

»Schön beieinander bleiben!«, rief sie. Der Mann lächelte bloß und blieb stehen, die Hände erhoben. »Zurück an die Küchentür!«, befahl sie. Er reagierte nicht, stand bloß da, die Hände in der Luft, und lächelte weiter. So konnte sie nicht beide in Schach halten. Sie senkte die Waffe zu Boden, zielte auf eine Stelle zwischen dem Kleinen und dem Ausgang und drückte ab.

Der Schuss knallte in dem kleinen Raum. Es zischte, als sich die Kugel ins Holz bohrte, der Rückstoß der Makarow riss ihr den Arm hoch. Sie zitterte. Ihr Arm schmerzte. Aber sie hielt die Waffe krampfhaft umklammert. Und offenbar verfehlte der Schuss seine Wirkung nicht. Der Kleine gesellte sich zurück zum Glatzkopf. Sie hielt den Blick auf die beiden gerichtet, als sie nach ihrer Tasche griff und zum Ausgang ging. Die zwei beobachteten sie weiter, schienen abzuwägen, ob ein Angriff möglich sei. Hinter ihnen hörte Nadja auf einmal ein Seufzen. Der Verletzte war wohl ohnmächtig geworden und lenkte die Aufmerksamkeit der Männer auf sich. Nadja erkannte ihre Chance, rannte hinaus und schlug die Tür hinter sich zu.

»Verdammt!«, hörte sie von drinnen. Sie sah sich noch einmal um, die Tür blieb zu. Doch den Stock, den jemand ihr auf Höhe der Waden in den Weg hielt, übersah sie. Sie stolperte, flog die drei Stufen bis zu dem kleinen akkurat gepflegten Weg hinunter, der zwischen den im November trist und leer wirkenden Beeten zum Gartentörchen führte. Unten schlug sie mit dem Kopf auf das Mäuerchen, das eines der Beete einfasste, sie hörte polternde Schritte hinter sich auf den Holzstufen, wollte sich gerade aufrichten, als sie einen Schlag auf den Hinterkopf spürte. Sie taumelte, richtete sich wieder auf, wollte sich umdrehen, die Waffe hielt sie zu ihrer eigenen Überraschung immer noch in der Hand. Nur ihr Notizbuch war aus der Tasche gefallen und lag in der Blumenerde. Sie wollte die Waffe auf den Angreifer hinter sich richten, aber kam nicht mehr dazu, weil der Totschläger ein zweites Mal auf ihren Kopf niedersauste und sie an der Schläfe traf. Bewusstlos sackte Nadja zusammen. Jetzt erst ließ sie die Waffe los.

14

Ministerium des Innern der DDR, Mauerstraße, Berlin

Die vier Männer, die sich am Morgen des 9. November in einem Besprechungsraum des Innenministeriums trafen, musterten sich misstrauisch. Zwar kannten sie sich teilweise schon länger und hatten mehrfach miteinander gearbeitet, doch heute bewegten sie sich auf riskantem politischen Terrain. Wäre es nach Oberst Hans-Joachim Uhlig gegangen, hätte das Treffen bei ihnen im Ministerium für Staatssicherheit stattgefunden. Aber offiziell war das Innenministerium für Grenzfragen zuständig, und so hatten er und Oberst Schall, der Leiter der Rechtsstelle des MfS, sich auf den Weg in die Mauerstraße gemacht. Vielleicht war das gar nicht mal so schlecht. Gab es Probleme, und davon war auszugehen, konnte er sie Langer und seinem Kollegen Winkler vom Innenministerium anlasten. Er lehnte sich in seinem durchaus bequemen Stuhl zurück und wartete, wer von beiden das Gespräch beginnen würde. Fest stand: Er würde es nicht sein. Sollten sich doch erst mal die Männer auf der anderen Seite des Tisches positionieren.

»Schön, dass Sie hergefunden haben«, begann Langer schließlich, sprach aber kaum mehr als ein paar allgemeine Begrüßungsworte, ehe er schloss. »Vielleicht erläutern wir erst einmal, warum wir eigentlich hier sind, Oberst Uhlig?«

Uhlig spannte unwillkürlich die Schulter an, schob den Stuhl etwas näher an den Tisch. »Nun, ich denke, wir sind alle aus dem gleichen Grund hierherbeordert worden, Oberst Langer.«

Langer blickte ihn erwartungsvoll und aufmunternd an. Uhlig schwieg und wartete. Die anderen drei Männer schwiegen ebenfalls. Einige Minuten saßen sie sich stumm gegenüber. Schließlich räusperte sich Winkler. »Ich denke, wir wissen alle, dass es ein Problem gibt, das uns ziemlich zu schaffen macht.« Er blickte von einem zum anderen, während er eine kleine Pause einlegte. Wahrscheinlich wartete er darauf, dass einer seiner Gesprächspartner vorpreschte. Aber so dumm würden weder Schall noch er sein. »Ihr vom MfS habt damit doch genauso zu kämpfen wie wir.« Wieder eine Pause. »Oder?«

»Sicher«, antwortete Schall. Sie hatten sich auf dem Weg in die Mauerstraße kurz abgestimmt und entschieden, zunächst herauszufinden, mit welchem Auftrag Langer und Winkler in das Treffen geschickt wurden. Andernfalls stand zu befürchten, dass sich das Innenministerium auf Kosten des MfS profilierte. Und das hieß ganz konkret: Dass sich Langer und Winkler auf ihrer beiden Kosten profilierten. Gerade in einer Zeit wie dieser war es aber wichtig, die eigene Position zu sichern und bereit zu sein, wenn auf den Posten über einem eine neuerliche Rücktrittswelle hinwegfegte. Reformbereitschaft zeigen, gleichzeitig loyal zu Partei und Staat bleiben, das war die Strategie. In diesem Gespräch –das war ihnen allen bewusst – ging es um die Zukunft von Partei und Staat. Um ihre Existenz.

Es war Langer, der sich als Erstes aus der Deckung wagte. »Nun, ich denke, die Frage der Grenzregelung beschäftigt uns alle.« Zumindest sein halbes Blatt legte er offen auf den Tisch. Nun erwartete er etwas von ihnen. Schall und er sahen sich an. Uhlig nickte leicht. »Die CSSR interveniert aufs Heftigste. Die Genossen dort sehen nicht ein, als Transitland für ausreisewillige DDR-Bürger herhalten zu müssen.«

»Sie stehen auf dem Standpunkt, dass die DDR das gefälligst selber regeln müsse«, ergänzte Uhlig. Ein leichter Punkt, schließlich wussten das alle am Tisch.

»Wir müssen also das CSSR-Problem lösen«, stellte Langer fest.

»Deswegen sind wir hier«, ergänzte Schall.

»Schön, dass wir offensichtlich alle die gleiche Weisung erhalten haben. Dann können wir ja jetzt anfangen«, sagte Winkler. Er grinste wie ein Haifisch dabei. Das Abtasten war beendet.

»Also: Wie lösen wir das CSSR-Problem?«

Der letzte Entwurf eines Reisegesetzes, wie ihn die Partei am Samstag im Neuen Deutschland veröffentlicht hatte, hatte für große Empörung gesorgt und war in der Bevölkerung als völlig unzureichend wahrgenommen worden. Langer erinnerte sich an eine Bemerkung seines Schwagers, der wirklich nicht der Opposition zuneigte. »Die wollen uns doch verarschen!«, hatte er beim gemeinsamen Kaffee am Samstagnachmittag gerufen, als er die Zeitung auf dem Küchentisch der Langers liegen gesehen hatte. Viele dachten so, Langer konnte es ihnen nicht einmal verdenken.

»Wir werden die Grenzen aufmachen müssen«, stellte er nüchtern fest.

»Für wen?« Uhligs Einwand war nicht verkehrt. Trotzdem traute er dem Oberst, der im MfS immerhin stellver-

217

tretender Leiter der Hauptabteilung VII geworden war, nicht über den Weg.

»Wie meinen Sie das?« Manchmal war es klüger, sich ein bisschen dumm zu stellen.

»Es wird wohl kaum zielführend sein, wenn wir denen, die dauerhaft ausreisen wollen, die Sache leicht machen, aber denjenigen, die wieder zurückwollen, die Ausreise weiter verwehren. Es kann ja nicht leichter sein, aus der DDR ausgebürgert zu werden, als mal eben die Tante im Westen zu besuchen. Wenn, dann müssen wir konsequent sein, sonst fliegt uns das Ganze um die Ohren! Und es wäre ja auch Quatsch!«

Die anderen pflichteten Uhlig bei.

»Aber das handhaben wir de facto heute schon so«, fügte Winkler an. »Uns liegen Dutzende Berichte aus Thüringen und Sachsen vor, dass DDR-Bürger, die zuvor über die CSSR ausgereist sind, wieder zurückwollen.«

Schall blickte Winkler fassungslos an. »Mit welcher Begründung?«

»Das ist unterschiedlich.« Winkler blätterte in den Unterlagen, die vor ihm auf dem Tisch lagen. »Manche wollten einfach nur mal drüben gucken.« Er kramte ein Blatt hervor. »Im Westen mal einen richtigen Kaffee trinken«, las er vor und reichte das Blatt herum. Kopfschüttelnd wurde es von einem zum anderen weitergegeben.

»Die Leute hauen über die CSSR in den Westen ab, um da mal einen Kaffee trinken zu gehen?« Langer sah den Unglauben in Schalls Augen.

»Und dann kommen sie wieder«, bestätigte Winkler.

»Verrückt.«

»Dennoch«, führte Langer das Gespräch wieder zu seinem eigentlichen Thema zurück. »Es wäre politisch unverantwortlich, eine so einseitige Regelung zu erarbeiten, die Ausreisewillige besserstellt als Leute, die mal drüben einen Kaffee trinken wollen oder«, er wollte auch Uhlig wieder einbinden, der zuletzt geschwiegen hatte, »die Tante im Westen mal besuchen möchten. Außerdem denke ich, wissen wir alle, was in den Pass- und Meldeämtern los ist. Auch da müssen wir Druck rausnehmen, nicht nur von der CSSR.«

»Wir müssen generell Druck rausnehmen«, murmelte Uhlig.

»Aber wir können doch nicht jeden einfach so rauslassen. Dann sind wir hier bald unter uns«, warf Schall ein.

»Sie kommen ja wieder, wenn sie ihren Kaffee ausgetrunken haben«, stellte Winkler trocken fest. »Wir müssen aufhören mit diesem Kasperletheater, das wir hier spielen. Ein bisschen raus, ein bisschen rein. Das nimmt uns keiner mehr ab.«

»Trotzdem hat Oberst Schall recht«, schlug sich Uhlig auf die Seite seines MfS-Genossen. »Wir können nicht einfach heute Abend den Schlagbaum hochfahren.«

Ratlosigkeit breitete sich im Raum aus. Jedem von ihnen war klar, dass ein weiterer Fehlschlag katastrophale Folgen für ihren Staat haben könnte. Die Reisefreiheit war mehr und mehr ins Zentrum der politischen Diskussion gerückt. Uhlig hatte den Verdacht, dass der Westen da nicht ganz unschuldig dran war. Je löchriger die Grenze wurde, so spekulierte man drüben wahrscheinlich, umso eher brach die DDR zusammen. Es kam aber darauf an, die Grenze zu öffnen, um den sozialistischen Staat zu stabilisieren. Vielleicht blieben die Leute, wenn sie wussten, dass sie gehen konnten.

»Machen wir Nägel mit Köpfen«, fügte sich Uhlig als Erster in das Unvermeidliche. »Stellen wir ständige Ausreisen und Privatreisen rechtlich gleich. Alles andere wird uns eh nur um die Ohren gehauen.«

»Aber wie verhindern wir, dass dann alle abhauen?«, wandte Schall ein. Langer registrierte aufmerksam, dass sich die beiden vom MfS offenbar nicht in allen Punkten abgesprochen hatten. Gut zu wissen.

»Die Reisefreiheit wird eh erst im nächsten Jahr kommen. Vor Januar passiert da nichts«, versuchte Winkler zu beruhigen.

Langer dachte noch einen Schritt weiter. »Knüpfen wir sie an das Vorhandensein von Reisepass und Visum. Dann haben wir zumindest etwas zeitlichen Vorlauf. Wie viele Bürger haben einen Reisepass, Winkler?«

»So ungefähr vier Millionen.«

»Also muss der Rest erst einen Reisepass beantragen und anschließend ein Visum?«, hakte Schall nach. Er schien zufrieden mit dieser Idee zu sein. »Das dürfte bei dem zu erwartenden Andrang eine Weile dauern.«

»So nehmen wir Druck aus dem Kessel, bieten eine vernünftige Perspektive, aber machen nicht planlos den Schlagbaum auf.«

Die drei anderen Männer nickten. Es war eine kluge Strategie, ein Angebot zu machen, das zunächst keine Konsequenzen nach sich zog, allen Beteiligten Zeit gab, sich über konkrete Schritte einig zu werden. Der Entwurf für einen Ministererlass war nach diesen Überlegungen schnell geschrieben. Um Chaos und Missverständnissen vorzubeugen, einigten sie sich zudem darauf, dem Erlass eine Sperrfrist zur Veröffentlichung beizufügen: 10. November, 4 Uhr morgens. Vor Freitagvormittag war nicht mit einer Verbreitung der Meldung zu rechnen. Vielleicht würde das Neue Deutschland den Text wieder veröffentlichen. Dann gäbe es am Montag ein paar Schlangen an den Meldeämtern.

15

Irgendwo in Berlin

Nadja kam nur sehr langsam zu sich, versuchte ihr Bewusstsein zu fassen, aber es sackte immer wieder weg und die Dunkelheit holte sie in ihre watteweiche Sorglosigkeit. Doch der Schmerz zerrte sie in die Wirklichkeit zurück. Ihr Schädel brummte, nicht einmal der übelste Wodka ihrer Jugendjahre hatte jemals so etwas ausgelöst. Vorsichtig hob sie den Kopf. Ihr wurde übel. Sie musste sich fast übergeben, also ließ sie sich wieder zurücksinken auf die harte Unterlage. Der Schmerz blieb.

Allmählich wurde ihr bewusst, dass nicht nur ihr Kopf dröhnte. Auch ihre Beine, die in einer seltsam angewinkelten Stellung zu liegen schienen, taten weh. In den Muskeln zog es. Sie versuchte das Bein zu strecken. Es gelang nicht. Nicht nur, dass sie gefesselt war, sie stieß auch mit dem Fuß gegen eine Begrenzung. Als Nächstes registrierte sie den Schmerz in ihrem Oberarm. Ihr Körper lag auf ihm und drückte darauf. Wie lange tat er das schon?

Sie wusste es nicht, bemerkte, dass auch ihre Hände gefesselt waren. Es schien, als schaltete sich ihr Bewusstsein Stück für Stück, Körperteil für Körperteil wieder ein. Sie tastete mit den Händen, ob sie etwas hinter sich greifen konnte, aber da war nichts. Nur eine weitere Begrenzung ihres Gefängnisses. Es fühlte sich an, als läge sie in einem Sarg.

Panik erfasste sie und ließ sie jetzt schlagartig aufwachen. Ihr Herz raste, sie riss die Augen auf. Nichts. Weiter nur tiefes Schwarz und absolute Dunkelheit um sie herum. Sie versuchte sich zu bewegen, schlug mit den Füßen und den Händen aber nur gegen die Begrenzung ihres Sarges.

*

Haus am Werderschen Markt, Berlin

Juri hatte das Gefühl, Berger nur hinterherzutrotten, ohne genau zu wissen, was der Politkommissar eigentlich mit ihm vorhatte. Den Vormittag über hatte er vor Bergers Büro gestanden, während dieser drinnen telefonierte oder Besucher empfing, mit denen er meist leise sprach. Zwischendurch hatte er ihn einmal losgeschickt, um ein belegtes Brötchen aufzutreiben. In den Gängen des Gebäudes war Juri der Einzige in der Uniform der Volkspolizei. Einige ältere ZK-Mitglieder oder Mitarbeiter trugen die Uniform der Nationalen Volksarmee und er fragte sich zum ersten Mal, ob eigentlich ein Mitglied der Volkspolizei im Zentralkomitee der SED saß. Als Berger wieder zur Tür herauskam, stellte er ihm diese Frage. Berger antwortete geistesabwesend, dass er das nicht wisse, und eilte den Flur hinunter. Juri folgte ihm und schloss auf. Ihr Weg führte sie zu einem Nebenraum des Konferenzsaales, in dem seit heute Morgen getagt wurde. Wie selbstverständlich öffnete man Berger und ihm die Tür. Juri zögerte, ehe er eintrat, und sah Berger fragend an.

»Soll ich draußen warten?«

»Quatsch, kommen Sie mit rein.« Berger verschwand hinter der Tür. Juri folgte ihm. Niemand hielt ihn auf.

*

Egon Krenz las das Papier, das ihm vor wenigen Minuten von einem Kurier aus dem Innenministerium übergeben worden war. Er saß in dem kleinen Nebenraum, im Aschenbecher vor ihm qualmte eine Zigarette. In kleinen Grüppchen standen die Genossen aus dem ZK im Raum und rauchten. Er schätzte, dass etwa die Hälfte von ihnen die inzwischen üblich gewordene Raucherpause hier nutzte. Das Wetter lud kaum ein, ein paar Schritte vor die Tür zu gehen. Außerdem fürchteten sie alle etwas zu verpassen, das zwischen Tür und Angel besprochen werden könnte. Genau das, was er jetzt vorhatte. Würde er im Plenum verlesen, was das Innenministerium vorbereitet hatte, würde es eine endlos lange Diskussion geben. Deswegen erschien es ihm klüger, in der kleineren informellen Runde der Raucherpause eine Einigung vorzubereiten. Der Generalsekretär wollte das Thema Reiseerleichterung vom Tisch haben. Damit würde er den Demonstranten am ehesten den Wind aus den Segeln nehmen können und Zeit gewinnen, um wieder so etwas wie Normalität herzustellen. Nach Normalität sehnte er sich am meisten.

Berger betrat den Raum, im Schlepptau ein Uniformierter von der Volkspolizei. Krenz runzelte die Stirn. Was sollte das? Da sich niemand an dem Polizisten störte, nicht einmal Modrow, dem sonst beinahe alles missfiel, ließ er ihn in Ruhe. Vielleicht konnte er die Anwesenheit des Polizisten bei Gelegenheit nutzen – sollte es doch zu

Diskussionen kommen –, um zum Beispiel eine einfache Stimme aus dem Volk zu hören.

»Genossen!«, rief er. »Darf ich für einen kurzen Moment um eure Aufmerksamkeit bitten?« Die Gespräche verstummten. Alle wandten sich ihm zu. Er genoss es. »Ich möchte noch einmal erwähnen, dass die CSSR energisch darauf drängt, das Grenzproblem zu lösen.« Er sah in betretene Gesichter. Es war klug von ihm, die Genossen zu Beginn seines kleinen Vortrags an die politischen Differenzen mit dem Bruderstaat zu erinnern. Auch wenn dem ein oder anderen sicherlich eine Spitze gegen die tschechoslowakische Regierung auf der Zunge lag, waren sie den Tschechoslowaken gegenüber aktuell in der schwächeren Position. Nicht wenige der Genossen waren verärgert, dass weder die Tschechoslowakei noch Ungarn Berlin unterstützten. Dass auch aus Moskau keine Zeichen der Solidarität gesendet wurden, löste hingegen Frust aus. Er erinnerte sich an seinen Besuch bei Gorbatschow vor neun Tagen, der ihn mit leeren Händen zurückgeschickt hatte. Außer warmen Worten und freundlichen Ratschlägen hatte der Generalsekretär der KPdSU ihm nichts offeriert. Manche, gerade der älteren Genossen, sahen sich isoliert, eine Haltung, die nur zur Radikalisierung führen konnte. Nicht wenige nannten unter der Hand die Beispiele Jugoslawien oder Albanien, wenn es darum ging, die zukünftige Rolle der DDR im sich wandelnden Europa zu definieren. Beispiele, die, das wusste Krenz und das wussten die meisten der anderen auch, spätestens seitdem heute die wirtschaftlichen Zahlen diskutiert worden waren, die DDR direkt in den Bankrott führen würden. Oder in die Massenflucht. »Ich möchte euch deswegen einen Entwurf vorstellen, der im

Innenministerium gemeinsam mit dem MfS«, das war wichtig, damit bekam er die meisten Zuhörer im Raum auf seine Seite, »zu Papier gebracht wurde.« Außer Modrow, der ihm gegenübersaß und den Blick auf die Notizen geheftet hatte, in denen er weiter herumkritzelte, hörten ihm alle zu. Offenbar saß der Dresdner Parteichef bereits an seiner ersten Regierungserklärung. Er schien es kaum erwarten zu können. Krenz ignorierte den Affront und begann zu lesen.

*

Juri lauschte Krenz' monotoner Stimme nur halbherzig, beobachtete stattdessen die Männer im Raum, die aufgehört hatten zu plaudern, und Krenz ihre Aufmerksamkeit widmeten. Erst als Juri das Wort »Reiseregelung« vernahm, erwachte er aus seiner Lethargie. Verstand er das richtig? Krenz wollte die Grenze öffnen? Er hörte dem neuen Generalsekretär jetzt gebannt zu. Vielleicht gab es eine Chance, Nadja in Sicherheit zu bringen.

»Das soll morgen ab vier Uhr verkündet werden«, schloss Krenz. Juri überlegte. Würde das reichen? Bliebe Nadja bis vier Uhr unentdeckt?

»Kann dann jeder rüber, der will?«, fragte jemand salopp.

»Ein Reisepass ist schon nötig. Wir wollen ja nicht, dass einen Tag später das Land leer ist«, erwiderte Krenz mit dem Versuch, einen Witz zu machen. Ein paar lachten, es klang pflichtschuldig. Juri allerdings war nicht zum Lachen zumute. So schnell die Chance erschienen war, so schnell verschwand sie wieder. Nadja besaß sicherlich keinen Reisepass. Seine Euphorie, die bei Krenz' Worten kurz aufgeflackert war, verflog und ließ nur noch mehr Verzweiflung zurück.

Nach Krenz' Ausführungen endete die Raucherpause. Die Männer drängten zurück in das Plenum des Zentralkomitees, Berger und Juri warteten, bis sie gegangen waren. Zigarettenqualm sammelte sich unter den Lampen. Kellner räumten Gläser und Aschenbecher zusammen. An Modrows Platz war ein Stift liegen geblieben.

»Wann genau tritt denn diese Reiseregelung in Kraft?«, fragte Juri und versuchte so beiläufig zu klingen wie nur irgend möglich.

»Warum? Wollen Sie jetzt doch nach drüben?« Sie traten ebenfalls auf den Flur hinaus und schlugen die Richtung ein, in die auch die anderen gingen.

»Ach nein«, antwortete Juri wahrheitsgemäß. »Mich zieht es gar nicht so sehr in den Westen. Ich bin hier verwurzelt und fühle mich wohl.«

»Schön für Sie«, erwiderte Berger kurz angebunden. Er grüßte jemanden, der ihnen auf dem Gang entgegenkam.

»Trotzdem würde es mich interessieren. Das sind doch recht weitreichende Pläne.«

Berger grinste. »Sie hätten Kriminaler werden sollen.«

»Das habe ich vor Kurzem schon mal gehört.«

Berger steuerte den Saal an, in dem das Plenum tagte. »Haben Sie eigentlich ein gutes Verhältnis zu Ihrem Großvater, Genosse Hoffmann?«, fragte er unvermittelt.

»Wir sehen uns selten«, antwortete Juri wahrheitsgemäß.

»Man kann sich auch selten sehen und dennoch nahestehen.«

»Ich weiß nicht. Früher standen wir uns näher. Als Junge habe ich meinen Großvater bewundert. Er war

General der NVA. Da war ich natürlich stolz drauf.« Fast
hätte er Berger von den Besuchen in der Datsche erzählt,
von den Sommern, in denen er mit dem General im Gar-
ten gearbeitet hatte, den langen Gesprächen über den
Sozialismus und die Zukunft des Landes. Manches davon
hatte ihn überfordert. Ebenso wie ihn die Strenge und
Härte seines Großvaters oft überfordert hatte. Aber er
hatte sich auch sehr gut gefühlt dabei, stolz. Sein Großvater hatte ihn immer wie einen Erwachsenen behandelt.
Dennoch: Die Datsche – Nadjas Versteck – ließ er lieber
unerwähnt. »Heute stehen wir uns nicht mehr so nahe.
Der alte Mann lebt sehr zurückgezogen.«

»Sie sollten ihn einmal besuchen.«

»Warum?« Das Gespräch wurde immer rätselhafter.
Berger hatte es komplett in eine neue Richtung gelenkt.

»Sagen wir mal, er ist kein Freund der Reisefreiheit.«
Juri musste lachen. Das wusste er selbst. Berger ver-
zog keine Miene. Er sah sich um, ganz offenbar, um zu
schauen, ob jemand in der Nähe stand und ihr Gespräch
belauschte. »Und es könnte sein, dass er sehr viel dafür
tut, sie nicht in Kraft treten zu lassen. Wenn Sie verstehen, was ich meine …« Zwei Männer liefen an ihnen
vorbei. Berger wechselte abrupt das Thema. »Um aber
auf Ihre Eingangsfrage zurückzukommen, Genosse. Der
Ministererlass befindet sich aktuell im Umlaufverfahren. Das heißt, er wird per Kurier an alle Ministerien
geschickt, dort den Ministern vorgelegt, die ihm zustimmen müssen.«

Sie näherten sich der Tür des Plenarsaales. Juri sah die
meisten der erwähnten Minister bereits am Tisch sitzen.
»Aber die sitzen hier im Plenum!?«

»Kurios, nicht wahr?«

»Wie kann das Reisegesetz dann beschlossen werden?«
Wenn der Erlass so lange unterwegs war, bis alle Minister ihn unterschrieben hatten, musste Nadja noch Tage warten, bis sie in den Westen fliehen konnte.

»Zum Glück gilt Schweigen als Zustimmung«, grinste Berger. »Wenn sich kein Minister bis zum Ende der Frist mit Bedenken zu Wort meldet, dann gilt der Erlass als angenommen.« Berger schien Juris Verwirrung zu bemerken. Er lachte leise. »Ja, das ist eine sehr billige Methode, um an Zustimmung zu kommen. Alle müssen bis heute Abend zustimmen. Entweder aktiv oder durch Schweigen. Den Erlass nicht gelesen zu haben, gilt als Schweigen. Aber wichtig ist ohnehin, was das Politbüro beschließt. Der Ministerrat setzt das nur um. Die Partei steht weiter über allem, Hoffmann. Die Partei, das MfS und natürlich die Nationale Volksarmee.« Er schaute ihn vielsagend an.

»Also heute Abend muss der Erlass bewilligt sein?«, hakte Juri nach, ohne auf Bergers Bemerkung einzugehen.

»Sie können es wohl doch kaum erwarten, hier wegzukommen. Oder geht es um jemand anderen?«

Juri spürte, wie ihm die Röte ins Gesicht schoss. Gleichzeitig fragte er sich, inwieweit er Berger überhaupt vertrauen konnte. Er war froh, dass jemand anders nun dessen Aufmerksamkeit fesselte, während sie das Plenum betraten und sich auf zwei Stühlen an der Wand niederließen. Er dachte daran, was der Parteisekretär über seinen Großvater gesagt hatte. Dem Generaloberst traute er ohne Weiteres zu, in die Verschwörung verstrickt zu sein. Es machte ihn eher traurig als wütend. Vor allem aber machte es ihm Angst. Es hieß immer, die Menschen fürchteten, was sie nicht kannten. In diesem Fall fürchtete er Generaloberst Hoffmann, weil er ihn kannte.

Juri schläferten die Diskussionen im ZK ein. Erleichtert floh er nach draußen, als gegen halb drei eine Mittagspause verkündet wurde. Berger debattierte aufgeregt mit Modrow und dem Verteidigungsminister. Juri war nicht klar gewesen, wie vertraut der Berliner Politiker, der ihn hierher abkommandiert hatte, mit den Mächtigen aus Partei und Staat war. Er selbst stand in diesem Augenblick außen vor, an der Wand des Ganges, die Hände auf dem Rücken verschränkt, beobachtete das Geschehen um sich herum. Niemand beachtete ihn. Er dachte an Nadja in der Datsche. Wie lange war sie dort noch in Sicherheit? Sie mussten jederzeit befürchten, dass Stasi und Verschwörer die Datsche seines Großvaters überprüften oder dass ein neugieriger Nachbar, der die Winterruhe seines eigenen Häuschens oder Gartens kontrollieren wollte, sie entdeckte und die staatlichen Stellen informierte. Schließlich durften sie nicht vergessen, dass im Hintergrund nach ihr gefahndet wurde. Je schneller er sie raus aus dem Land bringen konnte, umso besser.

Die Gespräche verstummten allmählich, die ersten Männer machten sich auf den Weg aus der kurzen Mittagspause zurück in den Plenarsaal. Berger nickte Juri kurz zu, der folgte ihm.

Sie nahmen wieder ihre Plätze ein. Berger beugte sich zu ihm. »Es wäre wirklich wichtig, dass Sie Ihren Großvater einmal besuchen«, begann er leise, doch Krenz' sonore Stimme unterbrach ihn.

»Genossinnen und Genossen, bevor Günther das Wort ergreift, muss ich noch einmal von der Tagesordnung abweichen. Euch ist ja bekannt, dass es ein Problem gibt, das uns alle belastet: die Frage der Ausreisen.« Juri, der zuvor über Bergers neuerlichen Vorstoß gegrübelt hatte, wurde wieder hellhörig. Er reckte den Kopf, um Krenz sehen zu können, der an der Kopfseite des großen Tisches saß. »Die tschechoslowakischen Genossen empfinden das allmählich für sich als eine Belastung wie ja früher auch die ungarischen. Und: Was wir auch machen in dieser Situation, wir machen einen falschen Schritt.«

Zu seiner Überraschung bemerkte Juri, dass der Generalsekretär exakt die gleiche Ansprache hielt wie in der Raucherpause vor wenigen Stunden. Er wandte sich leise an Berger. »Hat er das eben alles geprobt?«

»Man unterschätzt den Generalsekretär leicht«, flüsterte der ebenso leise zurück. »Außer er selbst. Er überschätzt sich oft.«

»... bestrafen wir im Grunde die anständigen Bürger der DDR, die dann nicht reisen können und auf diese Art und Weise ihren Einfluss auf uns ausüben.«

Juri wünschte sich, die DDR-Bürger könnten reisen. Aber vor allem wünschte er sich, dass Nadja ausreisen konnte. Auch wenn danach hier alles zusammenbrechen würde. Sie wäre in Sicherheit.

»Selbst das würde aber nicht dazu führen, dass wir dem Problem habhaft werden, denn die Ständige Vertretung der BRD hat schon mitgeteilt, dass sie ihre Renovierungsarbeiten abgeschlossen hat. Das heißt, sie wird öffnen.«

Am liebsten hätte sich Juri mit der Hand gegen die Stirn geschlagen. Die Ständige Vertretung! Darauf war er überhaupt nicht gekommen.

»Das wird aber noch ein paar Tage dauern«, hörte er Berger neben sich. Er sah ihn seltsam an. Juri war versucht, ihn zu fragen, was er eigentlich wusste.

Krenz redete weiter, verlas nun den Erlass des Ministerrates. Juri ließ den Blick schweifen, die Anwesenden hörten aufmerksam zu. Einige tauschten sich aus, so wie er und Berger es taten. Schließlich gelangte Krenz zum Schluss seines Vortrages. Aus dem Plenum kam ein erster Einwand. Unruhe machte sich breit. Würde das ZK den Erlass kippen?

»Ich sagte: Wie wir's machen, machen wir's verkehrt. Aber das ist die einzige Lösung, die uns die Probleme erspart, alles über Drittstaaten zu machen, was dem internationalen Ansehen der DDR nicht förderlich ist. Genosse Hoffmann?«

Kurz zuckte Juri zusammen, ehe er merkte, dass er gar nicht gemeint war. Ein Mann in einem nobel aussehenden schwarzen Anzug meldete sich zu Wort. »Genosse Krenz, könnten wir nicht dieses Wort ›zeitweilig‹ vermeiden? Das erzeugt andauernd den Druck, als hätten die Leute keine Zeit und müssten so schnell wie möglich …«

Krenz griff den Vorschlag auf. Es war offensichtlich, dass er die Reiseregelung durchbringen wollte. Nur würde das Nadja nicht helfen, wenn es beim jetzigen Zeitplan bliebe. »Ja, man muss schreiben: ›Entsprechend der gesetzlichen Regelung durch die Volkskammer‹«, er klang nun, als diktiere er einer imaginären Steno-Sachbearbeiterin, »›folgende Übergangsregelung‹ und einfach ›zeitweilig‹ streichen.«

Doch es blieb unruhig. Der Innenminister eilte Krenz zur Hilfe. »Bis zum Inkrafttreten des Reisegesetzes.«

Krenz wirkte zu Juris Überraschung jetzt verunsichert. Er schien sich bei Dickel absichern zu wollen, blickte zum Innenminister hinüber. »Also bis zum Inkrafttreten des Reisegesetzes gelten folgende Dinge, ja?« Er wandte sich an das Plenum. »Einverstanden, ja?«, rief er in den Saal, dann schaute er wieder Dickel an. »Genosse Dickel, siehst du da eine Schwierigkeit?« Der Angesprochene schüttelte den Kopf. »Ist richtig so, ja?«

Krenz notierte sich etwas.

»Das wird ein einziges Chaos«, flüsterte Berger. »Die ändern hier einen Erlass, der schon längst auf dem Weg ist.«

»Und welcher gilt dann?«, fragte Juri.

»Im Zweifel der, der den Leuten besser in den Kram passt«, knurrte Berger. »Wenn alles ruhig bleibt«, ergänzte er. Juri hatte den Eindruck, dass Bergers letzter Satz nicht für seine Ohren bestimmt gewesen war, denn der Kommissar wandte den Blick ab.

Dickel ergriff wieder das Wort. »Was die Veröffentlichung angeht – vielleicht wäre es doch zweckmäßig, dass nicht das Ministerium des Inneren, sondern das Presseamt des Ministerrates das veröffentlicht.«

»Damit du im Zweifelsfall fein raus bist«, knurrte Berger.

Krenz griff den Vorschlag auf. »Ich würde sagen, dass der Pressesprecher das gleich macht.«

»Es sieht so aus, als könnte Krenz nicht schnell genug mit dem Erlass an die Öffentlichkeit gehen. Die Tschechoslowaken scheinen wirklich sehr viel Druck zu machen.«

»Oder er erhofft sich ein Entgegenkommen der BRD«, wandte Juri ein.

Berger sah ihn überrascht an. »Sie sind gar nicht mal so dumm, Genosse Hoffmann. Wenn der Pressesprecher das gleich macht, ist die Bombe jedenfalls heute Abend geplatzt.«

In Juri keimte Hoffnung auf. »Und dann gilt der Erlass?« Bis heute Abend könnte es Nadja schaffen. Sie müssten dann nur das Passproblem lösen.

Berger schüttelte den Kopf. »Nein. Das wird frühestens morgen in Kraft treten. Vielleicht auch erst am Montag, damit die Meldeämter sich vorbereiten können.«

16

Irgendwo in Berlin

Als Nadja weiter zu Bewusstsein gekommen war, hatte sich ihr Sarg als Kofferraum entpuppt, und das Brummen war zumindest teilweise nicht mehr nur dem Schmerz in ihrem Kopf geschuldet, sondern hatte sich als Motorgeräusch erwiesen. Verbessert hatte sich ihre Lage dadurch nicht. Sie war immer noch gefesselt, immer noch eingesperrt. Wie wild versuchte sie jetzt an ihren Fesseln zu zerren und zu reißen, um irgendwie Hände oder Füße freizubekommen. Vergeblich! Stand das Auto, trat sie gegen die Türe des Kofferraums in der Hoffnung, dass diese vielleicht nachgeben und aufspringen würde. Ebenfalls vergeblich! Sie fluchte. Dann lauschte sie. Vielleicht konnte sie irgendetwas hören, um herauszufinden, wo sie war und wohin die Männer sie brachten.

Neben dem eigenen Motorengeräusch hörte sie das charakteristische Knattern anderer Autos. Sie fuhren mit recht hoher Geschwindigkeit, irgendwann meinte sie das Bimmeln einer Straßenbahn zu hören. Je länger sie lauschte, umso überzeugter war sie, dass die Männer sie ins Zentrum der Stadt brachten.

Sie dachte nach. Wäre sie in deren Situation – was würde sie tun? Sie versuchte, so sachlich dabei zu bleiben, wie es nur ging. Vermutlich würde sie sich verschwinden lassen, einfach beseitigen. Aber dazu würde sie aufs Land fahren. Dort könnte man sie leicht irgendwo in einem Waldstück erschießen und vergraben. Nadja erschrak dabei, wie kühl sie ihre eigene Hinrichtung plante. Wütend trat sie ein weiteres Mal gegen das Schloss der Kofferraumtür. Doch es blieb stabil. Nur ihre Fußsohle schmerzte nun, aber das nahm sie in Kauf. Inzwischen hatte sie sich an Schmerz allerlei Art gewöhnt.

Sie blieben wieder stehen. Der Motor tuckerte im Leerlauf. Hörte sie, wie eine Wagentür geöffnet wurde? Hektisch versuchte sie nach etwas zu tasten, was sie als Waffe benutzen könnte. Sie fand nichts. Der Wagen fuhr wieder an. Sie zerrte erneut an ihren Fesseln. Erneut fokussierte sie sich auf ihre Gedanken: Wohin würde sie sich selber bringen? Dann fiel es ihr ein: an den Ort, der in keinem Stadtplan Berlins verzeichnet war. Nirgendwo sonst könnten ihre Entführer sie besser verschwinden lassen. Das Stasi-Gefängnis in Hohenschönhausen musste ihr Ziel sein. Verzweifelter als zuvor zerrte sie an ihren Fesseln und trat, alle Schmerzen ignorierend, gegen die Kofferraumtür.

*

Haus am Werderschen Markt, Berlin

Als sie den Sitzungssaal verließen, qualmte Juri der Kopf. Die Diskussionen, die auf Krenz' Ausführungen zum Reisegesetz gefolgt waren, hatten ihn mürbegemacht.

»Politik ist eine knifflige und zähe Arbeit«, sagte Berger, dem Juris Erschöpfung nicht verborgen geblieben war. »Man braucht viel Geduld, wenn man die Dinge in die richtigen Bahnen lenken will.«

»Man braucht vor allen Dingen Zeit«, zischte jemand neben ihnen.

»Wir hätten es wie die Chinesen machen sollen«, hörte Juri jemand anderes sagen. Vor einem halben Jahr hatte die chinesische Regierung den Aufstand auf dem Platz des Himmlischen Friedens nach sieben Wochen Protesten mit Panzern niederschlagen lassen. Juri hatte den Fernsehbeitrag der »Aktuellen Kamera« dazu gesehen.

»Einheiten der chinesischen Volksbefreiungsarmee haben in der vergangenen Nacht den Tian'anmen-Platz in Peking geräumt, teilte das chinesische Fernsehen mit, weil Konterrevolutionäre den Sturz der sozialistischen Ordnung beabsichtigt haben«, hatte es damals geheißen.

Vier Tage später hatte in der Volkskammer ein Abgeordneter die Meinung der SED zu den Vorfällen kundgetan, wie Juri sich lebhaft erinnerte: »Die Abgeordneten der Volkskammer stellen fest, dass in der gegenwärtigen Lage die von der Partei- und Staatsführung der Volksrepublik China beharrlich angestrebte politische Lösung innerer Probleme infolge der gewaltsamen, blutigen Ausschreitungen verfassungsfeindlicher Elemente verhindert worden ist. Infolge dessen sah sich die Volksmacht gezwungen, Ordnung und Sicherheit unter Einsatz bewaffneter Kräfte wiederherzustellen. Dabei sind bedauerlicherweise zahlreiche Verletzte und auch Tote zu beklagen.«

Damals war das als Drohung gegen die Opposition aufgefasst worden, und Juri hatte die Meinung des Abgeordneten durchaus geteilt. Jetzt fürchtete er die Kräfte in der DDR, die tatsächlich eine chinesische Lösung anstrebten.

Deswegen drehte er sich um, um zu sehen, wer gesprochen hatte. Ein älteres ZK-Mitglied stand neben Berger, der zunächst etwas betreten schwieg, um dann abzuwiegeln. »Dafür ist es zu spät.«

Juri wäre am liebsten vor Wut explodiert. Er hatte gesehen, wie Volkspolizisten auf Demonstranten eingeprügelt hatten, auf die anständigen Bürger, von denen Egon Krenz vor wenigen Stunden gesprochen hatte. Dieser Anblick hatte ihm schon gereicht. Panzer oder Soldaten wie in Peking würde er nicht zulassen, dachte er und gleichzeitig fiel ihm ein, dass er keine Idee hatte, wie er das verhindern sollte. Es war zum Verzweifeln.

»Reden Sie mit Ihrem Großvater!« Es schien, als habe Berger seine Gedanken gelesen und eine Antwort für ihn parat. Er wollte ihn fragen, was es mit dem Generaloberst auf sich hatte, als Egon Krenz an ihnen vorbeieilte, ein Papier in der Hand, mit dem er in Richtung Ausgang winkte. »Genosse Schabowski!«, rief er, doch der hörte ihn nicht. Er hingegen sah den Zettel, sah Krenz, löste sich von der Gruppe um Berger und lief in Richtung Ausgang, eine Chance witternd, ohne wirklich einen Plan zu haben.

»Kann ich Ihnen helfen, Genosse?«, fragte er.

Krenz drehte sich zu ihm um und blickte ihn dankbar an. »Das müsste Genosse Schabowski noch unbedingt kriegen. Wären Sie so freundlich?«

»Natürlich, Genosse!«

Juri nahm das Papier und eilte hinaus. Schabowski stieg vor der Tür gerade in ein Auto. Juri lief los, doch der Wagen brauste bereits davon. Unschlüssig drehte er sich um. Vor dem Gebäude stand sein Kamerad und rauchte. Es kam Juri vor, als grinste er ihm zu. Krenz sah er nirgends. Ebenso wenig einen anderen der Mächtigen. Er war mit den Papieren des Generalsekretärs allein.

*

»War das eine gute Idee, die Papiere diesem jungen Kerl anzuvertrauen?«, hörte Egon Krenz Berger fragen, diesen anstrengenden und viel zu umtriebigen Berliner Politkommissar, als er in das Gebäude zurückkehrte. Am liebsten hätte er ihn angeblafft, er solle sich um seinen Kehricht scheren, aber das schlechte Gewissen nagte an ihm. Er hatte sich selber gewundert, wie bereitwillig er die Hilfe des Volkspolizisten akzeptiert hatte. Er kannte den jungen Mann ja überhaupt nicht. Ganz ohne Zweifel war er allerdings schneller als er, der Schabowski mit Sicherheit nicht mehr erreicht hätte. Dann hätte er im Gebäude einen Kurier suchen lassen müssen, und dazu fehlten ihm Zeit und Geduld.

Außerdem wirkte der junge Polizist auf ihn sehr vertrauenswürdig. Natürlich hatte er über die Jahre gelernt, dass das nichts heißen musste. Die Leute machten mit einem, was sie wollten, wenn man nicht achtgab. Selbst seine Erklärung aus dem Oktober, dass die Partei nun eine Wende einleiten würde, war ihm von einigen Protestlern übel genommen, teilweise sogar gegen ihn verwendet worden – mit Aussagen, die ihn durchaus empörten! Aber irgendetwas an diesem Polizisten kam ihm seltsam vertraut, vertrauenswürdig vor. Es dauerte eine Weile, bis ihm dämmerte, dass er ziemlich genau seiner Vorstellung von dem Volkspolizisten aus dem alten Kinderlied entsprach, das seine Söhne so oft gehört hatten.

»Er wird sie schon nicht klauen«, antwortete er also bemüht gelassen und versuchte sich an einem Lächeln. »Außerdem ist er doch dein Vertrauter, Genosse Berger!« Zum Glück war ihm wieder eingefallen, wer den Volkspolizisten begleitet hatte. Punktsieg für ihn.

Berger nickte. »Klauen wird er sie sicher nicht. Aber wie sieht das später aus, wenn es heißt, der Generalsekretär der SED und Staatsratsvorsitzende habe das vielleicht wichtigste Papier seiner Karriere irgendeinem Volkspolizisten anvertraut?«

Krenz, den seine Rolle in der Geschichte tatsächlich umtrieb, war um eine Antwort nicht verlegen. »Sie glauben doch nicht, dass ich das jemals jemandem erzähle? Schabowski hat diese Erklärung von mir bekommen. Nichts anderes ist wichtig.«

»Und wenn Schabowski ...?«

»Glauben Sie im Ernst, der würde später erklären, er habe etwas vor der internationalen Presse verkündet, das ihm irgendein dahergelaufener VoPo in die Hand gedrückt habe?« Damit ließ er den Politkommissar stehen, nicht ohne ihm noch einmal kurz vertraulich auf die Schulter zu klopfen. Lieber allerdings hätte er sich selbst für seine Schlagfertigkeit auf die Schulter geklopft.

*

Irgendwo in Berlin

Nachdem sie immer und immer wieder versucht hatte, die Tür des Kofferraums mit Fußtritten zu öffnen, konnte Nadja irgendwann nicht mehr. Sie lag eine Weile still, der Motor brummte, der Straßenlärm um sie herum wurde leiser. Sie ahnte, dass sie ihr Ziel bald erreicht hatten. Wütend trat sie ein letztes Mal gegen das Schloss. Es knackte und sprang auf. Mit beiden Füßen trat sie die Kofferraumtür weiter auf, hievte sich nach vorn wie eine Robbe auf einer Sandbank in der Ostsee. Der Wagen bremste, kam zum Stehen. Sie hing mit dem Kopf aus dem Kofferraum, sah rechts und links Plattenbauten in die Höhe ragen, schob sich weiter zur Öffnung, sah Menschen, die auf dem Bürgersteig stehen blieben und zu ihr herübersahen.

»Hilfe! Helfen Sie mir!«, rief sie, hievte sich weiter, verlor das Gleichgewicht und musste aufpassen, nicht mit dem Kopf auf dem Boden aufzuschlagen, als sie fiel. Sie landete unsanft auf dem Asphalt, drehte sich und fühlte sich erneut wie eine Robbe. Der Glatzkopf und der Kleine liefen rechts und links neben dem Auto auf sie zu. Die Wagentüren standen offen. Es war der Volvo, dachte sie. Der Volvo aus der Christinenstraße. Der Wagen, mit dem sie sie hatten töten wollen. Sie versuchte sich aufzurichten. »Hilfe! Ich werde entführt!«

»Das ist ein Polizeieinsatz!«, rief der Kleine und hielt seine Waffe in die Luft.

Früher, vor wenigen Wochen noch, wären die Menschen weitergegangen, hätten nichts gesehen, nichts gehört und nichts gesagt. Jetzt blieben sie stehen. Einige kamen näher, um sich die Szenerie genauer anzuschauen.

»Ein Polizeieinsatz? Warum verstecken Sie die Frau dann in Ihrem Kofferraum, Genosse?«, fragte ein älterer Mann mit schlohweißen Haaren.

»Können Sie sich ausweisen?«, fragte jemand anderes.

»Gehen Sie weiter«, knurrte der Dicke. Damit erreichte er das Gegenteil von dem, was er wollte. Die beiden waren offenbar noch nicht in der neuen Zeit angekom-

241

men. Weitere Menschen versammelten sich, neugierig geworden, um den Alten und den Wagen.

»Warum ist sie gefesselt?«, fragte ein kleiner Junge seine Mutter.

Der Alte ging zu Nadja hinüber, zwei jüngere Männer gesellten sich zu ihm. Sie richteten sie auf. Es tat gut, wieder einmal zu stehen.

»Ja«, fragte einer der Jüngeren weiter, die Waffen in den Händen der Männer schienen niemanden zu beeindrucken, »warum lag die Frau gefesselt in Ihrem Wagen? Das ist doch ein sehr ungewöhnliches Prozedere. Auch eine Gefangene hat bestimmte Rechte, Genosse! Ich kenne mich aus, ich bin Anwalt.«

Nadja dachte, dass dieser Mann überhaupt nicht wie ein Anwalt aussah, aber die Verwirrung ihrer Entführer wurde größer.

Sie sahen sich unschlüssig an und ließen die Waffen sinken. Der Kleinere versteckte sie fast verschämt unter seiner Jacke. Inzwischen standen sicherlich acht oder neun Leute um sie herum. Einer begann an Nadjas Fesseln herumzufummeln. Sie ließ ihn nur allzu gerne gewähren. Schließlich fielen die Fesseln vor ihr auf den Boden. Sie rieb sich die Handgelenke, streckte sich. Erst jetzt registrierten die beiden, dass ihre Gefangene fast frei war.

»Wir können Sie alle verhaften lassen! Das ist Gefangenenbefreiung. Diese Frau wird wegen Mordes gesucht«, rief der Kleine in die Runde.

Der Alte blickte ihn kühl an. »Vorschlag: Sie rufen Ihre Kollegen von der Mordkommission, die kommen mit einem Haftbefehl für die junge Frau vorbei, erklären uns die Geschichte mit dem Kofferraum und Sie nehmen sie wieder mit, Genosse.«

Die anderen nickten beifällig. Außer Nadja, die inständig hoffte, dass die beiden sich auf diesen provokanten Vorschlag nicht einließen. Tatsächlich drehten sich die zwei schließlich um, stiegen in den Volvo und fuhren davon. Nadja sah ihnen ungläubig nach.

»Jetzt mal ehrlich: Was haben Sie angestellt?«, fragte sie ein Mann.

»Ich habe zu viele Fragen gestellt.«

Er klopfte ihr auf die Schulter. »Früher habe ich immer Westfernsehen geguckt. Da hieß es: Wer nicht fragt, bleibt dumm.« Damit ließ er sie auf der Straße stehen und lief zu einem Eingang der Plattenbaureihe auf der linken Straßenseite. Langsam löste sich die Gruppe auf, Nadja machte, dass sie wegkam. Vermutlich warteten die beiden Agenten nur eine Ecke weiter in ihrem Volvo auf sie. Sie lief von der Straße weg auf ein Stück Brachland. Erst als sie allein war, fiel ihr ein, dass sie niemanden gefragt hatte, wo sie überhaupt war.

17

Platz der Akademie, Berlin

Juri blieb erst im Schatten des sogenannten Deutschen Domes stehen, der seit einigen Jahren wiederaufgebaut wurde. Hier, weit genug vom ZK-Gebäude entfernt, nahm er sich die Zeit, genauer zu lesen, was ihm Krenz in die Hand gedrückt hatte. Auf den ersten zwei Seiten fand er den Text des Reiseerlasses, wie ihn der Generalsekretär im ZK und zuvor in der kleinen Runde während der Raucherpause vorgelesen hatte.

Als er den Erlass in Ruhe las – und das mit den Augen des praktisch veranlagten Volkspolizisten –, erkannte er die Probleme, die darin lagen. Krenz hatte von einer Visapflicht und der Notwendigkeit gesprochen, dass Ausreisewillige einen Reisepass brauchten. Hier stand davon aber nur etwas für diejenigen, die dauerhaft ausreisen wollten. Wer sollte das unterscheiden? Weiter – und das war der Passus, der Juris Herz schneller schlagen ließ: Was bedeutete »ab sofort«? Er las den Satz ein weiteres Mal: »Ab sofort treten folgende Regelungen für Reisen und ständige Ausreisen aus der DDR in das Ausland in Kraft …« Würde Schabowski diesen Erlass schon heute Abend in seiner ersten Pressekonferenz verkünden, würden die Berliner augenblicklich zur Mauer strömen und deren Öffnung einfordern. »Ab sofort« konnte gar nichts anderes heißen. Er las den kurzen Text auf der dritten

Seite: »Über die Regelungen ist die Pressemitteilung am 10. November 1989 zu veröffentlichen.« Seine Hände zitterten vor Aufregung.

Sollte es wirklich so einfach sein? Konnte das klappen? Er las die gesamten drei Seiten noch einmal.

Dann nur die ersten beiden.

Es ergab Sinn. Auch wenn eine Seite fehlte. Vorsichtig trennte er das dritte Blatt von den beiden ersten ab, knüllte es zusammen und steckte es in die Tasche seiner Uniformjacke. Dann lief er weiter in Richtung Mohrenstraße, um Schabowski Krenz' Nachricht zu überbringen. Zumindest den überwiegenden Teil davon ...

*

Justizministerium der DDR, Dorotheenstraße, Berlin

»Das können wir unmöglich so machen!«

Sebastian Voigt, erster Stellvertreter des Justizministers, platzte mit den Papieren des Umlaufs in das Büro seines Kollegen Christoph Pohl. Der Leiter der Hauptabteilung Verwaltungsrecht galt als Experte für diese Angelegenheit, war er doch mitverantwortlich für die Entwürfe zu einem Reisegesetz, die eine Arbeitsgruppe aus Mitarbeitern verschiedener Ministerien erarbeitet hatte und die weit über das hinausgingen, was der Ministerrat jetzt verkünden wollte.

Die beiden Juristen beugten sich gemeinsam über das Papier, lasen und schüttelten den Kopf.

»Da erstellen wir eine rechtlich einwandfreie Lösung, die obendrein noch mit den KSZE-Verpflichtungen übereinstimmt, und dann schickt der Ministerrat das in den

Umlauf?«, empörte sich Pohl und hielt Voigt die Papiere entgegen, die er wütend schüttelte. »Das ist doch total rückständig und destruktiv.«

»Sollen wir Einspruch einlegen?«

»Auf jeden Fall! Das muss gestoppt werden. Das ist Unsinn!«

Voigt zögerte. Im Umlaufverfahren galt zwar das Einstimmigkeitsprinzip, aber dass ein Ministerium eine Vorlage, die aus dem Politbüro stammte, mit einem Einspruch zurückgewiesen und damit zu Fall gebracht hätte, war seiner Erinnerung nach noch nie geschehen. Er und Pohl trügen die Verantwortung für diesen Präzedenzfall. Wenn es schlecht lief, und das tat es in den letzten Monaten in der Republik öfter, könnte ihn das die Karriere kosten. Andererseits pflichtete er seinem Kollegen inhaltlich in allen Punkten bei.

»Was denkst du, sind die wichtigsten Einwände, die wir haben?«, fragte er, um etwas Zeit zu gewinnen. Pohl hatte das Papier wieder auf seinen Schreibtisch gelegt. Es sah durchaus zerknittert aus, der Leiter der Hauptabteilung Verwaltungsrecht strich mit dem Handrücken darüber, um es zu glätten. Auch wenn es inhaltlich miserabel war, war es immer noch ein Erlasspapier des Ministerrates.

Pohl beugte sich vor und hob den Daumen. »Erstens: Es gibt weder eine Möglichkeit zur Beschwerde noch die einer gerichtlichen Nachprüfung, sollte ein Antrag doch einmal abgelehnt werden. Zweitens«, er hob den Zeigefinger, »›kurzfristig‹ ist Auslegungssache. Was ein Amt für kurzfristig hält, empört den wartenden Bürger. Das kennen wir doch. Das braucht feste Bearbeitungsfristen.«

Voigt nickte bestätigend.

»Drittens: Was bitte sollen ›besondere Ausnahmefälle‹ sein? Wer definiert das? Und viertens: – und das ist für mich der juristisch entscheidende Grund, der das ganze Papier«, er klopfte mit der Faust auf den mühsam geglätteten Erlass, »überflüssig macht – die Festlegung, dass es die Reiseregelung vom 30. November letzten Jahres ersetzen soll. Das geht so gar nicht. Diese Verordnung müsste zuvor förmlich aufgehoben werden.«

»Würde der Erlass so beschlossen, hätte er im Grunde keine Gültigkeit.«

»Ja. So ist es. Der ist das Papier nicht wert, auf dem er getippt ist.«

Voigt seufzte. »Dann formulieren wir mal einen Einspruch«, sagte er.

＊

Internationales Pressezentrum der DDR, Mohrenstraße, Berlin

Juri erreichte das Internationale Pressezentrum nach nicht einmal zehn Minuten Fußweg. Im Foyer sammelten sich bereits die Journalisten. Schabowski hatte bei seinem ersten Auftritt alle überrascht, weil er Fragen zugelassen hatte. Das war eine unerhörte Neuerung in der DDR und sorgte offensichtlich für großen Andrang bei seinem zweiten Auftritt. Nur von Schabowski selber konnte Juri keine Spur entdecken. Er wandte sich an einen Wachmann, der verzweifelt versuchte, dem Chaos Herr zu werden.

»Ich muss dringend den Genossen Schabowski sprechen!«

Der Wachmann sah Juri überrascht an und lachte. »Den kannst du jetzt nicht stören, Genosse! Der bereitet seine Pressekonferenz vor.«

»Genau darum geht es ja: Ich muss ihm noch etwas dafür mitteilen. Etwas Wichtiges!«

Ein Journalist mischte sich in das Gespräch ein, fragte den Wachmann etwas auf Englisch, der sah sich hilflos um, zuckte mit den Achseln. Eiligen Schrittes wandte er sich ab und lief in Richtung einer Tür davon, durch die er verschwand. Juri meinte das Drehen eines Schlüssels im Schloss zu hören. Er und der Journalist blickten sich ratlos an. Juri lief auf Verdacht in einen Flur hinein. Allerdings brachte ihn das nicht weiter. Er nahm eine Treppe hinauf, ging einen weiteren Flur hinunter. Als er eine geöffnete Bürotür fand, klopfte er an, hielt die beiden Zettel hoch. »Ich habe hier eine wichtige Sache für den Genossen Schabowski«, versuchte er sein Glück erneut. Die Frau am Schreibtisch stand auf und kam auf ihn zu. Juri schöpfte Hoffnung. Dann schloss sie die Tür, ohne ein Wort zu sagen. Juri klopfte an einer anderen Tür. Niemand öffnete. Schließlich ging er über ein anderes Treppenhaus zurück ins Foyer und drängte sich in die Nähe zum Pressesaal, vor dem ein weiterer Wachmann stand und darauf achtete, dass niemand Unbefugtes eintrat. Im Inneren sah Juri, wie die Fernsehleute ihre Kameras aufbauten. Das Podium war bereits angestrahlt, aber von Schabowski keine Spur. Als Juri den Raum betreten wollte, schüttelte der Wachmann den Kopf.

Also wartete er und hoffte, Schabowski hier abfangen zu können. Die Journalisten hatten inzwischen fast alle ihre Plätze eingenommen. In wenigen Augenblicken würde es losgehen. Juri sah, wie die ersten Männer auf dem Podium Platz nahmen, Schabowski war nicht darunter. Schließlich lief der Sekretär für Informationswesen der SED an ihm vorbei, eine dunkle Aktentasche in der Hand. Fast hätte Juri ihn in seinem unauffälligen Anzug übersehen. Er wollte ihm hinterherlaufen, da stellte sich der Wachmann ihm in den Weg.

»Wohin des Wegs, Genosse?«

Juri hielt den Erlass in die Luft, als wäre er ein Passierschein. »Wichtiges Papier vom Generalsekretär«, rief er. Der Wachmann wich nicht von seinem Platz.

Zu Juris Glück hatte Schabowski ihn gehört. Er drehte sich um und kam wieder hinaus, blickte auf die beiden Zettel in Juris Hand. »Vom Genossen Krenz?«, fragte er knapp. Er wirkte unruhig, müde und angespannt.

Juri nickte. »Der Erlass des Ministerrats …«, begann er seine Erklärung, doch Schabowski nahm ihm die Zettel ungeduldig aus der Hand.

Er schaute darauf, dann blickte er Juri an. »Ist das für jetzt?«

»Das ist für jetzt«, erwiderte Juri mit fester Stimme. Sein Herz raste.

Schabowski blickte ihn weiter prüfend an, die beiden Papiere in der einen, seine Aktentasche in der anderen Hand. Juri meinte Zweifel im Gesicht des Sekretärs zu erkennen, der nun in den beiden Seiten blätterte. Würde er die fehlende Seite bemerken, war alles verloren.

»Genosse Schabowski!«, mahnte eine Stimme aus dem Pressesaal. Ein Mitarbeiter des Pressezentrums stand in der Tür und deutete auf die Uhr. Schabowski nickte und eilte hinein. Juri folgte ihm. Der Wachmann hielt ihn nicht auf.

18

Spittelmarkt, Berlin

Um kurz nach sieben stand Juri mit klopfendem Herzen auf dem Bahnsteig der U-Bahn-Station Spittelmarkt. Schabowski hatte die Pressemitteilung verlesen. Sobald die Nachricht sich herumsprach, würden sich die Berliner auf den Weg zur Mauer machen, um sich selber davon zu überzeugen und vielleicht mit zu den Ersten zu gehören, die rüber in den Westen konnten. In der Menschenmenge, die er erwartete, würde Juri Nadja nach drüben bringen können. In Sicherheit. Noch standen die Leute zwischen den beiden Gleisen, als wäre nichts geschehen. Die alte Fenstergalerie, die vom Bahnhof hinaus zur Spree ging, war verschlossen und verrammelt. Alte Metallsäulen trugen das niedrige Dach der Station. Die blauen Kacheln an den Wänden erinnerten Juri an ein Schwimmbad. Er konnte es kaum erwarten, raus nach Kaulsdorf zu fahren, um Nadja aus der Datsche zu holen. Natürlich war es ein Risiko, anschließend mit ihr mitten durch die Stadt zu fahren, um sie zu einem Grenzübergang nach Westberlin zu begleiten. Solange es so ruhig blieb, war es riskant für Nadja. Je mehr Menschen auf dem Weg zur Mauer waren, um dabei zu sein, wenn die Schlagbäume geöffnet wurden, umso sicherer waren sie. Laut ratternd fuhr eine Bahn in den Bahnhof ein. Er stieg ein, setzte sich aber nicht hin. Juri war zu aufgeregt, um still sitzen zu können. Von seinem Platz aus beobachtete er die anderen Fahrgäste, die seinem Blick auswichen. Nur der Mann, der direkt neben ihm stand, musterte ihn neugierig.

»Haben Sie geblutet?«, fragte er.

Juri schüttelte den Kopf.

»Weil Sie da Blut am Kragen haben.« Der Mann tippte mit dem Finger an Juris Schulter.

»Ach das!«, antwortete er. »Ja, das ist aber schon etwas älter.« Tatsächlich hatte ihn Berger davon abgehalten, seine Uniform zu wechseln, fiel ihm ein. Aber das würde jetzt keine Rolle mehr spielen.

Der Mann nickte stumm, überlegte irgendetwas. An der Klosterstraße stieg er aus, nickte Juri noch einmal kurz zu. Der begutachtete aus dem Augenwinkel seinen Kragen. Tatsächlich war das Blut nach wie vor deutlich zu sehen. Ratternd fuhren sie wieder in den dunklen U-Bahn-Schacht. Jemand hatte im Wagen eines der kleinen Fenster geöffnet, der Lärm war fast unerträglich. Ein Kind hielt sich die Ohren zu. Juri ging zu dem Mann unter dem geöffneten Fenster und sprach ihn an.

»Können Sie vielleicht das Fenster schließen? Der Lärm ist unerträglich nach einem langen Werktag«, sagte er in freundlichem Ton.

»Passt die Volkspolizei jetzt auch darauf auf, dass die Fenster in den Bahnen immer schön geschlossen sind?«, fragte der Mann patzig zurück.

Juri roch eine Alkoholfahne. »Haben Sie getrunken?«

»Das ist wohl kaum verboten!«, bellte der Betrunkene. »Oder wollen Sie mich jetzt verhaften?« Er stand auf und ballte die Fäuste. In diesem Augenblick erhob sich die Frau, die in der Bank hinter dem Mann gesessen hatte, und klappte das Fenster zu. Irritiert blickte sich der

Mann um und ließ sich wieder auf seinen Sitz plumpsen, stierte ins Leere.

Juri nickte der Frau zu. »Danke«, sagte er, sie beachtete ihn nicht weiter. Er spielte mit dem Gedanken, den Leuten in der Bahn zu erzählen, dass Schabowski die Mauer geöffnet hatte. Aber falls Mitarbeiter der Staatssicherheit im Abteil saßen, würden sie ihn vermutlich erst einmal wegen Aufwiegelung verhaften.

Am Senefelderplatz beschloss er auszusteigen. Bevor er Nadja holte und zur Grenze brachte, sollte er besser die Uniform ausziehen. Mit der machte er sich in Berlin dieser Tage keine Freunde, und er hoffte, dass die Straßen bald voll sein würden.

*

Fehrbelliner Straße, Berlin

Der grüne Volvo parkte mit der Schnauze zur Fahrbahn in einer Parkbucht kurz vor der Abzweigung der Christinenstraße. Juri ging unwillkürlich ein Stück näher an den grauen Häuserwänden entlang. Im Dunkeln des Abends hatte er eine gute Chance, dass er aus dem Wagen heraus nicht zu sehen war und selbst einen Blick hineinwerfen konnte.

Als er sich bis auf ein paar Schritte genähert hatte, erblickte er auf dem Fahrersitz einen Mann mit Glatze, der eine dunkle Lederjacke trug. Eine Zeitung lag vor ihm aufgeklappt auf dem Lenkrad. Doch er las nicht. Er sah hinüber in Richtung Christinenstraße und beobachtete das Haus, in dem Juri wohnte. Der lief hinter dem Volvo vorbei, sah, dass die Heckklappe des Volvo nicht richtig schloss und provisorisch mit einem Stück Seil gehalten wurde. Er überquerte die Christinenstraße und auf der anderen Seite auch die Fehrbelliner. Ohne sich nach dem Volvo umzudrehen, lief er in Richtung Haustür, achtete auf Geräusche hinter sich, das Zuschlagen einer Autotür oder Schritte. Doch nichts war zu hören.

Erst als Juri die Haustür erreichte und den Schlüssel herauszog, sah er noch einmal die Straße hoch. Der Volvo stand unverändert unter einem kahlen Baum. Auf ihn hatten sie es also nicht abgesehen. Erleichtert schloss er auf und eilte nach oben.

Nachdem er die Tür geöffnet hatte, bot sich ihm eine Überraschung. Aus dem Wohnzimmer drangen zwei Stimmen zu ihm. Nadja saß neben seiner Mutter auf dem Sofa.

»Hast du gehört, was mit Nadja passiert ist?«, fragte seine Mutter empört.

Er schloss Nadja in die Arme, sah aus dem Augenwinkel ein kurzes, sehr zufrieden wirkendes Lächeln über das Gesicht seiner Mutter huschen.

»Wieso bist du hier? Das ist viel zu gefährlich!«

»Deine Datsche war nicht viel sicherer.« Sie erzählte, was geschehen war und wie sie sich mithilfe eines Postboten, der sie in seinem Wagen mitgenommen hatte, von Hohenschönhausen nach Berlin zurück durchgeschlagen hatte. »Stehen sie vor der Tür?«

»In einem grünen Volvo auf der Fehrbelliner Straße.«

»Was machen wir jetzt?«

»War es schon im Fernsehen?«

»Wovon redest du?«, fragte seine Mutter in einem Tonfall, der eigentlich nur für einen störrischen Siebenjährigen angemessen war.

»Die Grenzen sind offen«, antwortete Juri. Er sah Nadja an. »Ich bringe dich nach drüben.«

»Bist du verrückt geworden?« Seine Mutter blickte ihn ungläubig an.

»Was redest du da? Seit wann sind die Grenzen offen?«

»Schabowski hat es eben der internationalen Presse verkündet. Es müsste schon längst auf allen Kanälen laufen.«

»Schauen wir mal!« Johanna schaltete das Fernsehgerät an, das nach ein paar Sekunden ein Bild zeigte.

»Vielleicht im Westfernsehen?«, schlug Nadja vor.

Doch Johanna blieb bei DDR 1 hängen. Tatsächlich verkündete ein Sprecher dort, was Schabowski in der Pressekonferenz gesagt hatte. Sogar Bilder aus dem Internationalen Pressezentrum wurden gesendet.

»Woher wusstest du davon?«, fragte Nadja.

Johanna musterte ihn jetzt kritisch. »Was hast du angestellt?« Irgendwann musste Juri ihr noch einmal erklären, dass er keine sieben Jahre mehr alt war.

»Ich war auf der Pressekonferenz, als es verkündet wurde«, erklärte er ausweichend.

»Was hast du da gemacht?«

»Das ist jetzt nicht so wichtig.« Er wandte sich an Nadja. »Wir müssen los. Du musst rüber nach Westberlin. Da bist du in Sicherheit.«

»Westberlin? Du bist wirklich verrückt geworden.« Seine Mutter schüttelte den Kopf.

Es schellte. Juri ahnte bereits, wer jetzt bei ihnen klingelte. Hatte der Glatzkopf also doch auf seine Ankunft reagiert. Vielleicht hatte er auf Verstärkung warten müssen.

»Wir müssen los!« Eine weitere Unterstützung als das Klingeln hatte Juri nicht gebraucht. Nadja packte ihre

Jacke, schlüpfte in ihre Schuhe und umarmte seine Mutter zum Abschied.

Die schien mit einem Mal eine Veränderung zu spüren. »Junge?«, fragte sie unsicher. Juri nickte bloß. »Du hast …?« Sie umarmten sich. Es schien, als wolle sie ihn gar nicht mehr loslassen.

»Wir sehen uns gleich wieder«, sagte er mit einem Kloß im Hals. Johanna lächelte nur vielsagend.

An der Tür hielt Nadja ihn noch einmal auf. »Du solltest dir vielleicht etwas anderes anziehen«, schlug sie vor und deutete auf seine Uniform.

Juri hätte am liebsten laut gelacht. Deswegen war er ja gekommen. Er eilte zurück, wechselte in eine Jeans und einen Pullover, über die er seine Alltagsjacke zog, und lief zurück zur Tür, vorbei an seiner Mutter, die sich vernehmlich schnäuzte.

Überrascht drehte er sich um. »Du hast nicht einmal gehustet«, stellte Juri überrascht fest.

»Geh jetzt!«, erwiderte sie.

Im Treppenhaus hörten sie Schritte. Juri blickte über das Geländer, sah drei Männer. Statt nach unten zu laufen, eilten sie also zunächst wieder hoch, um sich in der Dachkammer zu verstecken. Doch vor Nadjas Tür blieben sie stehen.

»Warten wir erst einmal ab, wo sie hinwollen«, flüsterte sie.

Juri hoffte, dass sie nicht zu ihm wollten. Seine Mutter war allein und er traute den Männern, die sie verfolgten, jede üble Tat zu. Sie würden auch vor einer alten, kranken Frau nicht Halt machen. Er hielt den Atem an, als die drei den dritten Stock erreichten. Nadja fasste seine Hand und drückte sie, als die Männer weitergingen. Sie nickten einander zu und verschwanden in der Dachkammer.

Von dort lauschten sie den Schritten auf der Treppe, hörten, wie jemand bei Nadja klingelte, dann wieder einsetzende Schritte – und plötzlich fiel Licht aus dem Treppenhaus in die Dachkammer.

Panisch sahen sie sich um. Hier oben gab es kein weiteres Versteck und keine Fluchtmöglichkeit. Nur eine winzige Luke im Dach, die zu klein war, um hinauszuklettern. Sie zogen sich in die Dunkelheit zurück, während sich die Schritte näherten.

Dann hörte Juri, wie jemand den Lichtschalter drehte. Er blickte zu der nackten Glühbirne, die in der Mitte des Raumes von einem Dachbalken herunterhing. Ein winziger Lichtpunkt leuchtete darin, die Reflexion durch das wenige Licht, das durch die Dachluke in den Raum schien. Davon abgesehen blieb die Glühbirne finster, auch als der Lichtschalter ein zweites Mal betätigt wurde. So leise sie konnten, zogen sich Nadja und Juri noch weiter in die Dunkelheit zurück. Die Dielen knirschten unter den schweren Schritten der Männer. Sie sahen ihre Silhouetten im Lichtschein der Treppe, bis das Licht im Treppenhaus ausging und es stockfinster im Dachboden wurde.

Als Nächstes hörten sie ein Poltern. Jemand fluchte. »Lass uns hier verschwinden«, sagte jemand. »Hier ist sowieso niemand. Die Vögel sind ausgeflogen.«

Schweigend und den Atem anhaltend warteten Juri und Nadja, bis die Schritte im Treppenhaus verhallten. Dann erst liefen sie leise zur Stiege, lauschten, kletterten hinunter und öffneten nach einigen Augenblicken die Türe ins Treppenhaus. Das lag friedlich unter ihnen.

*

Johanna blickte den beiden nach, wie sie auf den Hinterhof traten. Juri kletterte auf eine Tonne, half Nadja hinauf, schwang sich weiter auf die Mauer zum Nachbargrundstück, wollte Nadja die Hand reichen, die schüttelte den Kopf. Das Mädchen wusste sich zu helfen, dachte Johanna zufrieden und sah zu, wie sich Nadja ohne Juris Hilfe auf die Mauer stemmte und auf der anderen Seite hinuntersprang. Das war schon immer sein Problem. Er war zu fürsorglich, machte sich zu viele Gedanken und zu viele Sorgen. Dabei musste so ein junger Kerl doch raus ins Leben! Die beiden huschten über den Hinterhof des nächsten Hauses. Juri packte Nadja am Arm, um sie in Richtung einer Toreinfahrt zu ziehen, die schüttelte die Hand unwirsch ab – Johanna grinste zufrieden –, packte dann aber doch Juris Hand, der wie selbstverständlich die Plastiktüte mit ihren wenigen Habseligkeiten trug.

»Macht's gut!«, flüsterte sie. Dann ließ sie die Vorhänge vor das Fenster sinken.

19

Lottumstraße, Berlin

Sie nahmen den Weg über die Hinterhöfe. Juri blickte die Straße in beide Richtungen hinunter, ehe sie aus einer offenen Tordurchfahrt hinaustraten. Niemand war zu sehen, der ihn irgendwie an die Staatssicherheit erinnerte. Auch die wenigen Autos, die am Straßenrand parkten, wirkten unverdächtig.

»Wohin jetzt?«, fragte Nadja.

»Zur Mauer«, antwortete Juri. »Zu einem der Grenzübergänge.«

»Und zu welchem?«

»Am schnellsten sind wir an der Invalidenstraße.«

»Aber der ist nur für Westberliner passierbar.«

»Wenn sich erst einmal herumspricht, dass Schabowski die Mauer für geöffnet erklärt hat, wird der Ansturm so groß sein, dass kein Grenzer das mehr durchsetzen kann.«

»Wir sollten zur Bornholmer Straße. Der ist in jedem Fall für Berliner passierbar. Sofern sie ihn wirklich öffnen.« Ein Leben mit offenen Grenzübergängen nach Westberlin konnte sich keiner von ihnen vorstellen.

»Sie werden das müssen«, erwiderte er trotzig. Im Grunde musste er darauf bauen, dass im Zweifelsfall der Druck auf die Grenze, »der Druck auf den Kessel«, von dem er in den letzten Tagen so viel gehört hatte, groß genug sein würde, um die Beamten an der Mauer zu zwingen, die Schlagbäume hochzufahren, sollten sie Schabowskis Erklärung nicht freiwillig folgten. Juri war sich nicht sicher, ob die Verlautbarung nicht doch noch kassiert würde, weil jemand dahinterkam, dass ein entscheidendes Detail fehlte.

Sie schlugen den Weg zum Übergang an der Bornholmer Straße ein. Um sie herum wurde die Straße immer voller. Schweigend, gänzlich stumm liefen die Menschen in Richtung Grenze, so als könnte ein falsches Wort das unglaubliche Ereignis, das ihnen möglicherweise bevorstand, zunichtemachen. Auch in den Parallelstraßen waren viele Leute unterwegs. Juri sah sie, wenn sie eine Querstraße überquerten und er nach rechts oder links schaute. Von überallher schallten ihre Schritte herüber, Dutzende, Hunderte, Tausende, die stumm und ungläubig in Richtung Mauer liefen. Überall um sie herum klapperten die Sohlen auf dem Berliner Pflaster. Nadja ergriff seine Hand. Er hielt sie fest. Manchmal sah er sich ängstlich um, aber in den Gesichtern der Menschen, die hinter ihnen liefen, erkannte er niemanden – und niemand sah aus, als trachte er ihm oder seiner Geliebten nach dem Leben.

*

Grenzübergang Bornholmer Straße, Berlin

»Das ist doch Quatsch!«, entfuhr es Oberstleutnant Peter Fischer. Er saß gerade beim Abendbrot in seinem Dienstzimmer am Grenzübergang Bornholmer Straße und blickte ungläubig auf das Fernsehgerät. Hatte er Schabowski richtig verstanden? Den Kopf schüttelnd stand er auf. Das ging doch gar nicht. Er ließ sein Essen stehen und lief hinaus.

Seine Männer blickten ihm ratlos nach. »Was ist denn los?«, rief einer ihm hinterher, aber Fischer hatte keine Zeit zu antworten. Stattdessen stürzte er zum Telefon. Immer noch empört wählte er die Nummer von Oberst Ziegler in der Hauptabteilung VI des MfS. Er war für die Grenzübergänge zuständig. Ziegler würde ihm sagen können, was diese Mitteilung bedeuten sollte. Und vor allem, wie sie damit umgehen sollten.

Doch Ziegler erwies sich als genauso ratlos wie er. Noch ehe Fischer etwas sagen konnte, konfrontierte der Oberst aus dem MfS ihn mit einer eigenen Frage: »Hast du den Quatsch von Schabowski auch gehört?«

»Eben deswegen rufe ich dich ja an. Was ist denn jetzt los?« Auch Ziegler gegenüber konnte er seine Aufregung kaum verbergen.

Doch Ziegler blieb ruhig. »Ja nichts«, sagte er bloß. »Was soll denn sein?«

Wie konnte der Mann so ruhig bleiben? Hier würde gleich der Teufel los sein! Sie einigten sich darauf, dass Fischer prüfen sollte, ob Personen vor dem Grenzübergang warteten. »Dann vertröstet ihr die auf morgen und schickt sie nach Hause«, erklärte Ziegler lakonisch.

Fischer bezweifelte, dass das genügen würde. In Gedanken spielte er die Verhaltensmaßregeln durch, sollte der Druck auf den Grenzübergang zu groß werden. Die Grenzposten waren angehalten, »Grenzdurchbrüche auf keinen Fall zuzulassen, die Ruhe und Ordnung im Grenzgebiet aufrechtzuerhalten, die Ausdehnung von Provokationen auf das Hoheitsgebiet der DDR zu unterbinden«, und vor allem »Grenzverletzer festzunehmen beziehungsweise zu vernichten«. Fischer hoffte, dass der Auflauf vor dem Schlagbaum noch nicht zu groß war. Er eilte aus dem Gebäude und machte sich auf den Weg. Als er am Schlagbaum ankam, sah er ratlose Grenzposten, die ihn Hilfe suchend anblickten, und auf der anderen Seite im grellen Scheinwerferlicht der Lichtmasten ungefähr 70 oder 80 Menschen versammelt.

Fischer trat an den Schlagbaum heran. »Was wollen Sie?«, rief er herüber, auch wenn er die Antwort natürlich kannte.

Sie kam auch prompt und fiel knapp aus. »Rüber!«, rief jemand aus der Menge.

»Wir haben keine Anweisung, Ihnen die Ausreise zu gestatten. Kommen Sie bitte morgen wieder«, erwiderte er. Seine Antwort zeigte keinen Erfolg. Zwar wurden aus der Gruppe keine neuen Forderungen laut, aber es ging auch niemand nach Hause. Stattdessen harrten sie einfach still aus, als vertrauten sie darauf, dass Fischer seine Meinung früher oder später ändern müsse.

Verunsichert und ratlos kehrte er zurück. Am Eingang zum Dienstgebäude traf er seinen Stellvertretenden Offizier Siebmacher, der ebenso hilflos dreinschaute wie die Genossen am Schlagbaum. »Haben wir jetzt freien Reiseverkehr?«, fragte er. Offensichtlich war auch er inzwischen über Schabowskis Pressekonferenz informiert worden. »›Ab sofort, unverzüglich‹, hat er gesagt.«

»Ich weiß es nicht.«

»Was sagen denn die Vorgesetzten?«

»Wir sollen warten und vertrösten.«

Sein Stellvertreter blickte an ihm vorbei zum Schlagbaum. »Das könnte irgendwann schwierig werden«, sagte er. Fischer blickte sich um. Die Menschenmenge hatte sich in kürzester Zeit mindestens verdreifacht. »Was, wenn die den Übergang einfach stürmen?«

Fischer wollte diese Frage nicht beantworten müssen. Er sah Siebmacher an. Sie wussten beide, was das hieß: Alarm auslösen und die Sperranlagen verriegeln sah das Dienstbuch vor. Und: »Taktische Handlungen zur Ergreifung oder Vernichtung des Gegners waren einzuleiten.« Im Zweifelsfall mussten sie in die Menge schießen. Fischer überschlug für den Ernstfall die Zahl seiner Männer und die Menge an Munition. Sie waren zu wenige und standen auf verlorenem Posten. Was es nicht unwahrscheinlicher machte, dass einer von ihnen die Nerven verlor, wenn sich die Lage weiter zuspitzte. Er musste das um jeden Preis verhindern, wollte er nicht als der Mann in die Geschichte eingehen, der möglicherweise als Erster das Feuer auf DDR-Bürger eröffnete.

»Gehen Sie noch mal nach vorn und sagen Sie den Leuten, sie sollen in jedem Fall die Waffen stecken lassen.«

»In jedem Fall?«

»So lange, bis andere Befehle kommen.«

»Ich hoffe, die kommen.«

»Das hoffen wir alle.«

*

Schon bevor sie in die Bornholmer Straße einbogen, war klar, dass von da ab kaum noch ein Durchkommen war. Juri und Nadja versuchten sich vorzudrängeln, aber die Menschenmenge wurde immer dichter. Schließlich standen sie in einem Pulk etwa 200 Meter vor der Grenze. Über den Köpfen konnte Juri den Wachturm erkennen. Neben ihnen standen zwei Männer, denen Ministeriumsbeamte ins Gesicht geschrieben stand. Sie blickten sich als Einzige missmutig um.

»Da hätten wir uns unseren Einwand auch sparen können«, flüsterte der eine leise, darauf bedacht, dass ihn niemand hören konnte, aber doch laut genug für Juris Ohren.

»Tröstet es dich, dass wir genau das vorhergesehen haben, Voigt?«, fragte sein Begleiter.

»Das Justizministerium hat halt immer recht«, antwortete der Angesprochene sarkastisch. »Hilft nur nichts.«

Hinter ihnen wurde geschubst. Jemand rempelte Juri an. Er verlor den Halt und wäre fast gestürzt, fiel gegen seinen Vordermann, an dessen Schulter er sich festhalten konnte. Eine Hand packte ihn und half ihm hoch. Als er wieder stand, drehte er sich um, überzeugt hinter sich einen Angreifer zu erblicken. Aber er sah nur eine Gruppe normaler Bürger, von denen sich einer bei ihm entschuldigte. Die Paranoia hatte ihn wohl weiter fest im Griff. Es wurde Zeit, dass er Nadja in Sicherheit brachte. Doch schon bald sahen sie sich einem neuen Problem gegenüber, denn der Schlagbaum war nicht geöffnet.

*

Als Fischer Siebmacher hinterherblickte, fragte er sich, ob Schabowskis Ankündigung nicht schon als Befehl zu gelten habe. Er wusste es nicht. Er war absolut ratlos. Aus dem Dienstgebäude schnappte er sich ein Megafon und folgte Siebmacher an den Schlagbaum. Inzwischen konnte er die Menge kaum noch überschauen. Die Ersten standen so nah am Grenzübergang, dass er sie fast mit den Händen hätte berühren können. Er hielt sich ein paar Schritte von ihnen entfernt und schaltete das Megafon ein. »Im Interesse von Ordnung und Sicherheit bitte ich Sie den Vorraum des Grenzübergangs zu verlassen«, ließ er seine eigene Stimme metallisch über den Platz schallen. »Bitte wenden Sie sich morgen an die Meldestellen. Es ist nicht möglich, Ihnen hier und heute die Ausreise zu gewähren.«

Diesmal blieb die Menge nicht stumm. Ein junger Mann griff in seine Tasche und zog ein Blatt Papier hervor. »Dies ist heute von der ADN veröffentlicht worden«, rief er und begann den Text zu lesen, der Fischer seit dem Abendbrot in den Ohren klingelte.

»Das Politbüromitglied Günter Schabowski hat gesagt, das gelte ab sofort«, unterstützte eine ältere Frau in der ersten Reihe den jungen Mann. Fischer kannte sie, sie wohnte nur wenige Meter vom Grenzübergang entfernt. Ebenso wie er. Viele der Menschen ihm gegenüber waren seine Nachbarn. Er schluckte bei dem Gedanken, was zu tun wäre, wenn die Situation außer Kontrolle geriet und er seinen Befehlen folgen musste. »Stellst du dich gegen ein Politbüromitglied, Genosse?«, fragte sie. Ohne eine weitere Antwort zu geben, wandte sich Fischer ab und lief zurück zum Dienstgebäude. Dort löste er stillen Alarm aus. Er brauchte Hilfe.

*

Die Menschen drängten sich auf den Bürgersteigen und der breiten Fahrbahn aus Richtung der Grenze, auf der Fahrbahn zum Übergang stauten sich die Wagen in mehreren Reihen. Zahlreiche Berliner zwängten sich zu Fuß zwischen ihnen hindurch und an ihnen vorbei, standen auf dem Grünstreifen dazwischen, um weiter nach vorne zu kommen, aber auch sie befanden sich inzwischen in einem riesigen Pulk.

»Versuchen wir weiter nach vorne zu kommen«, schlug Nadja vor. Sie drängten weiter, als Juri in einer Seitenstraße den grünen Volvo erblickte. Abrupt änderte er die Richtung und lief zu dem Wagen, der unbeweglich blieb, als warte er auf ihn. Als er näher- kam, erkannte Juri die Gestalt auf dem Rücksitz. Fah- rer- und Beifahrertür des Wagens öffneten sich und zwei Männer, ein Kleiner und ein Glatzkopf, stiegen aus. Der Kleinere öffnete die hintere Tür des Autos. Ein alter Mann erhob sich mühsam aus dem Wagen, den Juri nur zu gut kannte.

»Hallo, Juri«, sagte er zur Begrüßung. Der Kleine stützte ihn.

»Hallo, Großvater«, antwortete Juri.

»Wir müssen reden.«

Nadja, die Juri gefolgt war, blickte ihn fragend, sagte aber nichts.

Juri nickte. »Reden wir.«

»Vielleicht sollten wir ein Stück gehen, um uns in Ruhe unterhalten zu können. Vielleicht ein wenig in die andere Richtung?« Er deutete die Straße hinunter, weg von der Menschenmenge.

»Nein. Wir können hier bleiben. Hier gefällt es mir.« Er sah zu den beiden Stasileuten. Oder waren es NVA-Sol- daten in Zivil? Eigentlich spielte es keine Rolle. »Außer- dem möchte ich meine Freundin nicht mit deinen Freun- den allein lassen.«

Der Generaloberst hob kaum merklich die Augen- braue. »Wie du meinst.« Er betrachtete das junge Paar vor sich. Der Kleine war einen Schritt zurückgetreten, ebenso wie der Glatzköpfige, der hinter ihm stand, eine Hand in der Jacke, die Pistole griffbereit.

»Du steckst also hinter dieser ganzen Verschwörung?«, fragte Juri schließlich.

»Verschwörung?« Der Alte schüttelte den Kopf. »Ganz im Gegenteil. In allen Kadern gibt es Männer, die noch an den Arbeiter-und-Bauern-Staat glauben. Männer, die versuchen, etwas ganz Großartiges zu retten: unser Land!«

»Etwas Großartiges?«, empörte sich Nadja. »Ein Land, das seine Kritiker jahrzehntelang einsperrt?« Sie sah um sich die Menschen, die zu Hunderten darauf warteten, dass die Mauer fiel. »Ein Land, das seine ganze Bevölkerung einsperrt!«

Sie konnte wirklich nie still sein, dachte Juri. Er bewunderte sie.

Der Generaloberst sah sie scharf und tadelnd an. »Davon verstehen Sie nichts.«

»Zum Glück!«

»Sie sind zu jung«, sagte er dann, immer noch an Nadja gewandt. »Sie wissen nicht, worum es geht.«

Juri sah, dass Nadja sich kaum zurückhalten konnte. Auch der Generaloberst schien das zu bemerken. Kurz hob er beschwichtigend die Hand. »Lassen Sie es mich erklären.«

»Warum haben Sie Rene …«

Juri legte seine Hand auf ihren Arm. »Lass ihn reden. Ich würde tatsächlich gerne wissen, was dich geritten hat, Großvater. Die Soldaten auf dem Palast, der Fotograf, die Anschläge auf Nadja … Doch: Ich würde das gerne verstehen.«

Sein Großvater runzelte die Stirn, offenbar verkniff er sich einen Tadel für diese in seinen Augen sicherlich aufrührerische kleine Rede. »Wusstest du, dass wir eigentlich aus dem Westen kommen?«

»Aus Bremerhaven, das hat mir Mama erzählt. Sie sagte, ich hätte meine blonden Haare daher, ›fast ein Friese‹, hat sie früher immer gesagt.«

»Dein Urgroßvater war Werftarbeiter. Als der Erste Weltkrieg ausbrach, wollte er nicht für die kaiserliche Marine arbeiten und hat gekündigt. Wir sind hinaus aufs Land gezogen. Er hat dort als Feldarbeiter geschuftet und angefangen sich zu engagieren. Erst im Spartakusbund, später in der USPD. Die Nazis haben ihn bei einer Kneipenschlägerei zu Tode geprügelt. Da war ich gerade in der Ausbildung auf der Werft. Ohne die Unterstützung der Partei, der KPD, wären wir nicht über die Runden gekommen. Doch dann griffen die Nazis nach der Macht. Im Mai 33 haben sie mich auf das Gespensterschiff geschleppt.«

»Das Gespensterschiff?«, unterbrach Nadja.

»Die SA hat ein ehemaliges Minensuchboot gekauft und im Hafen als Gefängnis und Folterkeller genutzt. Gerade wir Kommunisten sollten dort gebrochen werden.«

»Was haben sie mit Ihnen gemacht?«

Statt zu antworten, krempelte der Generaloberst den Mantel hoch und zeigte eine tiefe Narbe am Unterarm. »Davon habe ich noch mehr am ganzen Körper«, erklärte er. »Sie haben mich sechs Wochen auf dem Schiff festgehalten, dann nach Dachau gesteckt.«

»Ich wusste nicht, dass du im KZ warst«, sagte Juri. »Ich dachte, du wärest in Moskau in Sicherheit gewesen.«

»Nach Moskau bin ich erst später gekommen. Aber damals in Dachau haben wir uns geschworen, dass wir, sollte diese Hölle jemals vorbeigehen, nie wieder den Nazis weichen. Nennt uns verrückt, aber wir haben selbst in Dachau noch von einem kommunistischen Deutschland geträumt. Und dann hatten wir auf einmal die Chance dazu …« Er schwieg einen Moment.

»Und die möchten Sie sich nicht kaputt machen lassen«, ergänzte Nadja den Satz des Obersts.

Er nickte. »Nie wieder! Dafür habe ich Zeit meines Lebens gekämpft. Dafür sind Hunderte Genossen in den KZs der Nazis elendig verreckt.« Er klang immer noch wütend und kämpferisch.

»Auch wenn man dafür auf die eigenen Bürger schießen muss?«, fragte Juri ihn. Es war das erste Mal, solange er sich erinnern konnte, dass er so offen seinem Großvater gegenübertrat.

»Bürger? Konterrevolutionäre!« Er spie das Wort aus. Die beiden Begleiter seines Großvaters sahen den Menschen, die an ihnen vorbeiströmten, mit wachsendem Missbehagen hinterher. Der Generaloberst schien das nicht zu bemerken. »Gib uns das Mädchen und du kannst deinen Beitrag für den Sozialismus leisten.«

Juri nahm Nadja am Arm und schüttelte den Kopf. »Nein, das werde ich nie tun. Für dich ist es zu spät. Du hast verloren. Wir brauchen heute eine andere Form von Sozialismus.«

Der Glatzköpfige zog die Waffe. »Was sie weiß, weiß auch er«, wandte er ein.

Unwirsch blickte der Generaloberst zu ihm. Er drückte den Arm mit der Waffe runter. »Nicht hier! Und ihm vertraue ich.« Dann wandte er sich wieder an Juri. »Wenn du mir das Mädchen gibst. Sie wird von der Polizei gesucht, Juri. Von euch!«

»Sie wird von der Stasi gesucht, um sie aus dem Weg zu schaffen. «

« Diese Sache ist zu groß für dich.«

»Das werden wir sehen«, antwortete Juri. Dann gingen sie. Am Ende der Straße blickte er sich noch einmal um, sah seinen Großvater im Halbdunkel des Bürgersteigs, seine beiden Schergen neben ihm. Zahlreiche Menschen strömten nun auch aus der Seitenstraße in Richtung Bornholmer. Achtlos liefen sie an den drei Männern und dem grünen Volvo vorbei.

*

Fischer wartete. Nichts geschah. Der Alarm blieb folgenlos. Es gab weder Verstärkung noch neue Befehle. Lediglich 50 weitere Männer hatte er selbst zusammenziehen können. Das würde gerade reichen, um die Gebäude zu schützen. Der Grenzübergang war im Grunde nicht zu halten, wenn sich die Menge einmal in Bewegung setzte. Er war so ratlos wie zuvor. Das Einzige, was sich geändert hatte: Die Menge vor dem Schlagbaum war inzwischen nicht mehr zu übersehen. Die Menschen standen die Bornholmer Straße hinunter, so weit das Auge reichte. Irgendwann würden sie den Schlagbaum selbst öffnen und die Grenze passieren.

»Was haben wir für unsere Verteidigung?«, fragte er Siebmacher.

Sein Stellvertreter sah ihn irritiert an. »Unsere Pistolen und vier Maschinenpistolen mit jeweils drei Magazinen zu 40 Schuss«, antwortete der. »Aber die knüpfen uns auf, wenn wir schießen.«

»Natürlich!« Fischer war das klar. Sah er davon ab, dass

er keinesfalls für ein Blutbad unter den Berlinern, seinen Nachbarn, verantwortlich sein wollte, hatte er ebenso eine Verantwortung für seine Männer, die hier und heute mit ihm Dienst schoben. Sie hatten keine Chance gegen die Masse auf der anderen Seite. Sie würde sie überrollen. Erstaunlich, wie zerbrechlich diese Grenze auf einmal war.

Ein junger Soldat stellte sich neben ihn. »Hätte man früher geschossen, wäre uns das erspart geblieben. Kommt die NVA?«

Fischer blickte ihn verständnislos an. »Bleiben Sie im Gebäude«, sagte er. Er ging selber hinein und rief erneut Ziegler im MfS an. »Hier stehen inzwischen Tausende«, erläuterte er dem Oberst seine Situation. »Wir können die nicht wegschicken oder auf Morgen vertrösten. Ich bitte um die Erlaubnis, die Menschen ausreisen lassen zu dürfen. Wir können dem Druck nicht mehr standhalten.«

»Warte mal«, antwortete Ziegler. »Sei still, ich schalte dich durch!«

Fischer hörte, wie Ziegler mit jemand anderem sprach. Er meinte die Stimme des stellvertretenden Ministers zu erkennen. Der Oberst berichtete, was Fischer ihm erzählt hatte, doch der schien seine Aussagen anzuzweifeln. »Kann der das beurteilen oder hat der einfach nur Angst«, hörte er die andere Stimme. Er zweifelte nicht mehr daran, dass es der Minister selbst war. Zu seinem Glück unterstützte Ziegler ihn. »Wenn Fischer das so sagt, dann ist das so.« Er hörte noch etwas, dann war die Leitung unterbrochen.

*

Es ging weder vor noch zurück. Nadja und Juri standen in der Menge, nur noch 100 Meter vom Grenzübergang entfernt, dessen Scheinwerfer hell über die Menschen hinwegstrahlten. Von vorne drangen Rufe zu ihnen. »Tor auf!«, skandierten die ersten Reihen, übertönten das Tuckern der Motoren Dutzender Autos, die sich neben ihnen stauten. Es roch nach Abgasen. Blauer Dunst legte sich fahl über die Menge. Die nahm das geduldig in Kauf. Manchmal drängte jemand ein oder zwei Schritte nach vorn, kam aber nicht weit.

Obwohl sie nicht die Kleinste war, musste Nadja sich auf Zehenspitzen stellen, um über die Schultern und Köpfe der vor ihr Stehenden einen Blick auf den Grenzübergang und die Bösebrücke zu erhaschen. Juri neben ihr hatte es leichter.

»Soll ich dich hochheben?«, fragte er grinsend. Seit der Begegnung mit seinem Großvater wirkte er seltsam ruhig und zielstrebig. Sie hingegen hatte die Geschichte des alten Mannes nachdenklich gemacht. Sie verstand seine Beweggründe, den Kampf gegen den Faschismus, aber dies waren andere Zeiten und der sozialistische Staat, an dem Juris Großvater hing, war verknöchert und starr geworden. »Wir bauen den Sozialismus auf!« Wie oft hatte sie diese und ähnliche Parolen gelesen oder gehört. Aber hier baute niemand mehr etwas auf. Alles drängte zur Grenze. Alles drängte nach etwas Neuem, anderem.

Jemand stieß sie von hinten. Sie beachtete das zunächst gar nicht. So etwas war in den letzten Minuten öfter passiert. Dann aber meinte sie einen Stich zu spüren und zog den Arm wütend weg, drehte sich um und blickte dem kleinen schnauzbärtigen Begleiter, ihrem Entführer aus dem grünen Volvo, ins Gesicht. Als sie hinunterblickte, sah sie eine Spritze in seiner Hand, sah das kleine Einstichloch in ihrer Jacke. Er versuchte erneut, ihr einen Stich zu versetzen. Offenbar hatte sein erster Anschlag nicht gefruchtet. Sie packte seine Hand, versuchte den Mann wegzustoßen, aber von hinten drängte jemand. Sie wollte Juri rufen, aber der wurde in diesem Augenblick zur Seite gedrückt. Nadja erkannte den Dicken. Sie trat nach dem Mann mit der Spritze, traf dessen Schienbein. Er fluchte. Der Dicke griff nach ihrem Arm, hielt ihn fest. Sie wollte um Hilfe rufen, fürchtete aber in dem so viel dichter gewordenen Gewühl eine Panik auszulösen, wenn sie schrie. Einige der Leute neben ihnen bemerkten das Gerangel, hielten es aber offenbar für eine private Streitigkeit. »Nur ruhig«, meinte einer, »auf die paar Stunden kommt es nach 28 Jahren auch nicht mehr an.«

Immerhin registrierte Juri, was geschah, er rangelte mit dem Dicken. Wieso gaben die beiden immer noch nicht auf? Hatte Juris Großvater sie geschickt? Hatte er es sich anders überlegt? Sie mussten doch wissen, dass sie verloren hatten. Die Menge vor der Grenze, die darauf wartete, dass die Mauer endlich fiel, war doch Beweis genug. Eher genervt als verängstigt hielt Nadja das Handgelenk des Kleinen immer noch fest, versuchte dem Druck des Mannes nicht nachzugeben, der ihr die Spitze der Nadel in den Körper rammen wollte. Sie trat erneut zu, verfehlte das Schienbein des Angreifers. Wütend hob sie das Knie und traf ihn zwischen die Beine. Der Mann sackte mit einem gequälten Laut zusammen. Nadja spürte, wie er für einen kurzen Moment die Kontrolle über seine Hand verlor. Sie zog seinen Unterarm zu sich heran, drehte die Hand mit der Spritze und presste sie ihm gegen den Bauch. Die Nadel durchstach das Hemd, ein kleiner runder Kreis roten Blutes zeichnete sich auf dem gestreiften Muster ab. Der Mann blickte sie entsetzt an, taumelte leicht, wurde von den Umliegenden aufgefangen. Es war schlicht zu eng, um zu Boden zu sacken.

»Notfall!«, rief Nadja. »Hier ist ein Mann ohnmächtig geworden und muss raus! Dringend!«

Der Dicke sah Nadja und seinen Komplizen geschockt an, dann sackte auch er mit einem erstickten Schrei zusammen. Offenbar hatte Juri die Gelegenheit genutzt und ihm einen Schlag versetzt, der sehr wirkungsvoll war.

Hilfsbereite Hände packten beide wankenden Männer und zogen sie auf die Seite. Andere übernahmen sie und reichten sie weiter, bis Nadja die beiden aus den Augen verlor.

»Alles in Ordnung bei dir?«, fragte Juri besorgt.

»Ja! Er hat mich nicht erwischt.«

Juri stellte sich jetzt hinter sie, um sicherzugehen, dass kein neuerlicher Angriff aus dem Hinterhalt erfolgte. Sie lehnte sich an ihn. Erleichterung machte sich in ihr breit. So hätte sie noch Stunden stehen bleiben können. Dann kam Bewegung in die Menge.

*

Während draußen die Stimmung immer angespannter wurde, wartete Fischer drinnen auf Anweisungen. Nach einer gefühlten Ewigkeit klingelte das Telefon. Fischer griff nach dem Hörer.

»Pass auf, es läuft wie folgt«, hörte er Ziegler Stimme am anderen Ende, »ihr macht eure Kontrollen und lasst die Leute durch. Schreibt euch aber die Personalien auf! Und von denen die provokativ in Erscheinung treten, stempelt ihr das Lichtbild im Ausweis. Die lassen wir nicht wieder rein.«

»Geht das überhaupt?« Fischer bezweifelte, dass Zieglers Idee – oder von welchem Schreibtischhengst auch immer dieser Einfall stammte – irgendwie durchführbar war. Sie konnten froh sein, wenn sie den Ansturm friedlich bewältigten, auch ohne dabei zu selektieren, wen sie quasi nebenbei ausbürgerten. Ganz zu schweigen davon, was ihnen drohte, wenn einer von denen das mitbekam und in der Menge für Aufruhr sorgte.

»Mach dir darüber keinen Kopf«, antwortete der Oberst aus dem Ministerium für Staatssicherheit leichthin.

Fischer legte auf. Natürlich machte er sich darüber einen Kopf. Er musste den ganzen Schlamassel schließlich organisieren. Als Erstes besprach er sich mit Siebmacher und seinen Offizieren. Sie vereinbarten, drei Kontrollen zu öffnen, um die ersten Ausreisewilligen durchzulassen. Er erläuterte, was Ziegler ihm aufgetragen hatte.

»Vielleicht können wir damit ein Ventil öffnen, das erst einmal Druck wegnimmt.«

Die anderen blickten skeptisch, folgten aber seinen Anweisungen. Doch Fischer musste rasch erkennen, dass die Kontrollen nicht den erwünschten Effekt zeigten. Die Menschen hinter dem Schlagbaum sahen die Ersten, die jubelnd auf die andere Seite liefen, und wollten ihrem Beispiel folgen. Die, die dahinterstanden, sahen nichts und spürten nicht einmal eine Veränderung. Nur von einem zum anderen weitergesagt konnte sich die Nachricht verbreiten, dass die Grenze offen war.

Damit wuchs die Ungeduld nur noch an. »Tor auf! Tor auf!«, schallte es immer lauter. Obendrein sahen sich die Grenzer nach nicht einmal einer Stunde mit den ersten Bürgern konfrontiert, die aus dem Westen wieder zurückwollten. Ein älteres Ehepaar stand vor dem Kontrollpunkt auf der Brücke und forderte die Beamten auf, sie wieder hineinzulassen.

»Wir wollten nur mal gucken«, antworteten sie unisono. Fischer, der zur Klärung herbeigerufen worden war, schüttelte den Kopf, blickte in den Pass des Mannes und musste feststellen, dass der ungültig gestempelt war.

»Sie können nicht zurück«, sagte er.

Der Mann schaute ihn verständnislos an. »Natürlich kann ich das. Ich wohne da drüben.« Er deutete mit seinem Gehstock auf ein Haus in Sichtweite des Übergangs. »Zwoter Stock«, ergänzte er, als wäre diese Information für Fischer von Wichtigkeit.

»Lass sie rein«, wies der seinen Kollegen an. Zufrieden hinkten die beiden Alten wieder zurück in ihren vertrauten Kiez.

So kurios ihm die beiden Alten vorkamen, Fischer stand nun vor einem doppelten Problem. Auf der einen Seite drängten die ersten Berliner zurück aus dem Westen, skandierten bereits »Wir kommen wieder!«, auf der anderen wurde der Unmut der Zigtausenden auf DDR-Seite, die rüberwollten, immer größer.

»Was für eine Katastrophe«, murmelte er, als er sich erneut einen Überblick über die Lage verschaffte. Es war aussichtslos. Die ersten Reihen drückten den Drahtgitterzaun vor dem Übergang beiseite. Wenn die Masse losstürmte, würden sie seine Leute niedertrampeln. Er fürchtete Tote und Verletzte auf beiden Seiten.

Erneut rief er Ziegler an, wartete erst gar nicht darauf, ob es aus dem Ministerium neue Anweisungen gab. Die oben hatten sie im Stich gelassen. So einfach war das. Ohne einen Funken Verstand eine Mitteilung unters Volk gebracht und dann in den Feierabend verschwunden. Und er, mehr noch seine Männer mussten das ausbaden.

»Wir können den Grenzübergang nicht mehr halten. Ich stelle die Kontrollen ein und lass die Leute durch«, teilte er Ziegler knapp mit. Er wartete keine Antwort ab. Stattdessen benachrichtigte er Siebmacher. »Wir fluten jetzt. Machen Sie alles auf.«

Er sah zu, wie seine Männer die Verriegelung des Schlagbaumes in der Vorkontrolle lösten. Dann öffnete Siebmacher den Schlagbaum auf der Brücke. Die ersten Ungeduldigen hüpften bereits unter dem rot-weißen Holz hindurch, bevor es ganz hochgezogen war, liefen auf die Grenze zu, auf den weißen Strich, der den exakten Verlauf der Trennlinie zwischen beiden Teilen der Stadt markierte. Applaus brandete auf, jemand klopfte Fischer im Vorbeigehen auf die Schulter, eine ältere Frau packte sein Gesicht in beide Hände und drückte ihm einen Kuss auf die Lippen. Tausende von Menschen strömten jubelnd in die Grenzübergangsstelle und überquerten die Brücke. Hinter sich hörte Fischer Applaus von Westberliner Seite, als sie das andere Ende der Brücke erreichten. Es war vorbei.

*

Plötzlich kam Bewegung in die Menge. Über die Köpfe vor ihnen sahen sie, wie sich der Schlagbaum öffnete, Applaus brandete auf und die Menschen setzten sich in Bewegung. Selbst wenn Juri hätte zurückbleiben wollen, hätte er dazu keine Chance gehabt, der Strom riss ihn mit sich. Der Wind der Veränderung wehte aus dem Osten hinüber in die glitzernden Fassadenstraßen Westberlins. Nach wenigen Minuten hatten sie, eingequetscht zwischen Tausenden anderen, die ebenfalls hinüberdrängten, den Grenzübergang erreicht. Fast drohend spannte sich die Eisenbrücke vor ihnen über die alten Bahngleise.

Juri staunte. Die Grenzsoldaten hockten in ihren Dienstgebäuden, nur wenige standen in der Menge und waren damit beschäftigt, den Strom der Menschen so zu regeln, dass niemand zu Schaden kam. Dabei ging eigentlich alles gesittet zu. Die Menschen liefen auf die andere Seite der Brücke, niemand schien den Beamten oder den Grenzanlagen große Beachtung zu schenken, alle wollten nur in den Westen. Juri rissen sie mit. Und da war ja noch diese Frau, die ihn an der Hand hielt. Diese Hand, die er nie mehr loslassen wollte, von der er sich aber bald schon trennen musste.

Schon bald standen sie auf der anderen Seite des Schlagbaums. Nur noch wenige Meter trennten sie von der weißen Markierung, mit der die Grenze zu Westberlin gekennzeichnet war. Nichts lag mehr dazwischen. Ähnlich wie im Osten verbreiterte sich die Straße auch auf der anderen Seite der Brücke wieder. Menschen standen rechts und links, johlten und applaudierten. Überall sah Juri, wie sich Wildfremde in die Arme fielen. Jubelschreie hallten über den Platz, Menschengruppen verschwanden in den Straßenschluchten Westberlins.

Juri hingegen blieb stehen. Nadjas Arm streckte sich, weil sie weiterlief. Die weiße Markierung lag unmittelbar vor seinen Füßen. Er ließ Nadja los. Wie ein kleines Mädchen hüpfte Nadja vor ihm über den weißen Strich hin und zurück, als könnte sie ihr Glück kaum fassen. Sie packte ihn an der Hand, wollte ihn rüberziehen. Er verharrte. Sie hörte auf zu hüpfen, sah ihn besorgt an.

»Was ist?«

Er zögerte. »Ich kann nicht.«

Etwas glitzerte in ihrem Augenwinkel. Verständnislos blickte sie ihn an. »Was meinst du damit, du kannst nicht?«, fragte sie, dabei wusste sie, was er meinte. Vielleicht hoffte sie, dass er selber merkte, dass er irrte.

Er suchte nach den richtigen Worten. Um ihn herum strömten weiter Menschen in den Westen. Juri wusste, dass es bis zum Morgengrauen Zehntausende sein würden. Fast alle würden zurückkehren. Was hielt ihn ab?

»Meine Mutter …«, begann er.

»Deine Mutter kommt besser allein zurecht, als du ihr zutraust. Sie hat sich von dir verabschiedet, Juri. Hast du das nicht gemerkt? Sie weiß, dass du nicht wiederkommen wirst.«

Jemand rempelte ihn von hinten an, fast wäre er über die weiße Linie getorkelt, der Mann entschuldigte sich, rannte schreiend und jubelnd davon. Juri wusste, dass Nadja recht hatte. Aber hinter ihm lag alles, woran er sein Leben lang geglaubt hatte.

»Ich brauche dich«, sagte sie. Sie lächelte gequält, deutete vage auf die Menschen um sie herum. »Du hast das hier ausgelöst. Willst du selbst nicht Teil davon sein?«

Juri zuckte ratlos mit den Achseln.

»Morgen Abend könnten wir auf den Champs-Élysées sitzen, Juri. Du und ich in Paris.«

»Und dann?«, fragte Juri. »Was mache ich dort? Du wirst studieren, du wirst schreiben. Vielleicht lernst du …«

»Ich gehe jetzt.«

Noch zögerte sie. Juri hörte sie etwas murmeln. »Kto ne riskuyet …«, meinte er zu verstehen. Dann wandte sie sich um, ging ein paar Schritte weg von ihm. Juri sah, wie sie ihren Gang wieder verlangsamte, stehen blieb. Ihre helle Jacke schien im Dunkeln zu leuchten. Sie drehte sich um und lief zu ihm zurück. Sie weinte, streckte die Hand nach ihm aus. Juri blickte hinter sich, sah die Mauer, die von dieser Seite aus irritierend bunt und wild aussah, nicht sauber und weiß wie im Osten, sah die dunklen Häuser dahinter, meinte, den Geruch des Ostens noch in der Nase zu spüren, dachte an seine Mutter, die lange Umarmung. Wann hatte sie ihn zuletzt so lange im Arm gehalten? Wann würde sie es wieder tun?

»Geh nach Paris«, sagte er, als er Nadjas Hand losließ und sie in den Arm nahm.

»Ein Spaziergang nur. Den schuldest du mir, Juri Hoffmann.«

Er ließ sich mitziehen. Stunden liefen sie durch die Straßen der Stadt, Kolonnen von Trabant und Wartburg rollten hupend an ihnen vorbei. Am Brandenburger Tor bot sich ihnen ein ähnliches Bild wie an der Bornholmer Straße. Juri sah mit Sorge auf die Westberliner, die oben auf dem Mauerrand standen. Er wunderte sich, dass die Grenzsoldaten diesen Affront duldeten. Vielleicht blieb ihnen gar nichts anderes übrig. Ein Fremder drückte ihnen eine Flasche in die Hand, Juri zögerte noch sie anzunehmen, da hatte Nadja schon einen großen Schluck getrunken. Champagner las er auf der Flasche. ›Kto ne riskuyet, tot ne pyet shampanskoye.‹ Sie lachte und drückte ihm die Flasche in die Hand, vergrub das Gesicht in seiner Jacke. Irgendwo spielte jemand Musik. Am liebsten hätte er laut gelacht, als er das Lied erkannte. Aznavour tönte aus einem Kofferradio irgendwo auf der Straße. Oder kam es aus einem Café in der Nähe?

Vorsichtig trank er, verschluckte sich fast, weil Nadja ihn an den Händen packte, um mit ihm zu tanzen. Er versuchte Frau und Flasche irgendwie gleichzeitig in der Hand zu halten, während sie über den Westberliner Asphalt wirbelten, stellte schließlich den Sekt auf den Boden, achtete darauf, dass die Flasche nicht umkippte.

Sie tanzten in Richtung Tiergarten, tanzten zwischen den kahlen Ästen der Westberliner Bäume, im Scheinwerferlicht des sich stauenden Verkehrs, tanzten weiter, als sie die Musik schon nicht mehr hören konnten. Doch irgendwo sang jemand mit und später würde Juri nicht mehr sagen können, ob er es nicht gewesen war, der sang. Was er wusste, war, dass er diese Frau nie wieder loslassen würde.

»Et c'était toi liberté des beaux jours«, klang es durch den Tiergarten.

ENDE

*Weitere Titel finden Sie auf den
folgenden Seiten und im Internet:*

WWW.GMEINER-VERLAG.DE

Stefan Keller
Stirb, Romeo!
Zeitgeschichtlicher Krimi
342 Seiten, 12 x 20 cm
Paperback
ISBN 978-3-8392-1979-9
€ 11,99 [D] / € 12,40 [A]

Bonn, 1984. Vera Marx arbeitet als Sekretärin im Bundesverteidigungsministerium. Als sie den attraktiven Musiker Yannick Moreno kennenlernt, lässt sie sich auf eine Affäre mit ihm ein. Kurze Zeit später gerät sie ins Visier des BND. Moreno soll ein Stasi-Agent sein, ein sogenannter Romeo, auf sie angesetzt, um an geheime Informationen des Verteidigungsministeriums zu gelangen. Vera gerät zwischen die Fronten des Kalten Krieges, in einen Machtkampf von Stasi und BND. Nur sie selbst kann in Ostberlin herausfinden, wem sie vertrauen darf …

GMEINER SPANNUNG

WWW.GMEINER-VERLAG.DE
Wir machen's spannend

Dynamik und **Zeitgeschichte**

Edgar Rai
Berlin rund um die Uhr
Lieblingsplätze
192 Seiten, 14 x 21 cm
Paperback
ISBN 978-3-8392-1708-5
€ 14,99 [D] / € 15,50 [A]

Edgar Rai zeigt seine Lieblingsplätze: Orte, um sich hip zu fühlen, um der Wendezeit nachzuspüren, um beim Tanzen die Welt zu vergessen. Der Leser erlebt die Stadt, als ob ein guter Freund ihm etwas darüber erzählen würde, bekommt schonungslos ehrliche Tipps. Berlin ist kein schöner Schein – stattdessen kann man sich an kleinen Dingen freuen, etwa beim Betrachten eines Papageis, der eine Erdnuss schält. Berlin ist vielschichtig: Berlin ist Geschichte, Berlin ist unprätentiös bis charmantschnoddrig, Berlin ist Weltstadt. Und das ist gut so.

GMEINER KULTUR

WWW.GMEINER-VERLAG.DE
Mensch, Kultur, Region